军队"2110 工程"经费资助

信息系统开发技术

王 凯　李 艳　袁红丽　吕建红　李雄伟　张 阳　主编

中国原子能出版社

图书在版编目（CIP）数据

信息系统开发技术 / 王凯等主编. — 北京：中国原子
能出版社，2017.5（2024.4 重印）
ISBN 978-7-5022-8057-4

Ⅰ.①信… Ⅱ.①王… Ⅲ.①信息系统—系统开发—教
材 Ⅳ.①G202

中国版本图书馆CIP数据核字（2017）第103894号

信息系统开发技术

出版发行	中国原子能出版社（北京市海淀区阜成路43号　100048）
责任编辑	王　青
印　　刷	河北华商印刷有限公司
经　　销	全国新华书店
开　　本	787mm×1092mm　　1/16
印　　张	14　　　　字　数　332千字
版　　次	2023年12月第2版　　2024年4月第2次印刷
书　　号	ISBN 978-7-5022-8057-4　　　定价：78.00元

网址：http://www.aep.com.cn　　　　版权所有　侵权必究

前　　言

　　信息技术是当今时代的主题，信息化现已经成为世界军事、经济和社会发展的必然趋势，信息系统的建设与运用是其关键和核心。为了适应未来战争对新型军事人才的需求，必须提高学员以信息素质为核心的现代科技素质。学员通过信息系统开发及其相关技术的学习，将更加关注信息学科与其他学科的交叉，更加关注信息学科的发展对军队信息化建设的推动作用，培养学员理论联系实际，运用信息技术解决军队建设问题的意识、能力和自觉性。

　　本教材是为我院所有本科专业学员编写的一本信息类基础教材，主要讲述信息系统开发基本方法、基本技术和过程，培养学员理解、运用和开发信息系统的能力，对提高学员的信息素质具有重要作用。本教材尽量突出以下特色：

　　1.强调经典与前沿的统一。在内容组织上强调传统的结构化开发方法，结合介绍新的面向对象开发方法。结构化方法作为经典和成熟的开发方法，具有很强的实用价值。面向对象方法是目前业界较为流行的开发方法。因此教材内容在以经典为主的同时，对前沿的开发理念及方法给予关注，使学员能够适应社会发展需求。

　　2.注重案例教学。针对重点内容设计了适合于课堂分析的典型案例，加强学生对基本概念的学以致用和消化理解。

　　3.通过试验环节加强学员的实践操作能力。针对部分需要实践操作的章节，增加实验环节，分别设计了验证性实验、设计性实验和综合性实验，强化对开发工具与方法的综合运用能力。

　　4.针对知识点的巩固与练习。练习与知识点相配套，在一些重要知识点后设计了练习模块，并给出具体的解题思路，引导读者主动思考和解决问题。此外，每章都列出了小结，并配有适量的习题，促进读者对内容进行深入学习和思考。

　　5.本书融合了一些优秀教科书的内容，注重融入新的技术和理念，如面向对象等，以跟踪系统分析与设计前沿技术和方法的发展动态。

　　6.各章节教学内容相对独立，针对不同知识模块的案例也相对独立，在实际授课时，教员可以根据课时和教学需要，有选择地安排教学内容和实验环节。

　　本教材是一本探索教材，随着时间的推移，将引入更多紧密结合部队信息化建设的技术和案例，教材将进一步调整、丰富和完善。本教材难免存在疏漏和不足之处，敬请广大读者批评指正，编者将不胜感谢。

目 录

第1章　信息系统开发概述

※ 学习目标

本章主要介绍系统及信息系统的基本概念，对信息系统开发的主要过程进行概述，同时对信息系统的相关角色进行阐述，并通过引入完整的信息系统开发案例，使读者对信息系统开发各阶段的主要任务有全局性的认识。

通过本章学习，要求掌握：

◆信息系统的基本概念和组成，这部分是理解后续内容的基础。

◆信息系统开发的基本过程，系统开发各阶段的主要内容。

◆围绕信息系统开发主要过程的角色分配。

1.1　信息系统的基本概念

1.1.1　信息系统与信息技术

1. 系统

系统是具有可识别边界的一套相互关联的组件共同工作以达到某种目的。系统反映了人们对事物的一种认识论，即系统是由两个或两个以上的元素相结合的有机整体，系统的整体不等于其局部的简单相加。系统普遍具有以下 9 个要素，如图 1-1 所示。

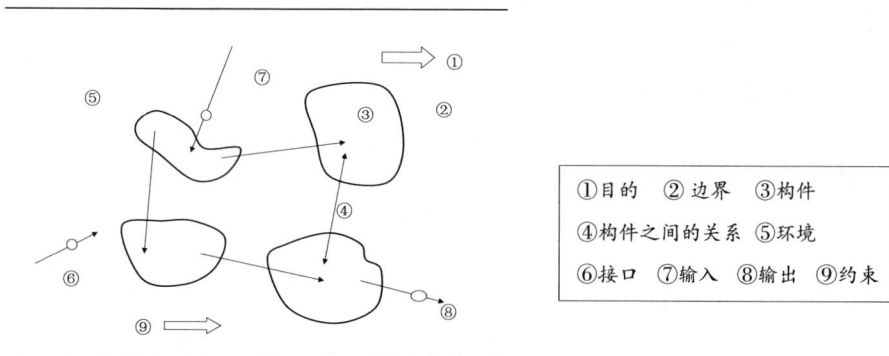

①目的　②边界　③构件
④构件之间的关系　⑤环境
⑥接口　⑦输入　⑧输出　⑨约束

图 1-1　系统示意图

下面以某大学附近的快餐店为例对系统的要素进行说明。从系统的视角来看，快餐店具备系统的特征，可视为一个物理系统，如图 1-2 所示。

1

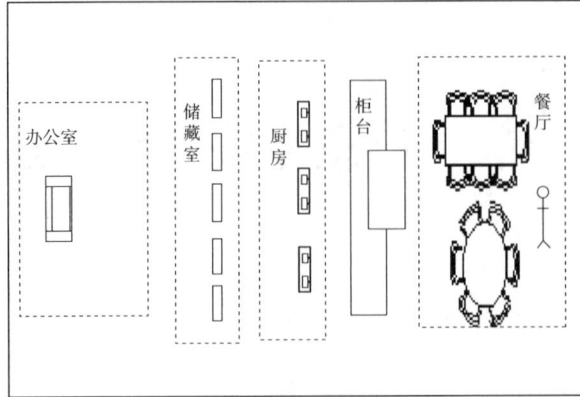

图 1-2　快餐店系统示意图

表 1-1　信息系统的九大要素

信息系统要素	说明
目标	信息系统的目标是信息系统建设的根本出发点和最终目的。一般应结合组织内外部实际情况，从业务战略角度和高度出发制定信息系统目标，将信息系统目标与业务目标结合起来
边界	信息系统的边界是不可见的，很难从物理角度进行区分。系统与其他系统之间一般通过接口的形式进行连接，例如人事信息系统与财务信息系统之间存在接口
构件	指信息系统的组成模块或者子系统，例如，企业管理信息系统通常由人事子系统、财务子系统、营销子系统、生产子系统等组成
构件之间的关系	各子系统之间相互依赖，相互传递信息，协同工作，以确保整个系统的和谐运转
环境	包括信息系统应用的用户环境、技术环境、法律环境等
接口	信息系统的接口主要有两类：一是信息系统与其他系统之间的接口；二是信息系统与人之间的接口，即系统的用户界面
输入	系统的输入信息包括各种需要录入到系统中的数据和信息
输出	信息系统的输出有两种，一种是软输出，即呈现在计算机屏幕上的输出；另一种是硬输出，包括各种需要分发给用户的图形、报表、文字等各类文档
约束	指开发以及应用信息系统的各类限制条件，如开发的技术限制，系统的容量、内存、运行速度，或者管理限制等

该系统的九大要素分别如下。

（1）目标：该系统的主要目标是准备食品并把食品卖给顾客，从而生存盈利。

（2）边界：系统的边界由物理的墙壁组成。

（3）构件：包括厨房、餐厅、柜台、储藏室和办公室等子系统。

（4）构件之间的关系：厨房、餐厅、柜台、储藏室和办公室等子系统之间需要进行合作，完成为客户供餐的目标。

（5）环境：环境由那些和该店相互作用的外部要素构成，例如，该快餐店的顾客主要来自附近的大学，附近还有几家快餐竞争者。

（6）接口：柜台是系统的一个接口，顾客在这儿点菜；另一个系统接口是店的后门，在这儿递送食品。还有一个系统接口是电话，经理利用它和银行以及食品配送商交流。

（7）输入：包括制作食品的原料、食品、劳动力、现金等，但不限于这些。

（8）输出：准备好的食品、银行存款、垃圾等，但也是不限于这些。

（9）约束：快餐店的经营有几个约束，它的定位是能够便捷地提供物美价廉，大众化的食品，如三明治和牛奶，这些都限制了快餐店能够提供的食品；同时，该店与大学毗邻的地理位置也限制了食品的定价。此外，有关卫生部门也对该店在如食品存储和加工方面有条例约束等。

信息系统也是系统的一种，因此也具有九大要素，说明如表 1-1 所示。

2. 信息系统

信息系统的概念最早是由明尼苏达大学卡尔森管理学院的教授 Gordon B. Davis 于 1985 年提出的，其定义为：信息系统是一个利用计算机软硬件，利用各类分析、计划、控制、决策模型，以及数据库的人机信息系统，可以提供信息用以支持企业或组织的运行、管理和决策功能。

我国学者薛华成教授认为，信息系统（information system, IS）是一个以人为主导，利用计算机技术、网络通信技术以及其他办公设备，进行信息的收集、传输、加工、存储、更新和维护，以企业战略竞优、提高效益和效率为目的，支持企业高层决策、中层控制、基层运作的集成化的人机系统。这个定义说明信息系统绝不仅仅是一个技术系统，而是把人包括在内的人机系统，因而它是一个管理系统，也是个社会系统。

3. 信息技术

信息技术是指信息的采集、存储、加工、输出、传递等过程中的各种技术总称，主要包含计算机技术（软硬件）和电信技术（数据、图像和语音网络）。它也常被称为信息和通信技术（information and communications technology, ICT）。

信息技术的应用包括计算机硬件和软件、网络和通信技术、应用软件开发工具等。随着计算机和互联网的普及，人们日益普遍地使用计算机来生产、处理、交换和传播各种形式的信息（如书籍、商业文件、报刊、唱片、电影、电视节目、语音、图形、图像等）。

从商业角度来看，信息系统是用于解决环境提出的挑战，基于信息技术的组织管理方案，主要应用计算机科学和通信技术来设计、开发、安装和实施信息系统及应用软件。

在企业、学校和其他组织中，信息技术体系结构是一个为达成战略目标而采用和发展信息技术的综合结构。它包括管理和技术的成分。其管理成分包括使命、职能与信息需求、系统配置和信息流程；技术成分包括用于实现管理体系结构的信息技术标准、规则等。由于计算机是信息管理的中心，计算机部门通常被称为"信息技术部门"。

4. 系统方法

系统方法作为一种普遍的方法论反映了人类的思维模式，有助于理解系统组织的方式以及系统如何工作，这些技术有助于我们应用理论和概念构造现实世界中的系统。系统方法是用系统的观点来认识和处理问题的方法，即把所研究的对象当作系统来认识和处理的方法，能极大地简化人们对事物的认知，给我们带来整体观。

系统方法要求人们运用系统的观点，从系统整体与部分、功能与结构、系统与环境之间的相互联系和相互作用中考察对象。系统观点强调把握对象的整体性，把对象分解成为多个部分或要素，分析各个部分在整体对象中的位置和作用，以及各个部分之间的相互联系和结构，包含以下 4 个要点。

（1）整体性。在分析和处理问题的过程中，始终从整体来考虑，把整体放在第一位，而不是让任何部分的东西凌驾于整体之上。整体法要求把思考问题的方向对准全局和整体，从全局和整体出发。如果在应该运用整体思维进行思维的时候，不用整体思维法，那么无论在宏观方面还是微观方面，都会受到损害。

（2）结构性。进行系统思维时，注意系统内部结构的合理性。系统由各部分组成，部分与部分之间组合是否合理，对系统有很大影响。这就是系统中的结构问题。好的结构是指组成系统的各部分间组织合理，具有有机的联系。

（3）关联性。每一个系统都由各种各样的因素构成，其中相对具有重要意义的因素称为构成要素。要使整个系统正常运转并发挥最好的作用或处于最佳状态，必须对各要素考察周全和充分，充分发挥各要素的作用。

（4）功能性。是指为了使一个系统呈现出最佳态势，应从大局出发来调整或改变系统内部各部分的功能与作用。在此过程中，可能是使所有部分都向更好的方面改变，从而使系统状态更佳，也可能是降低系统某部分的功能为代价来求得系统的全局利益。

1.1.2 信息系统的结构

1.信息系统的功能结构

从功能上来看，信息系统具有以下 5 个基本功能：输入、存储、处理、输出和反馈与控制，如图 1-3 所示。

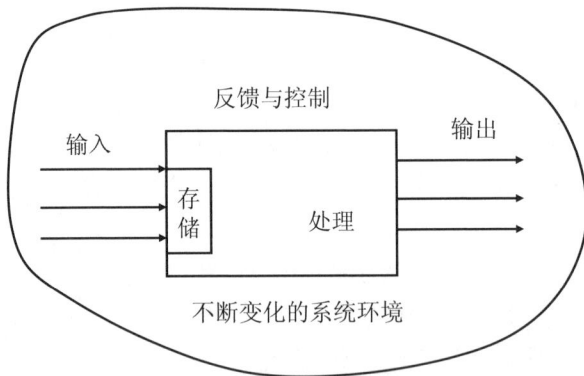

图 1-3 信息系统功能结构

（1）输入功能：信息系统的输入功能决定于系统所要达到的目的及系统的能力和信息环境的许可。

（2）存储功能：存储功能指的是系统存储各种信息资料和数据的能力。

（3）处理功能：信息处理是指对输入或条件做出的系统响应或者转换，有时信息处理也包括信息的传输、加工和存储。

（4）输出功能：信息系统的各种功能都是为了保证最终实现最佳的输出功能。信息的输出主要面向系统的使用者，使用者接收信息并利用信息进行决策。

（5）反馈与控制功能：对构成系统的各种信息处理设备进行控制和管理，对整个信息加工、处理、传输、输出等环节通过各种程序进行控制。通常，信息管理者负责信息系统的运行和协调，使系统具有一个反馈和控制回路，以使系统可以自我调整并适应变化的环境。

2.信息系统的应用结构

从系统应用的角度来看，可以根据信息系统服务对象的不同来划分。从横向上来看，信息系统可以承担多种服务职能，以生产企业为例，其业务包括生产、销售、采购与运输、财务、人事等方面的工作，这些业务都有相应的子系统为其提供所需的信息。因此，信息系统可以划分为生产子系统、市场子系统、供运子系统、财会子系统、人事子系统等。如图 1-4 所示。

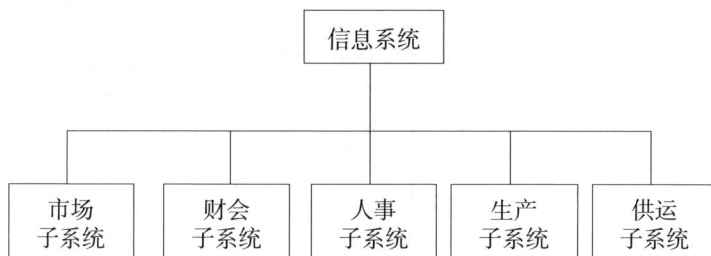

图 1-4　信息系统横向结构

从纵向上来看，企业可划分为战略管理层、战术管理层、知识管理层、操作管理层，不同管理层对信息的需求也不相同。信息系统的任务在于支持管理业务，因而可以按管理任务的层次进行设计，不同层次的信息系统分别服务于组织的不同管理层，如图 1-5 所示。

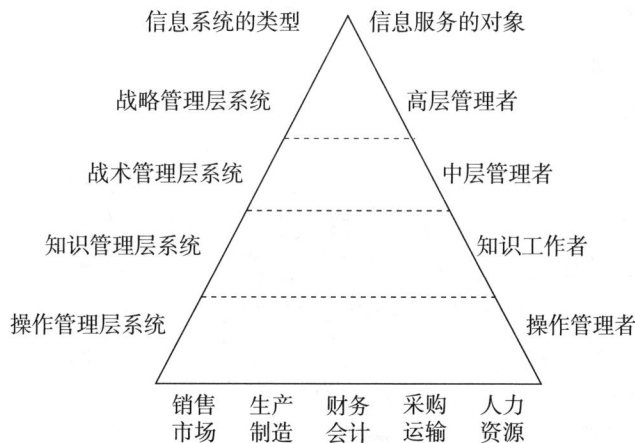

图 1-5　信息系统纵向结构

3.信息系统的软件结构

信息系统的软件结构是指支持信息系统各种功能的软件系统或者软件模板组成的系统结构。软件结构可以采用功能-层次矩阵表示，如图 1-6 所示，每列代表一种管理功能，功能的划分根据组织的不同而不同，每行表示一个管理层次，行列交叉表示每种职能的子系统。

1.1.3　信息系统的类型

信息系统按信息系统用户类别可分为前端信息系统和后端信息系统。前端信息系统是指支持延伸到企业客户的业务功能的信息系统；后端信息系统是指支持组织内部业务运行并直达供应商的信息系统。

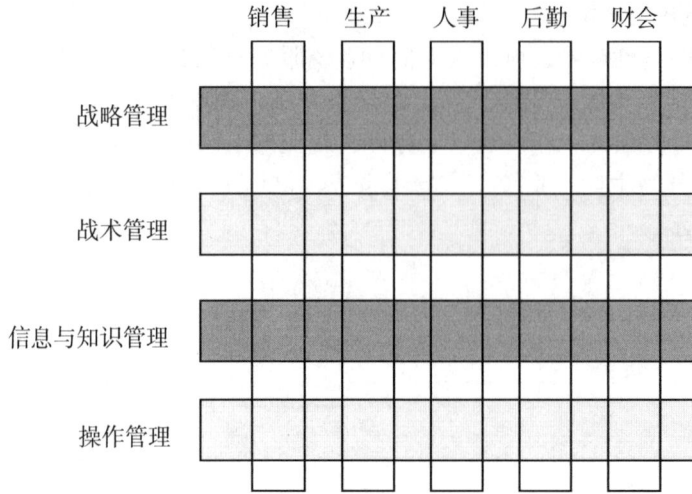

图1-6　信息系统软件结构

按照提供的功能、服务组织的层次，信息系统可分为：

（1）事务处理系统；

（2）管理信息系统；

（3）办公自动化系统；

（4）知识工作系统；

（5）决策支持系统；

（6）经理信息系统。

1. 事务处理系统

事务处理系统（transaction processing systems, TPS）是操作层的系统，主要完成信息的捕获、生成、存储和传递等任务，支持企业业务中例行的、常规性的事务活动。事务处理系统主要处理结构化问题，处理步骤也很固定，主要操作就是排序、列表、更新，使用的运算是简单的加减乘除运算，使用人员是操作人员。

典型的事务处理系统包括超市POS系统、教务信息系统、航空公司订票系统、收支账目系统、工资管理系统、订单录入系统、存货控制系统、图书管理系统等。

所有的事务处理系统均完成一系列共同的基本数据处理活动。主要包括以下活动，如图1-7所示。

（1）数据收集。获取和收集完成事务处理所需数据的过程称为数据收集，许多数据收集可以采用自动化方式完成，例如超市结账处条形码扫描仪获得产品信息、员工上班时的划卡等。

（2）数据校验。主要用于检查数据的有效性和完整性。例如，数量必须为数值型数据，否则数据项无效。

（3）数据修改。当系统运行出现错误时，系统应提示错误信息，重新输入数据。

（4）数据处理。执行和计算其他与企业相关的事务等数据转换过程，例如进行分类、数据检索、计算、汇总等。

（5）数据存储。保存事务数据，更新事务数据库。数据可以被其他系统进一步处理和使用。

（6）文档生成。文档生成包括输出记录和报告，如产生文件、发票、管理报告、账单、库存报告，代扣所得税等，可以是打印到纸文档的硬拷贝，也可以是显示在屏幕上的软拷贝。

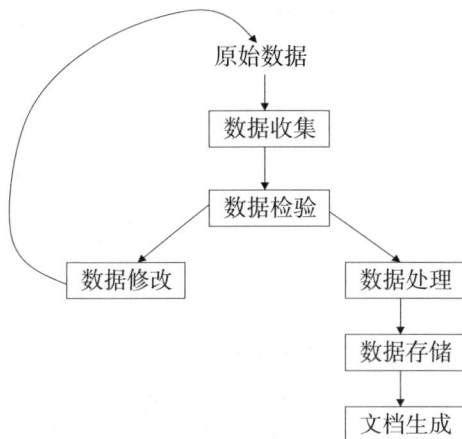

原始数据

数据收集

数据检验

数据修改　　　数据处理

数据存储

文档生成

图 1-7　事务处理系统的工作原理

下面以超市的销售终端系统为例进行说明，该系统的工作原理如下：

所有超市新进的商品都要提前录入系统，当用户选购完商品进行结账时，首先使用POS机扫描条形码读入产品信息，然后会在后台数据库中进行查找，如果存在就可以显示其价格，工作人员可以进行输入购买数量等相应的操作，如果不存在则报错，则不存在此商品。确认后，系统会对信息进行处理，更新库存数量与销售数量，更新会员客户购物记录；同时，将处理结果反馈到显示终端，并为客户打印收据。

事务处理系统的主要特点包括：

（1）支持日常运作；

（2）处理大量数据；

（3）精度要求高；

（4）逻辑关系简单；

（5）重复性强；

（6）支持多用户。

2.管理信息系统

广义的管理信息系统（management information system, MIS）泛指应用于管理的信息系统。狭义的理解是组织中为管理人员提供定期的、预先定义好内容与格式的、经过汇总的信息的报表。此处采用狭义的理解。管理信息系统的主要目标是帮助管理者了解日常业务，以便进行既有效又高效地控制、组织、计划，最后达到组织管理的目标。简而言之，管理信息系统向管理者提供每日业务反馈信息，通过不同的汇总分析来支持有效决策。

管理信息系统的工作原理如图 1-8 所示。

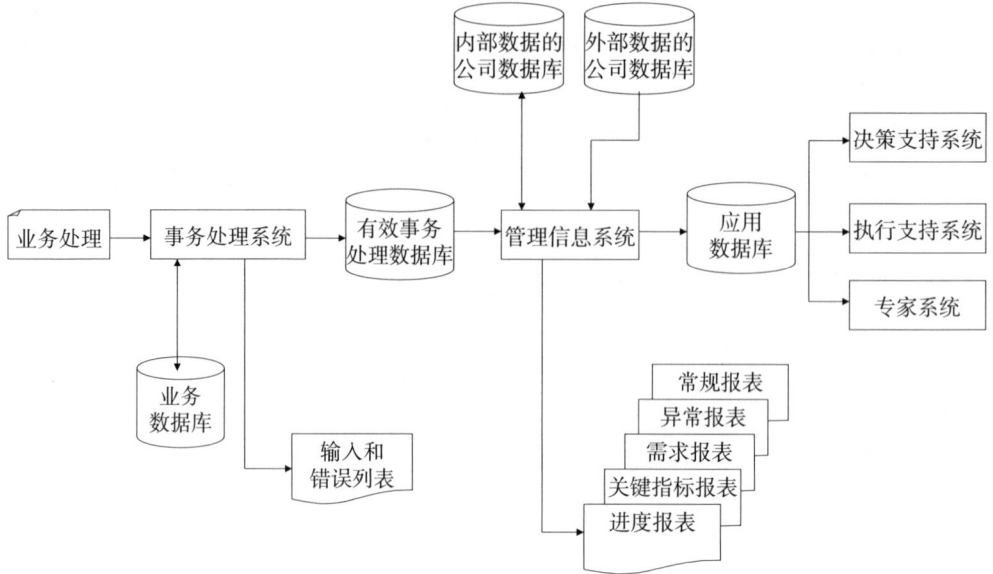

图 1-8 管理信息系统的工作原理

管理信息系统的输入主要来自于组织内的各种事务处理系统，也有部分外部信息，例如来自客户、供应商和竞争对手等的数据。管理信息系统运用获取的数据，并按照预先设定的报表格式对它们进行处理，以便管理者使用。例如，管理信息系统为销售部经理提供每周销售报表，涵盖过去一周的销售状况，以及不同地区、不同销售代表和不同产品的销售活动等，以便销售部经理进行分析比较。

经过处理产生的输出主要包括定期报表，指按照固定的时间间隔生成的报表；需求报表，是按管理人员的要求来提供的报表；异常报表，当出现异常情况或需要管理人员特别注意时，由系统自动生成的那些报表；详细报表，即就某一情况为管理人员提供更为详尽的数据的报表。这些报表筛选和分析事务处理数据库中高度细化的数据，然后采用有意义的方式将结果呈送给管理者。这些报表通过简单易用的界面支持管理者决策，向他们提供所需的数据和信息。

管理信息系统具有如下特点：

（1）管理信息系统支持操作层和管理控制层的结构化决策；

（2）管理信息系统一般是面向报表和控制的，提供对业务工作的日常控制；

（3）管理信息系统提供的报表缺乏灵活性，不能任意定义报表的内容和格式；

（4）管理信息系统是针对内部的而不是外部的；

（5）信息需求是已知和稳定的。

管理信息系统与事务处理系统的区别如表 1-2 所示。

表 1-2 管理信息系统与事务处理系统的区别

事务处理系统	管理信息系统
面向数据、以处理数据为核心	面向信息、以生成有用信息为核心
针对某一职能制成一个独立系统（如计价、库存）	包括各职能子系统，还包括上层系统
处理详尽的数据	处理综合性的指标、趋势性的信息

3. 办公自动化系统

办公自动化系统（office automation system, OAS）涵盖了企业日常行政事务的方方面面，包括请假、出差、报销、会议室预定、派车预定、订餐、办公用品申领等各种事务与流程。办公自动化系统旨在提高信息工人工作效率。企业办公自动化系统（企业OA）通常包括以下主要部分：工作流、协同工作、知识管理、公文处理、行政办公等。

工作流：一般包括可以对流程进行配置的工具和能够自动运行的工作流引擎，通过工作流功能以电子化的方式实现企业的业务流程的网上运转。

协同工作：以工作流引擎为基础，为企业各部门员工提供了强有力的沟通手段。企业各部门可以电子化的方式协同完成完整的业务流程，各环节可以有机结合，无缝衔接。对于各职位之间的协同工作情况可以进行有效控制。

知识管理：对企业内部的文档进行有序管理，提供强有力的检索功能和权限控制。

公文处理：公文处理是办公自动化中非常重要的组成部分。传统的OA系统往往以OA为核心，在现代以工作流为核心的企业OA中，公文也仍然占据重要地位。公文处理一般包括收、发文的管理、文件修改、审批，流程查看等，其中比较先进的功能包括基于Word的文件处理和痕迹保留、进展短信通知等。

行政办公：一般在企业办公自动化系统中均包括企业日常行政办公的常用流程，如信息发布、会议管理、工作计划、会议室预定、出差申请、办公用品管理、财务报销、文件流程等，以帮助企业提高日常办公的效率。

4. 知识工作系统

知识工作系统（knowledge work systems, KWS）是帮助组织中的知识工人建立和集成新的知识的信息系统。计算机辅助设计（computer-aided design, CAD）系统是知识工作系统的一种，是利用计算机和能处理复杂图形的软件自动进行工程设计或修改工程设计的一种知识工作系统。虚拟现实系统（virtual reality system, VRS）也属于知识工作系统，它利用交互式的图形软件和硬件进行计算机模拟，来模拟现实世界的活动，使人们在感官上如置身于现实世界中一样。

知识工作系统特征如下：

（1）支持知识工人方便地获取其所需的知识库；

（2）支持合作工作的信息系统读取更多的外部数据和信息，提供方便、快捷的沟通方式；

（3）提供更加有力的能对图形、分析模型、文档管理、通信处理等进行处理的软件；

（4）有较强的运算能力；

（5）有友好的用户接口；

（6）知识工作系统常常需要使用工作站。

5. 决策支持系统

决策支持系统（decision support system, DSS）是辅助决策者通过数据、模型和知识，以人机交互方式进行半结构化或非结构化决策的计算机应用系统。它是管理信息系统向更高一级发展而产生的先进信息管理系统。它为决策者提供分析问题、建立模型、模拟决策过程和方案的环境，调用各种信息资源和分析工具，帮助决策者提高决策水平和质量。

决策支持系统基本结构主要由 3 个部分组成，即数据部分、模型部分和人机交互部分，如图 1-9 所示。

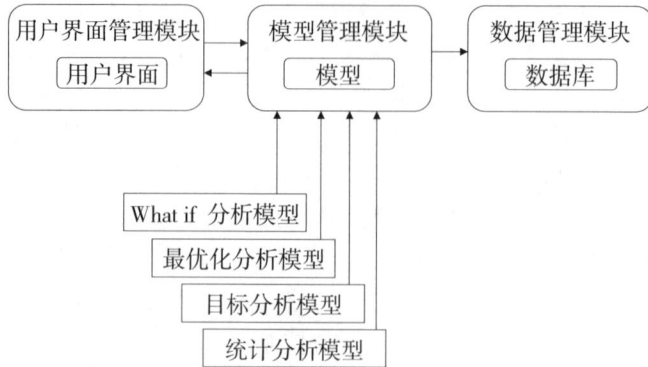

图 1-9　决策支持系统工作原理

数据部分是一个数据库系统；模型部分包括模型库（MB）及其管理系统（MBMS）；人机交互部分是决策支持系统的人机交互界面，用以接收和检验用户请求，调用系统内部功能软件为决策服务，使模型运行、数据调用和知识推理达到有机的统一，有效地解决决策问题。

DSS 具有如下特点：

（1）支持决策者进行决策分析并做出决策，而不是代替决策者进行决策；

（2）可用于各种结构化程度的问题，但重点在于半结构化问题；

（3）可对各层管理进行支持，但重点在于较高层次，这个层次的问题结构性最差；

（4）主要应用数据和模型进行决策分析，对结果进行优化和评价；

（5）人机交互。

6. 经理信息系统

经理信息系统（executive information system, EIS）以企业主管（经理）为服务对象，集中于满足经理战略信息需求，基于 DSS 和 MIS 系统，其目的在于提高经理的工作效率，帮助经理们提出问题并识别机会。

经理需进行的决策主要包括战略规划，即研究长期的、总的发展方向；战术规划，即研究如何实现战略规划；紧急处置，即对重大异常事件或事故、突然变故等的处置；对于影响长远与全局的、当前的、局部的问题也应关注。

经理所获取和利用的信息具有如下特点：信息的不确定性很大；一般是综合而不详尽的、笼统而不精确的信息。经理信息系统的数据主要来自于 TPS 或 MIS，组织内部的计划或预测信息、外部信息。

经理信息系统具有如下特征：

（1）使用数据仓库支持决策制定，数据仓库信息来自于不同操作型的数据库。

（2）向下挖掘能力，允许管理人员针对汇总信息进行向下挖掘，得到详细信息。

（3）灵活的数据表达形式，可以根据经理的需要选择不同的报表形式。

7. 各类信息系统之间联系与区别

组织中的各类信息系统不是独立工作的，它们之间存在相互依赖关系，通过系统集成可以将可利用的资源有效组织起来。组织中的各个系统服务于不同的管理层，实现不同的目的。不同类型信息系统之间的联系如图 1-10 所示。

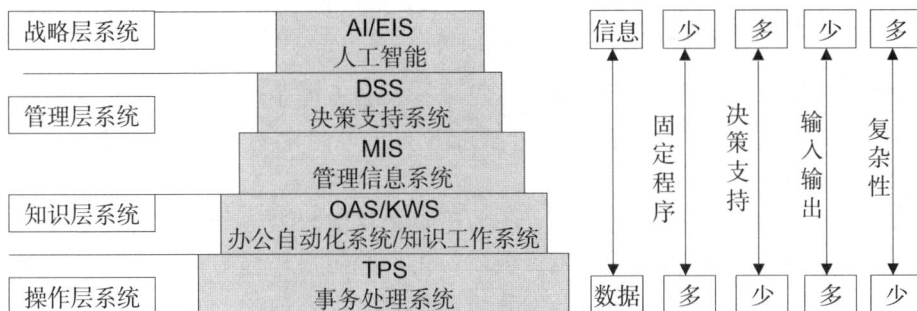

图1-10 不同类型信息系统之间的联系

各类信息系统之间的区别如表1-3所示。

表1-3 各类信息系统之间的区别

系统类型	输入信息	处理	输出	用户
EIS	外部和内部汇总信息	图形、模拟、交互式	规划、询问的回答	高层管理者
DSS	优化的数据和分析模型	交互式模拟分析	特殊报告、决策分析与回答	专业人员和管理者
MIS	综合的事务数据、大量数据	例行报告、简单模型、低级分析	总结和例外报告	中层管理者
KWS	设计说明，知识库	模拟、模型	模型、图形	专业人员、技术人员
OAS	文件、日程、工作流	文件管理、日程安排、通信	文件、日程、邮件	职员
TPS	事务、事件	分类、列表、合并、更新	详细报告、列表、总结	操作员、监督

8.信息系统在企业中的集成应用

企业并非仅靠单个信息系统提供服务，而是由一群支持不同功能的信息系统共同提供服务的。在企业的实际运营中，既有支持延伸到客户的业务功能的前端信息系统，也有支持内部业务运行并与供应商交互的后端信息系统。这些前端和后端信息系统将数据提供给管理信息系统和决策支持系统，以满足企业的管理需求。现代的信息系统使用电子商务技术、客户关系管理、供应链管理系统与客户和供应商连接。许多公司都有内联网，以支持员工和信息系统之间的通信。企业中信息系统功能应用如图1-11所示。

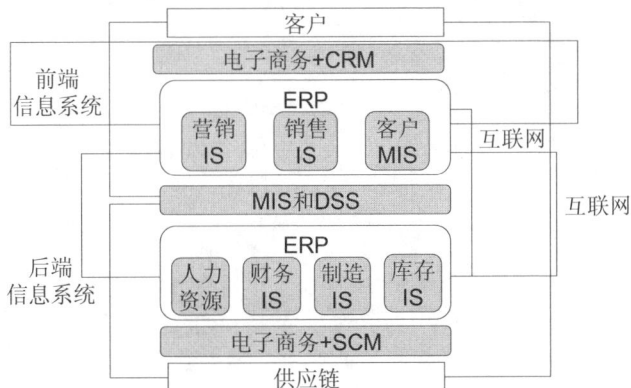

图1-11 企业信息系统的集成

1.1.4 信息系统的生命周期

无论采用哪种开发方法，所开发的信息系统都会遵循生命周期的规律，因此首先需要了解信息系统的生命周期。信息系统的生命周期大致可以划分为 3 个阶段：开发阶段、实施阶段与运行和维护阶段。

开发阶段的主要任务是构造系统，主要进行系统的规划、分析、设计与实现，需要在开发环境下完成。当信息系统开发完成后，需要在用户环境下进行安装和实施，通过验收后正式移交给用户。系统便从开发环境转换到生产环境中，并进入运行与维护的生命周期。在信息系统的生命周期中，有 20% 的时间是进行系统开发和系统实施，而有 80% 的时间却在做系统维护和服务的工作，一个服务从开发到上线实施可能只需要一年或者更短的时间，却需要 4 ～ 6 年甚至更长的时间来运行，如图 1-12 所示。从生命周期投入的成本来看，系统开发成本为一次性投入成本，当系统运营开始后，系统每年的预算当中大部分都在运行与维护上，典型的比例分配为：运行和维护投入占 IT 总投入 80%；系统建设投入占 IT 总投入 20%。

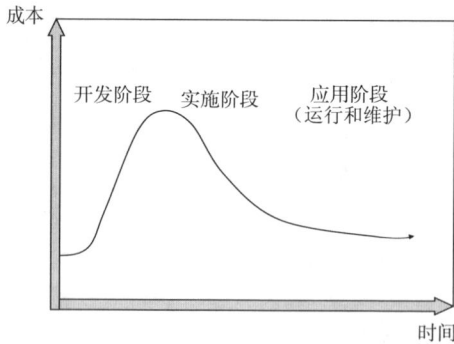

图 1-12　信息系统生命周期图

1.2　信息系统开发过程

虽然不同教科书对信息系统开发阶段划分的结果有所不同，但都大同小异，本书将信息系统生命周期划分为 5 个阶段，分别是系统规划、系统分析、系统设计、系统实施、系统运行与维护。如图 1-13 所示。

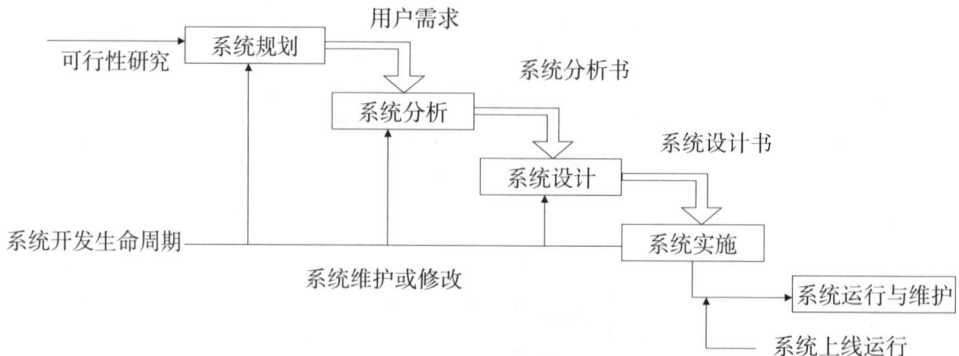

图 1-13　信息系统生命周期划分

1.2.1　系统规划

信息系统规划是系统开发的起始阶段，也是组织战略规划的组成部分。信息系统规划应以组织战略为导向，正确定位信息系统在整个组织中的作用，保证信息系统的目标能够和组织发展目标相协调。信息系统规划的主要目标是：明确系统整个生命周期内的发展方向、系统规模和开发计划。信息系统规划的主要任务包括 4 个方面。

1.确定信息系统及项目的优先顺序

根据组织的业务发展需要判断开发信息系统能否满足业务发展的需求。组织的信息系统需求可能源自现有业务系统中存在的问题，如执行附加任务的需要；也可能源自特定的发展机遇，如业务拓展需要；或者来自于行政指令等，例如集团范围内的系统重建等。

根据用户的系统开发请求，进行环境评价和初步调查，明确要开发的信息系统目标，然后根据业务需求确定信息系统开发的优先级，之后确定满足这些需求的信息系统项目的范围，制定特定的项目计划，包括开发新系统的进度安排和资源分配等，使得项目团队可以遵循该计划执行后续步骤。

2.组建信息系统项目团队

信息系统项目团队划分为两个层面：一是指导委员会（信息化领导小组），来自IT部门、用户部门等，是各部门的高层管理者，代表组织中所有业务领域，主要负责项目的决策与协调，确保信息系统目标与组织的业务目标和使命保持一致；批准和监督主要项目，建立信息系统项目优先顺序；审查和批准主要的软硬件获取及外包计划；对项目的标准、流程等进行审批，监督整个系统的绩效；协调IT部门和用户部门之间的关系；调度和配置人员、设备等资源；控制主要系统项目的开发进度。二是项目开发小组，由项目经理领导，系统分析、设计与实施人员参与，其任务是根据系统目标按照预期进度、质量和成本完成项目，同时选择适当的开发方法，进行需求调研，系统设计，编程和实施，制定新旧系统的交接方案，监控系统的运行；如果需要，协助组织进行新的组织机构变革和新的管理规章制度。

3.确定信息系统项目范围

确定所提议的信息系统的范围，为项目的实施提供一个牢固的前提和框架，为项目制定一个特殊计划。所有项目活动的开展，包括项目成本、质量和时间的控制也应该在此范围内进行。需要考虑的因素如表 1-4 所示。

表 1-4　项目范围分析问题列表

项目范围控制因素	问题分析
是否对关键业务构成重要影响	业务需求是否在关键业务描述中已经涵盖，或这个需求是否对关键业务构成充足影响
实现难度分析	目前系统功能是否可以解决这个需求 难度怎样
项目成本分析	内部资源分配是否足够 时间是否允许 是否能够保证项目质量

4. 启动项目

项目启动大会是一次非常重要的会议，通过项目启动大会，可以让系统相关的组织领导、项目团队、客户清楚地理解系统的主要目标，并对系统如何开发、如何分工，系统交付成果等有清楚的认识。项目启动会议的主要议题如表 1-5 所示。

表 1-5　项目启动会议的主要议题

内　容	解　释
项目的背景	我们为什么要做这个项目
目标和远景	清晰分解的重要目标，领导和客户的关注点是什么
项目组织结构、角色及其职责	组织结构图以及每个人在系统中的角色 每个角色的职责是什么
沟通计划	什么时候开什么会 以什么频度进行项目状态报告 项目都会有哪些内容
项目范围	将项目的范围结构化，让每个人脑子里面都有一个结构化的项目的全景图，以及主要业务过程的描述
项目计划	里程碑、关键路径、每个重点阶段所从事的内容
项目定义的软件过程	采用什么方法论，哪些管理过程会实施，每个阶段交付件是什么
风险和问题管理办法	划分哪些风险，对那类风险如何规避

1.2.2　系统分析

系统分析的目标是根据系统规划书所确定的范围，明确用户的需求及其解决方案并建立用户认可的逻辑模型。主要任务是明确"做什么"，具体包括：分析组织结构与功能，理清系统相关的业务流程和数据流，明确新系统的逻辑需求，并建立新系统的逻辑方案。系统分析主要包括两个阶段：需求理解和需求表达。

1. 需求理解

对现行系统进行详细调查，对组织内部整体管理状况和信息处理过程进行分析。分析的主要内容是：业务和数据的流程是否通畅，是否合理；数据、业务流程和实现管理功能之间的关系。通过了解当前系统的组织结构与业务流程，可以发现现行系统的局限性和有待改进之处，如，哪些业务流程可以精简、哪些管理功能和管理数据指标体系可以改进、用户对信息系统功能有哪些期望等，在此基础上确定新系统的基本目标和逻辑功能要求。采取的方法包括：初步调查（调查现行系统的组织概况、业务概况、信息管理概况、资源情况）、可行性分析、详细调查（包括绘制组织结构图、业务流程图、数据流图（data flowdiagram，DFD）、基本数据项属性表、数据流属性表、数据存储属性表、数据处理功能分析表）。该阶段系统分析员必须与用户紧密沟通，尽管用户了解他们所面临的问题，但是通常不能完整准确地表达出他们的要求，更不知道怎样用计算机解决他们的问题，因此，深入沟通，清楚领会用户的意图，挖掘用户的真正需求极为重要。

2. 需求表达

需求明确之后，需要采用规范化的、结构化的模型将其描述清楚。主要是借助一些逻辑模型，如用例模型、数据模型、过程模型等，该过程也称为"逻辑设计"过程。系统逻辑模型通常用特定的工具如 IDEF、DFD、数据字典等表示。结构化的系统需求最后以"需求说明书"的形式展现，需求说明书相当于开发者和用户之间的合同文档，它列出了系统必须满足的所有需求。

1.2.3　系统设计

设计阶段的目标是根据系统分析说明书的要求设计新系统的技术蓝图，从而为系统的实现奠定基础，该过程也称为"物理设计"过程。该阶段起到承上启下的作用，既要满足业务的需求，同时也要保证该设计方案在技术上是可实现的。

该阶段的主要任务包括：进行系统总体设计，确定系统所需采用的体系架构，划分信息系统功能结构、配置信息系统环境；进行系统详细设计，包括数据库设计、代码设计、输入输出以及用户界面设计等。

该阶段的主要交付成果是系统设计说明书，描述了新系统的体系结构以及详细的技术实现方案，可以移交给系统编程人员，进行具体的部署。

设计的主要内容包括：

（1）体系架构设计。主要任务是确定系统的总体设计方案，选择应用体系模式，划分子系统功能，确定共享数据的组织。体系设计包括系统客户端和服务器端的解决方案。体系设计关系到解决策略的选择和系统的模块化，该解决策略需要解决客户端、服务器端以及中间件的问题。基本的模块相对独立于解决策略，但是模块的详细设计必须要兼容所选择的解决策略。

（2）详细设计。与每个模块相关的设计称为详细设计，详细设计为每个模块开发详细算法和数据结构。算法和数据结构需要适应基础实施平台的约束。

（3）数据库设计。数据结构设计包括数据的短程属性、具体数据结构的格式、内容定义以及传递过程，数据库中数据的使用对象、主要用途、安全性和精确性等。

（4）输入和输出界面设计。

（5）代码设计。代码设计的主要目的是确保变量的唯一化、规范化和系统化。

1.2.4　系统实施

系统实施阶段的主要目标是将设计阶段和结果在计算机和网络上具体实现，将设计文档变成能在计算机上运行的软件系统。由于系统实施阶段是对以前全部工作的检验，因此用户的参与特别重要。如果说在系统设计阶段以前，用户处于辅助地位，那么到了系统实施阶段以后，用户逐步变为系统的主导者。该阶段的主要交付成果是可以运行的系统。

该阶段的主要任务包括：配置系统运行的软硬件环境，选择适合的开发环境及工具，软件编程与测试，网络、数据库的建立与测试，进行用户培训、数据转换、系统交接，向用户移交物理系统和文档资料等。

（1）编程与测试。编码是将设计转换为机器可识别的形式，如，可以用计算机提供的 C 语言、C++ 语言或数据库语言来编码。测试过程主要考虑软件的内部逻辑，每当程序编码产生，程序的测试便已开始，测试就是要保证给定输入产生与期望结果一致的输出。在编码阶段，程序员书写信息系统的程序；在测试阶段，程序员和分析员测试单个程序以及整个信息系统，目的是发现并改正错误。

（2）系统转换。在最初的系统试运行阶段和新老系统切换时，必须是用户与开发商结合，共同完成。在系统运行正常后，应逐步由用户方独立承担系统的维护工作，完成系统的全面移交工作。用户方软件开发管理者要参与系统移交的管理工作，选派人员进行应用系统的接管。移交应是包括产品、技术、文档的全面移交。

（3）用户培训。对用户进行必要的操作与管理培训，以便适应新的系统环境。

1.2.5 系统运行与维护

当系统试运行结束后，即进入系统的运行与维护阶段。它是系统建设的收获阶段。本阶段的工作任务是新系统的日常维护、新需求的满足、系统的技术支持等。新系统正常运行后，必须要了解其运行情况，及时解决运行中发现的问题，并完成应用系统日常的维护工作；针对新的业务需求，设计或完善原有系统，以满足业务的变化。用户方软件开发管理者要制订一套系统日常维护制度，规范系统日常维护工作；使系统维护人员全面了解系统的设计思想、数据结构、体系结构，力求新业务需求的实现与原设计思想的统一；定期收集系统的运行报告，及时了解和掌握业务政策和操作办法的变化，了解系统对业务的满足程度，据此得出系统改进与完善的目标与计划，并负责组织实施。各阶段的主要任务以及交付成果概括如表1-6所示，后续章节将详细阐述每个阶段的主要任务以及交付成果。

表1-6　SDLC各阶段的交付成果

阶段	主要任务	交付成果
规划	确定信息系统和项目的优先顺序 组建信息系统项目团队 确定信息系统范围 启动项目	信息系统项目规划书
分析	分析、理解并确定需求 需求结构化	信息系统需求说明书
设计	体系结构设计 详细设计 应用架构设计 功能模块设计 数据库设计 输入输出和用户界面设计 代码设计	信息系统设计说明书
实施	网络组建与测试 数据库建立与测试 编程与测试 系统切换 用户培训	可以运行的系统 程序代码及文档 培训文档 用户使用说明书
运行维护	技术支持 系统维护 软件升级	新版本或者软件的发布 变更的程序代码和文档 维护说明书

1.3　信息系统的相关角色

关于信息系统开发过程的角色划分，大致可以划分成两类：开发方和用户，如果我们再对角色进行细分的话，可以划分成以下 6 种角色：信息系统所有者、信息系统用户、信息系统分析员、信息系统设计员、信息系统构造人员和项目经理。

1.3.1　信息系统所有者

信息系统所有者是信息系统的发起人和主要倡导者，他们通常负责投资项目以进行开发、运行和维护信息系统。通常情况下，系统所有者主要来自于管理阶层，大中型系统的所有者角色一般是组织的中高层经理，小型系统的所有者角色一般是中层经理或者主管。他们主要关注信息系统是否能够带来业务价值，并在成本与收益之间进行权衡，例如信息系统开发能否增加企业收益、优化决策、减少错误、提高安全性、改善客户关系、增加市场份额。

1.3.2　信息系统用户

信息系统用户是那些使用信息系统或者受到信息系统影响的人，如收集、验证、录入、响应、存储、交换数据和信息的人。信息系统用户可分为内部信息系统用户和外部信息系统用户两大类。内部用户主要包括办事员和服务人员、技术人员和专业人员、主管、中层经理和高层经理。外部用户主要包括顾客、供应商、合作伙伴、雇员、远程和移动用户。办事员和服务人员的关注点是事务处理速度和正确性；技术人员和专业人员注重数据分析和为解决问题产生及时信息；主管和中高层经理关注点为信息获取能力。

1.3.3　信息系统设计员

信息系统设计员主要将信息系统用户的业务需求和约束条件转换成技术方案，即设计满足信息系统用户需求的计算机文件、数据库、输入输出、屏幕界面、网络和程序等。常见的系统设计人员职位包括数据库管理员、网络架构师、Web 架构师、图形艺术师、安全专家、技术专家等。

1.3.4　信息系统构造人员

信息系统构造人员主要根据设计说明构造信息系统构件，包括搭建网络、安装数据库、安装软件、编写程序等。常见的系统构造人员主要包括应用程序员、系统程序员、数据库程序员、网络管理员、安全管理员、Web 站点管理员、软件集成员等。

1.3.5　信息系统分析员

信息系统分析员研究组织存在的问题和需求，确定人员、数据、过程和信息技术如何最大化的为企业做出贡献，他们是信息系统的所有者、用户、设计人员和构造人员间沟通的桥梁。信息系统分析员要既懂业务又懂计算机技术，要研究业务问题，然后把业务和信息需求转换成基于计算机信息系统的规格说明。信息系统分析员所需的技能主要包括：

（1）分析技能：理解组织及其职能，识别机会和问题，分析和解决问题，系统地看待组织和信息系统，明白信息系统间的关系、信息系统所在的组织和组织所在的环境。

（2）技术技能：理解技术的潜力和局限，能够使用多种程序语言、不同的操作系统和硬件平台来工作。

（3）管理技能：管理项目、资源、风险和变更。

（4）人际关系技能：与最终用户、其他分析师和程序员一起工作，发挥用户、程序员和系统专家的联络员的作用。

1.3.6 项目经理

项目经理是经验丰富的从业人员。项目经理作为项目组织的管理者，要负责项目团队的组建、任务分派、团队成员管理的工作，使项目相关的资源得到合理的配置，从而保证高效完成项目目标所规定的各项任务。为了成功地、和谐地完成复杂信息系统的构造，项目经理必须拥有人际沟通、领导才能以及技术技能。表 1-7 列出了项目经理的职责与技能。注意，许多技能是和人员以及一般管理有关，而不仅仅是技术技能。表 1-7 不但显示了高效的项目经理应具有的各种技能，而且它也表明了项目经理是成功完成任何项目最起作用的人。

表 1-7　项目经理的职责与技能

职责	描述	技能
领导团队	通过智力、人格和能力影响其他人的活动向共同目标努力	沟通；与管理者、用户、开发者的联系；分派活动；监督进展
管理资源	通过有效利用资源使项目完成	定义并排序活动；沟通期望；为活动指派资源；监督成果
客户沟通	与客户密切合作确保项目交付品满足期望	解释系统请求和说明；地点准备和用户培训；与客户联络
解决技术问题	设计并排序活动以实现项目目标	解释系统请求和说明；定义活动及其顺序；在候选方案中权衡利弊；设计问题的解决方案
管理冲突	管理项目团队内部的冲突	协调个人冲突；妥协；设定目标
管理团队	管理项目团队以实现有效的团队绩效	团队内和团队间的沟通；对等评估；冲突解决；团队建设；自我管理
管理风险和变更	识别、评估和管理风险以及在项目过程中发生的日常变更	环境审查；风险和机遇识别与评估；预测；资源部署

1.3.7　信息系统各种角色比较

信息系统各种角色的比较如表 1-8 所示。

表 1-8　信息系统各种角色的比较

角色	作用	关注点
信息系统 所有者	信息系统的发起人和主要倡导者，他们通常负责投资项目以进行开发、运行和维护信息系统	关注信息系统的费用，信息系统的效果和价值
信息系统用户	使用信息系统	关注功能，易学易用性，业务需求。办事员：关注事务处理的正确性和速度。主管和经理：关注数据分析、解决问题的能力
信息系统设计员	将信息系统用户的业务需求和约束条件转换成 技术方案	关注对 IT 的选择，使用 IT 设计信息系统
信息系统构造人员	根据信息系统设计人员的设计说明构造信息系统构件	关注信息系统实现的技术问题
信息系统分析员	理解组织及其职能，解决信息系统开发过程中的各种问题	关注组织存在的问题和需求，协调与管理
项目经理	领导项目组成员完成信息系统开发任务	关注进度安排、预算、客户满意度、技术标准、信息系统质量，计划、监视、控制项目

※ 本章小结

本章旨在起到提纲挈领帮助读者，帮助读者建立起信息系统开发的整体框架，该框架涵盖信息系统开发的主要过程、项目管理过程、信息系统开发涉及的主要角色，以及开发中的工具方法与技术。

本章介绍信息系统分析与设计，复杂的组织过程通过计算机支持的信息系统进行开发与维护，使读者了解信息系统的基本概念、功能、结构以及组织中不同种类的信息系统，从事务处理信息系统到管理信息系统，再到决策支持信息系统，开发技术根据信息系统类型的变化。本章还介绍指导信息系统分析与设计的基本框架——信息系统开发生命周期（SDLC），分为 5 个主要阶段：规划、分析、设计、实施和运行与维护。在各个阶段，不同角色的人员所关注的重点不同，分别发挥不同的作用，他们共同工作以完成整个信息系统的开发与运行和维护。

※ 思考与练习

1. 理解信息技术与信息系统的区别。
2. 信息系统按照不同划分方式可以有哪些不同的结构？
3. 简述系统开发的主要阶段以及各阶段的主要任务。

4.结合你所接触或熟悉的系统，分别列举1～2个事务处理系统、管理信息系统、办公自动化系统、决策支持系统、经理信息系统和知识管理系统。

5.请结合下列系统，选择其一，分析与系统相关的各类人员分别扮演何种角色？其关注的主要焦点是什么？

（1）综合教务管理：包含基本信息管理、注册系统、收费系统、学籍管理、教学计划、成绩管理、毕业审查等子系统。

（2）排课系统：根据教学计划和本学校的教室资源，制定每学期的课程/教室/时间的计划。

第2章　信息系统开发过程模型与方法

※ 学习目标

通过本章学习，要求掌握：
- ◆软件过程模型
- ◆瀑布模型
- ◆增量过程模型
- ◆演化过程模型
- ◆信息系统开发方法
- ◆结构化开发方法
- ◆面向对象开发方法
- ◆面向服务开发方法

2.1　软件过程模型

软件工程文献描述了很多软件过程模型。有些模型是规定性的（prescriptive），说明软件开发应该进行的方式；而另一些是描述性的（descriptive），说明软件开发实际进行的方式。从理论上讲，两种类型的模型应该是相似或相同的，但事实并非如此。建立过程模型并讨论它的子过程有助于开发团队理解开发过程的理想情况与实际情况之间的差距。

还有很多原因需要对过程进行建模。

（1）当一个小组记录下开发过程的描述时，就会形成对软件开发中的活动、资源和约束的共同理解。

（2）建立过程模型有助于开发团队发现过程及其组成部分中存在的不一致、冗余和遗漏的地方。当注意并改正了这些问题以后，过程会变得更加有效并且最后会集中在构建最终产品上。

（3）模型应该反映开发的目标，例如构建高质量的软件、在开发的早期发现故障以及满足必需的项目预算和开发进度的约束。由于建立了模型，开发团队可以根据目标评估候选活动是否合适，例如，开发团队可能引入需求评审，这样可以在设计开始之前发现和修复需求中的问题。

（4）应当根据具体情况对每一个过程进行裁剪。建立过程模型有助于开发团队理解应该在哪里对过程进行裁剪。

每一个软件开发过程模型都将系统需求作为输入，将要交付的产品作为输出。多年来，人们提出了很多模型。这里探讨几种最流行的模型，以理解它们之间的共性和区别。

2.2　瀑布模型

研究人员提出的第一个模型是瀑布模型（waterfall model），如图 2-1 所示，它将开发阶段描述为从一个阶段瀑布般地转换到另外一个阶段（Wivston Royce 1970）。如图 2-1 所提示的，一个开发阶段必须在另一个开发阶段开始之前完成。因此，当从客户引发的所有需求都已经过完整性和一致性分析，并形成需求文档之后，开发团队才能够开始进行系统设计活动。瀑布模型从一种非常高层次的角度描述了开发过程中进行的活动，并且提出了要求开发人员列出经过的事件序列。

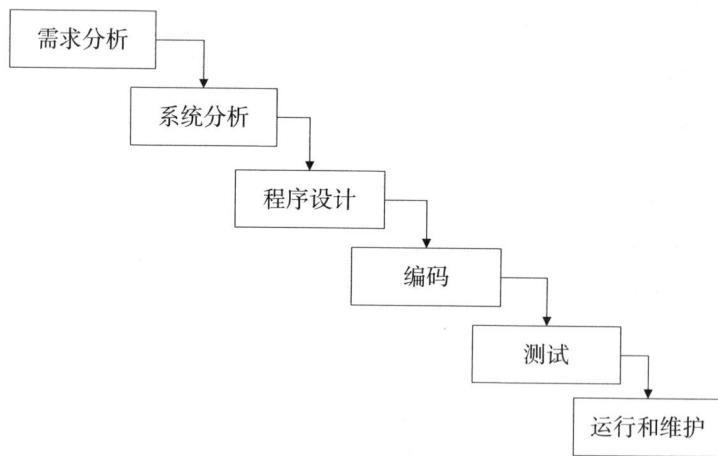

图 2-1　瀑布模型

瀑布模型一直被用来规范软件开发活动。例如美国国防部标准 2167-A 规定，瀑布模型是多年来国防部合同中软件开发交付的依据。每一个过程活动都有与其相关联的里程碑和可交付产品，以便于项目经理能够用模型判断在某一时刻项目离最后完成还有多远。例如在瀑布模型中，"单元测试和集成测试"阶段结束的里程碑是"编写完经过测试和集成的代码模块"，其中间可交付产品是测试过的代码的副本；接着，代码被移交给系统测试人员，这样它可以与其他系统构件（硬件或软件）合并，并作为一个整体进行测试。

在帮助开发人员布置他们需要做的工作时，瀑布模型是非常有用的。它的简单性使得开发人员很容易向不熟悉软件开发的客户做出解释。它明确地说明，为了开始下一阶段的开发，哪些中间产品是必需的。很多其他更复杂的模型实际上是在瀑布模型的基础上的润色，如加入反馈循环以及额外的活动。

瀑布模型的很多问题已经在计算机文献中进行过讨论，瀑布模型最大的问题是它并不能反映实际的代码开发方式。除了一些理解非常充分的问题之外，实际上软件是通过大量的迭代进行开发的。通常情况下，软件用于解决以前从未解决过的问题，或者其解决方案需要更新以反映业务情况或操作环境的变化。例如，一个飞机制造商需要一种关于新型机体的软件，它要比当前的型号更大、更快。对于这种情况，即使软件开发人员在开发航空软件方面积累了大量的经验，他们仍然面临很多新的挑战。用户和开发人员都不完全了解影响期望结果的所有关键因素，并且在需求分析的过程中大量时间都用在了理解受系统及其软件影响的项目过程上以及系统及其运行环境之间的关系上。因此，如果不对实际的软件开发过程加以控制，开发过程可能看起来会像图 2-2 那样：当开发人员试图搜集关于问题以及提议的方案的有关资料时，他们关于如何解决该问题会翻来覆去地从一个活动转向另一个活动。

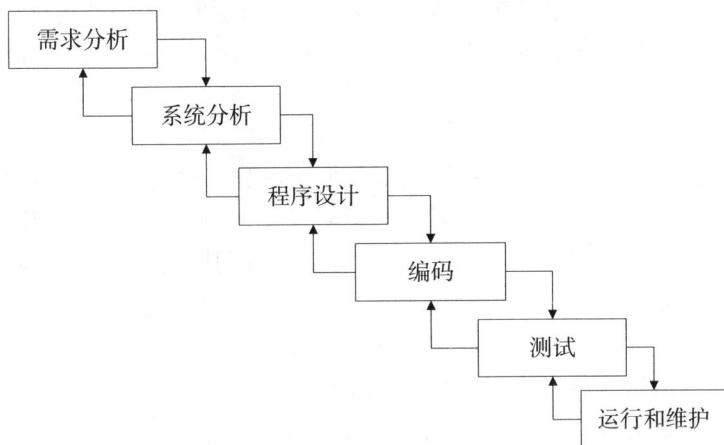

图 2-2 实际上的瀑布模型

通过引入加强理解的活动和子过程，软件开发过程有助于控制活动之间的往返。原型化就是这样的一个子过程。原型（prototype）是一个部分开发的产品，它使客户和开发人员能够对计划开发的系统的相关方面进行检查，以决定它对最终产品是否合适。例如，开发人员可以构建一个系统来实现一小部分关键需求，以确保需求是一致、可行和符合实际的，否则，在需求阶段就要进行修正，而不是在测试阶段（测试阶段代价会更高）进行修正。同样，设计的某些部分也可以进行原型化，如图 2-3 所示。设计的原型化有助于开发人员评价可选的设计策略以及决定对于特定的项目，哪一种策略是最好的。设计人员可能用几种完全不同的设计来处理需求，看一看哪一种具有最好的特性。例如，可以在一个原型中把网络设计为环形的，而另一个设计为星形的，然后评价其性能特性，看一看哪一种结构能更好地满足性能目标或约束。

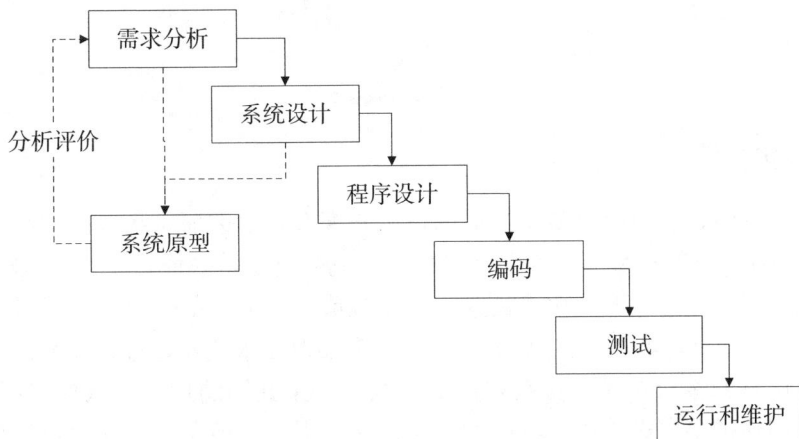

图 2-3 使用原型化的瀑布模型

通常，开发人员会构建用户界面，并把它作为原型进行测试，以便用户能够了解新系统将会是什么样子的，并且设计人员也能够更好地理解用户希望如何与系统进行交互。因此，在系统测试进行正式确认之前，主要的需求应该都已经过处理和确定，确认确保系统实现了所有的需求。每一个系统功能可以回溯到系统规格说明中的一个特定需求。系统测试也对需求进行验证，确保每一项功能都是正确的。也就是说，确保开发人员构造的是正确的产品（根据规格说明），而验证检查实现的质量。原型化对于验证和确认都很有用。我们将在后面的章节中看到，这些活动也可以出现在开发过程的其他部分中。

2.2.1 V模型

V模型是瀑布模型的变种，它说明测试活动是如何与分析和设计相联系的。如图2-4所示，需求分析、概要设计、详细设计与编码处于V形符号的左边，测试在右边。单元测试是基于代码的测试，最初由开发人员执行，以验证其可执行程序代码的各个部分是否已达到了预期的功能要求；集成测试验证了2个或多个单元之间的集成是否正确，并有针对性地对详细设计中所定义的各单元之间的接口进行检查；在所有单元测试和集成测试完成后，系统测试开始以客户环境模拟系统的运行，以验证系统是否达到了在概要设计中所定义的功能和性能；验收测试是由客户而不是开发人员进行的，它通过把测试步骤与需求规格说明中的每一个要素关联起来对需求进行确认。这种测试检查是在接受系统和付款之前，所有需求是否都已经完全实现。

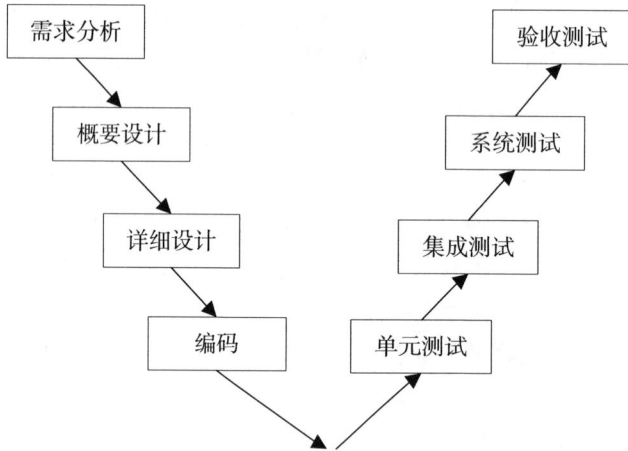

图2-4　V模型

2.2.2 原型化模型

我们已经看到如何使用原型化活动修正瀑布模型以改进那对系统的理解。但是原型化不仅仅是附属于瀑布模型的，如图2-5所示，它本身也是一种有效的过程模型的基础。由于原型化模型允许开发人员快速构造整个系统或系统的一部分以理解或澄清问题，因此，它与工程化原型具有同样的目的。其中，需要对需求或设计进行反复调查，以确保开发人员、用户和客户对需要什么和提交什么有一个共同的理解。依据原型化的目标，可以取消原型化需求、设计或系统中的一个或多个循环。但是，总体目标保持不变，即减少开发中的风险和不确定性。

例如，系统开发可能以客户和用户提出的一组需求为起点，然后，让相关各方一起探讨各种方案，查看可能的屏幕显示、表格、报表以及用户和客户直接使用的其他系统输出。当用户和客户对需要什么做出决定时，开发人员则对需求进行修正。一旦对需求应该是什么达成了共识，开发人员就可以进行设计了。再次通过同样的过程，开发人员与客户和用户协商来探讨不同的设计。

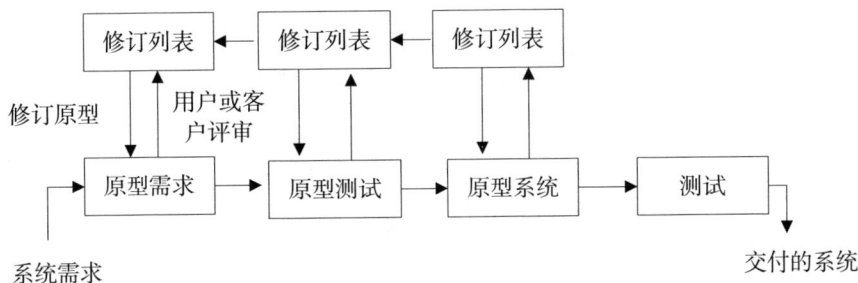

图 2-5 原型化模型

对初始设计不断修正，直到开发人员、用户和客户对结果满意为止。实际上，考虑不同的设计方案有时会暴露需求中的问题，此时开发人员就需要退回到需求阶段，重新考虑和变更需求规格说明。最后，对系统进行编码并讨论不同的编码方案，还可能对需求分析和设计进行迭代。

2.2.3 可操作规格说明

对许多系统来说，需求的不确定性导致了后期开发的变化和问题。Zave提出了一种过程模型，它允许开发人员和客户在开发的早期检查需求及其隐含的含义，在这个过程中，他们可以讨论和解决某些不确定性（Zave 1984）。在可操作规格说明模型（operational specification model）中，通过演示系统行为的方式来评估或执行系统需求。也就是说，一旦指定了需求，就可以用软件包进行演示。这样，在设计开始之前就可以评价它们的隐含含义。例如，如果规格说明要求计划构建的系统能够处理 24 个用户，那么规格说明的可执行的形式就能够帮助分析人员确定用户数目是否给系统增加了太多的性能负担。

这种模型的过程与诸如瀑布模型这样的传统模型有很大的不同。瀑布模型把系统的功能与设计分离（即把系统要做什么与系统如何做分离开、目的是把客户的需要与实现分开，而可操作规格说明模型允许把功能和设计合并起来。图 2-6 说明了可操作说明模型是如何运作的。注意，可操作规格说明模型与原型化模型类似，该过程允许用户和开发人员在早期检查需求。

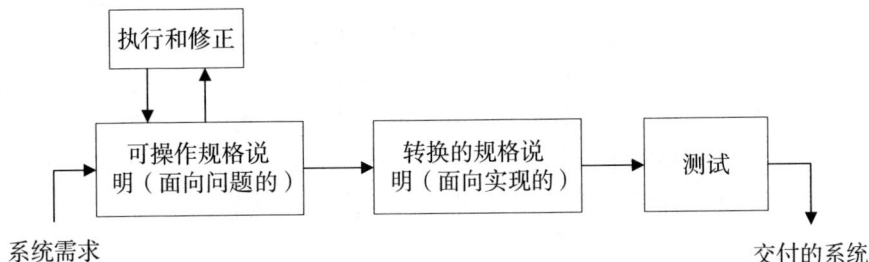

图 2-6 可操作规格说明模型

2.2.4 可转换模型

Balzer的可转换模型（transformational model）通过去除某些主要开发步骤来设法减少出错的机会。利用自动化手段的支持，转换过程使用一系列转换方法把需求规格说明变为一个可交付使用的系统（Balzer 1981）。

转换的样例有：

（1）改变数据表示；

（2）选择算法；

（3）优化；

（4）编译。

由于从规格说明到可交付系统可以采取很多途径，它们所表示的变换序列和决策都保存为形式化的开发记录。

转换方法具有很好的前景。然而，如图2-7所示，应用转换方法的主要障碍在于需要一个精确表述的形式化的规格说明，这样才可以基于此说明进行操作。随着形式化规格说明方法的普及，转换模型将会被更广泛地接受。

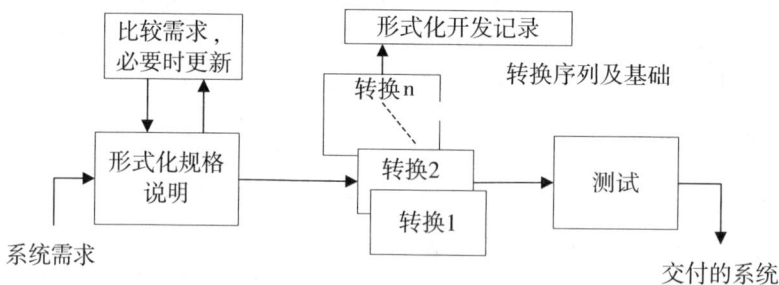

图 2-7 可转换模型

2.2.5 阶段化开发：增量和迭代

在早期的软件开发中，客户愿意为软件系统的最后完成等待很长时间。有时，从编写需求文档到系统交付使用会经过若干年，称为循环周期（cycle time）。但是，今天的商业环境不会再容许长时间的拖延。软件使产品在市场上引人注目，而客户总是期待着更好的质量和更新的功能。例如，1996年，惠普公司80%的收入来自过去两年开发的产品，因而，他们开发了新的过程模型来帮助缩短循环周期。

一种缩短循环周期的方法是使用阶段化开发，如图2-8所示。使用这种方法设计系统时使其能够一部分一部分地交付，从而在系统其余部分正在开发的同时，用户已经获得了一部分功能。因此，通常会有两个系统在并行运行，即产品系统和开发系统。运行系统（operational system）或产品系统（production system）是当前正在被客户和用户使用的系统，而开发系统（developnal system）是准备用来替换现行产品系统的下一个版本。通常，用它们的发布代号表示一个系统。例如，开发人员构建发布1，对其进行测试，然后把它交给用户作为第一个可运行的发布。然后，当用户使用发布1的时候，开发人员正在构建发布2。从而，开发人员总是在开发发布$n+1$，而与此同时发布n总是正在运行的。

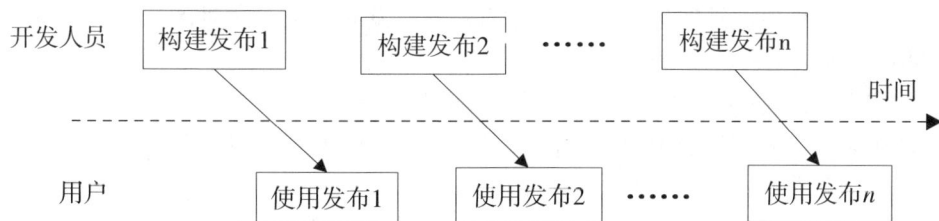

图 2-8　阶段化开发模型

开发人员可以用多种方法决定如何将开发组织为发布。增量开发（incremental development）和迭代开发（iterative development）是两种最常用的方法。在增量开发中，需求文档中指定的系统按功能划分为子系统。定义发布时首先定义一个小的功能子系统，然后在每一个新的发布中增加新功能。图 2-9 的上半部分显示了增量开发是如何在每一个新的发布中逐步增加功能直到构造全部功能的。而迭代开发是在一开始就提交一个完整的系统，然后在每一个新的发布中改变每个子系统的功能。图 2-9 的下半部分说明一个迭代开发的 3 个发布。

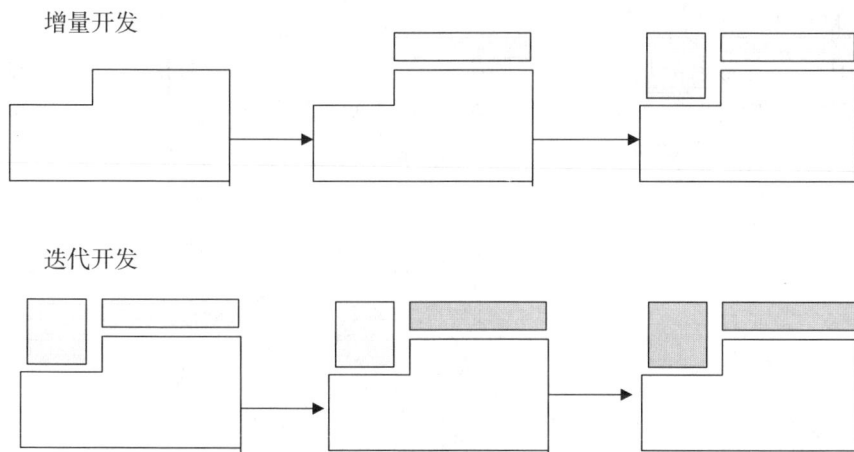

图 2-9　增量模型和迭代模型

为了理解增量开发和迭代开发之间的区别，我们来看一个用于文字处理的软件包。假设这个软件包要具有 3 种类型的功能：创建文本、组织文本（即剪切和粘贴）以及格式化文本（例如使用不同的字体大小和类型等）。要使用增量开发模型构建这样一个系统，我们可能在发布 1 中仅提供创建功能，然后在发布 2 中提供创建和组织功能，最后在发布 3 中提供创建、组织和格式化功能。但是，使用迭代开发方法时，我们要在发布 1 中提供简单的 3 种类型的功能。例如：可以创建文本，然后剪切并粘贴文本，但是剪切和粘贴功能可能不够灵活快捷。在下一次迭代（即发布 2）中，提供相同的功能，但是系统的功能增强了：剪切和粘贴功能变得方便和快捷。每一个发布都在前一个发布的基础上进行了某些改进。

实际上，许多组织都将迭代开发和增量开发方法结合起来使用。一个新的发布版本可能包含新的功能，并且对已有功能做了改进。这种形式的阶段化开发方法是人们想要的，原因如下。

（1）即使还缺少某些功能，但在早期的发布中就可开始进行培训。培训过程可以使开发人员观察某些功能是如何执行的，并为后面的发布提供了改进的建议。这样，开发人员能够很好地对用户的反馈做出反应。

（2）可以及早为那些以前从未提供的功能开拓市场。

（3）当运行系统出现未预料到的问题时，经常性的发布可以使开发人员能全面、快速地修复这些问题。

（4）针对不同的发布版本，开发团队将重点放在不同的专业领域技术上。例如，一个发布可以利用用户界面专家的专业知识将系统从命令驱动的界面改为指向—点击式（point-and-click）的图形用户界面，另一个发布可集中于改进系统性能。

2.2.6 螺旋模型

Bochm根据系统包含的风险看待软件开发过程并提出了螺旋模型。它把开发活动和风险管理结合起来，以将风险减到最小并控制风险（Bochm 1988）。图2-10所示的螺旋模型在某种意义上类似于图2-9所示的迭代开发模型。它以需求和一个初始的开发计划（包括预算、约束、人员安排方案、设计和开发环境）为起点，在产生"操作概念"文档（它从高层描述系统如何工作）之前，该过程插入一个评估风险以及可选原型的步骤。在操作文档中，一组需求被指定并进行详细检查，以确保需求尽可能完整和一致。因此，操作概念是第一次迭代的产品，而需求则是第二次迭代的主要产品，在第三次迭代中，系统开发产生设计，而第四次迭代能够进行测试。

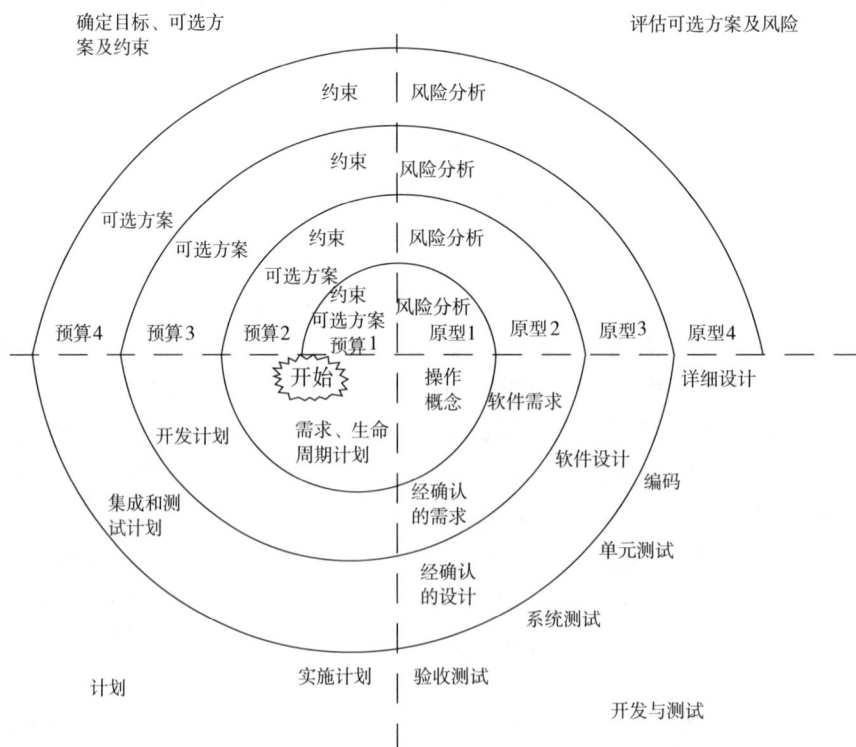

图2-10 螺旋模型

螺旋模型的每一次迭代都根据需求和约束进行风险分析，以权衡不同的选择，并且在确定某一特定选择之前，通过原型化验证软件开发可行性或期望度。当风险确认之后，项目经理必须决定如何消除风险或使风险降到最低。例如，设计人员不能确定用户是否更喜欢某一种界面（相比较于另一种界面）。用户有可能会选择使用阻碍高效率新系统的界面，要把这种选择的风险最小化。设计人员可以原型化每一个界面，并通过运行来检验用户更喜欢哪一种界面。甚至可以在设计中选择包含两种不同的界面，这样用户能够在他们登录的时候选择其中一个。像预算和进度这样的约束有助于确定要选择哪一种风险管理策略。第 3 章将更详细地讨论风险管理。

2.2.7　敏捷方法

从 20 世纪 70 ～ 90 年代提出并使用的许多软件开发方法都试图在软件构思、文档化、开发和测试的过程中强加某种形式的严格性。在 20 世纪 90 年代后期，一些抵制这种严格性的开发人员系统地阐述了他们自己的原则，试图强调灵活性在快速有效的软件生产中所发挥的作用。他们将他们的思想整理为"敏捷宣言"，概括为以不同的方式思考软件开发的 4 条原则（Agile Alliance　2001）。

（1）相对于过程和工具，他们更强调个人和交互的价值。这种观点包括给开发人员提供他们所需的资源，并相信他们能够做好自己的工作。开发团队将他们组织起来，让他们进行面对面交互式的沟通而不是通过文档进行沟通。

（2）他们更喜欢在生产运行的软件上花费时间，而不是将时间花费在编写各种文档上。也就是说，对成功的主要测量指标是软件正确工作的程度。他们将精力集中在与客户的合作上，而不是合同谈判上，从而客户成为软件开发过程的一个关键方面。

（3）他们专注于对变化的反应，而不是创建一个计划而后遵循这个计划，因为他们相信不可能在开发的初始就能预测到所有的需求。

敏捷开发的总体目标是通过"尽可能早地、持续地交付有价值的软件"使客户满意（Agile Alliance　2001）。很多客户都有一些随着时间变化的业务需求，不仅表现在新发现的需求上，也表现在对市场变化做出反应的需求上。例如，当软件正在设计和构造的时候，某一个竞争对手发布了一个新的产品，因此，需要在已经计划好的功能上做一些改变。类似地，政府机构或标准制订机构可能会强制推行一项规则或标准，而它可能影响到软件的设计或需求。人们认为，通过在软件开发过程中加入具有灵活性和敏捷性的方法可以使用户能够在开发周期的后期增加或改变需求。

在目前的文献中，有很多敏捷过程的典型方法。每一种方法都基于一套原则，这些原则实现了敏捷方法所宣称的理念（敏捷宣言）。具体方法有以下几种。

（1）极限编程（extreme programming, XP）：在下面会对它进行详细描述。它是激发开发人员创造性、使管理负担最小的一组技术。

（2）水晶法（crystal）：它认为每一个不同的项目都需要一套不同的策略、约定和方法论。水晶法正是基于这一理念的一组方法。Cockburn 是水晶法的创建者（Cockburn 2002）。他认为，人对软件质量有重要的影响，因而随着项目质量和开发人员素质的提高，项目和过程的质量也随之提高。通过更好的交流和经常性的交付，软件生产力得以提高，因为它需要的中间工作产品较少。

（3）并列争球法（scrum）：该方法由对象技术公司于 1994 年创建，随后 Schwaber 和 Beedle 将它产品化（schwaber and Beedle　2002）。它使用迭代的方法，其中把每 30 天一次的迭代称为一个"冲刺"（sprint），并按需求的优先级别来实现产品。多个自组织和自治小组并行地递增实现产品。协调是通过简短的日常情况会议（称为"scrum"）来进行的，就像橄榄球中的"并列争球"（scrum）。

（4）自适应软件开发（architectural services department, ASD）：它有6个基本的原则。在自适应软件开发中，有一个使命作为指导，它设立项目的目标，但并不描述如何达到这个目标。特征被视作客户价值的关键点，因此，项目是围绕着构造的构件来组织并实现特征的。过程中的迭代是很重要的，因此"重做"与"做"同样关键，变化也包含其中。变化不被视作改正，而是被视作对软件开发实际情况的调整。确定的交付时间迫使开发人员认真考虑每一个生产的版本的关键需求。同时，风险也包含其中，它使开发人员首先解决最难解决的问题。

通常，"极限编程"是描述敏捷方法最普遍的概念。实际上，XP是敏捷过程的一种具体形式，提供敏捷方法最一般原则的指导方针。XP的支持者强调敏捷方法的4个特性：交流、简单性、勇气以及反馈。交流是指客户与开发人员之间持续地交换看法；简单性业指鼓励开发人员选择最简单的设计或实现来处理客户的需要；XP创建者将勇气描述为尽早交付功能和经常交付功能的承诺；在软件开发过程的各种活动中，都包含反馈循环。例如，程序员们一起工作，针对实现设计的最佳方式，相互提供反馈；客户与开发人员一起工作，以完成计划的任务。这些特性都包含在XP的12个实践操作中。

（1）规划游戏：在XP的这一方面，由现场的客户定义价值的含义，以便对于每个需求，可以根据实现该需求所增加的价值对其进行评价。用户就系统应该如何运转来编写故事，然后，开发人员估算实现该故事所必需的资源。每一个故事针对一个需求，只需要两三个句子足够详细地解释需求的价值，以便开发人员指定测试用例，估算实现需求所需的资源。故事编完之后，预期的用户对需求划分优先级，不断地拆分、合并需求，直到就需要什么、什么可测试、利用可用资源能够完成什么这些事项达成一致为止。然后，计划人员生成发布图，将发布的内容和交付的时间记录在文档中。

（2）小的发布：系统的设计要能够尽可能早地交付。功能被分解为若干个小的部分，这样，可以尽早地交付一些功能。然后，在后面的版本中对这些功能要使用增量或迭代生命周期的阶段化开发方法。

（3）隐喻：开发团队对于系统将如何运行的设想取得一致意见。为了支持这个共同的设想，开发团队选取共同的名字，并就处理关键问题的共同方法达成一致意见。

（4）简单设计：只处理当前的需求，使设计保持简单。这种方法体现这样一个基本思想：对将来的功能进行预料可能导致不必要的功能。如果系统的某个特定部分是非常复杂的，那么开发团队可能要构建一个试验性解决方案（spike）（一个快速、有限的实现）以帮助决定如何继续进行。

（5）首先编写测试：为了确保客户的需要成为开发的驱动力，首先编写测试用例，这是一种强迫客户需求在软件构建之后可以被测试和验证的一种方法。XP使用两种测试：功能测试和单元测试。功能测试由客户指定，由开发人员及用户测试；而单元测试由开发人员编写和测试。在XP中，功能测试是自动执行的，并且在理想情况下，每天都执行。功能测试被认为是系统规格说明的一部分。在编码前后都要进行单元测试，以验证每一个模块都符合设计规格说明。

（6）重构：随着系统的构建，很可能需求将发生变化。因为 XP 方法的一个主要特征是只针对当前的需求进行设计，所以，经常出现这样的情况：新的需求迫使开发人员重新考虑他们现有的设计。重构（refactoring）是指重新审视需求和设计，重新明确地描述它们以符合新的现有的需要。有时，重构是指重组（restructure）设计和代码，而不扰乱系统的外部行为。重构是以一系列小的步骤完成的，辅之以单元测试和编程，用简单性指导工作。

（7）对编程：将软件工程视作艺术和将软件工程视作科学这两种观点之间存在着紧张关系。对编程试图强调软件开发的艺术性这一方面，承认学徒－师父这样的隐喻，对于教会软件开发初学者如何逐步具有熟练开发人员所具有的能力是很有用的。使用一个键盘，两个结成对的程序员，根据需求规格说明和设计开发系统，由一个人负责完成代码。但是，配对是灵活的：一个开发人员在一天可能与多个伙伴配对。传统的开发方法是个人单独工作，直到他们的代码经过单元测试。

（8）集体所有权：在 XP 中，随着系统的开发，任何开发人员都能够对系统的任何部分进行改变。

（9）持续集成：快速交付功能意味着可以按日为客户提供可运行的版本，有时甚至可以按小时提供。重点是多个小的增量或改进，而不是从一个修正到下一个修正这样的巨大跳跃。

（10）可以忍受的步伐：疲劳可能产生错误。因此，XP 的支持者提出每星期工作 40 个小时的目标。逼迫程序员投入很长的时间来满足最后期限，就是最后期限不合理的信号，或者是缺乏满足最后期限的资源的信号。

（11）在现场的客户：理想情况下，客户应该在现场与开发人员一起工作以确定需求，并提供如何对它们进行测试的反馈。

（12）代码标准：很多观察者认为 XP 和其他敏捷方法提供了不受约束的环境，在其中可以做任何事情但是实际上，XP 倡导清晰的定义代码标准，以利于团队改变和理解他人的工作。这些标准支持其他的实践，例如测试和重构。其结果应该是代码整体看起来就像是由一个人编写的，并且其方法和表述一致。

极限编程和敏捷方法是比较新的方法，其有效性的证据很少，但发展却呈增长趋势。本章出现的过程模型仅仅是实际使用或讨论的模型中的一小部分。其他过程模型可以根据用户、客户和开发人员的需要进行定义和剪裁。不论使用哪一种过程模型，许多活动都是它们（所有模型）所共有的。在后面章节中对软件工程进行探讨的时候，我们将研究每一个开发活动，了解它包含的内容，并找出什么样的工具和技术能够使我们的工作更加有效、生产率更高。

2.3 增量过程模型

在许多情况下，初始的软件需求有明确的定义，但是整个开发过程却不宜单纯运用线性模型。同时，可能迫切需要为用户迅速提供一套功能有限的软件产品，然后在后续的版本中再进行细化和扩展功能。在这种条件下，应选用一种以增量的形式生产软件产品的过程模型。

增量模型在每个阶段运用线性序列，如图 2-10 所示。每个线性序列以一种演化过程流生产增量类似的方式生产出一个软件的可交付增量。

例如，采用增量模型开发的文字处理软件，在第一个增量中提供基本的文件管理、编辑和文档生成功能；在第二个增量中提供复杂的编辑和文档生成的功能；在第三个增量中提供拼写和语法检查功能；在第四个增量中提供高级页面排版功能。需要注意的是，任何增量的过程流可能使用原型模型。

运用增量模型的时候，第一个增量往往是核心产品（core product）。虽然满足了基本的需求，但是许多附加的特性（一些是已知的，另一些是未知的）没有提供，客户使用该核心产品时需进行仔细的评价，并根据评价结果制定下一个增量计划。这份计划说明了需要对核心产品进行的修改，以便更好地满足客户的要求，也说明了需要增加的特性和功能。每一个增量的交付都会重复这一过程，直到最终产品的产生。

增量模型侧重于每个增量都提交一个可以运行的产品。早期的增量可以看作是最终产品的片段版本，但是它们确实具备了用户服务能力，也为用户的评价提供了一个平台。

如果在项目既定的商业期限之前不可能找到足够的开发人员，这种情况下增量模型显得特别有用。早期的增量模型可以由少量的人员实现。如果核心产品的口碑不错，可以为下一个增量投入更多的人力。同时，增量模型可以规避技术风险。例如，一个系统需要利用到某个正在开发的新硬件，开这个新硬件的交付日期不确定。因此可以在早期的增量中避免使用这个硬件，这样可以保证部分功能按时交付给最终用户，不至于造成过分的延期。

2.4　演化过程模型

软件，类似于其他复杂的系统，会随着时间的推移而演化。在开发过程中，商业和产品需求经常发生变化，直接导致最终产品难以实现；严格的交付时间使得开发团队不可能圆满完成软件产品，但是必须交付功能有限的版本以应对竞争或商业压力；很好地理解了核心产品和系统需求，但是产品或系统扩展的细节问题却没有定义。在上述情况或类似情况下，软件开发人员需要一种专门应对不断演化的软件产品的过程模型。

演化模型是迭代的过程模型，使得软件开发人员能够逐步开发出更完整的软件版本。

原型开发。很多时候，客户提出了软件的一些基本功能，但是没有详细定义功能和特性需求。另一种情况下，开发人员可能对算法的效率、操作系统的兼容性和人机交互的形式等情况并不确定。在这些情况和类似情况下，采用原型开发范型（prototyping paradigm）是最好的解决方法。

虽然原型可以作为一个独立的过程模型，但是更多的时候是作为一种技术，原型开发模型可帮助软件开发人员和利益相关者更好地理解究竟需要做什么。

原型开发模型开始于沟通，如图 2-11 所示。软件开发人员和利益相关者进行会晤，定义软件的整体目标，明确已知的需求，并大致勾画出以后再进一步定义的东西。然后迅速策划一个原型开发迭代并进行建模。快速设计产生了一个原型，并对该原型进行部署，然后由利益相关者进行评价。根据利益相关者的反馈信息，进一步细化软件的需求。在原型系统不断调整以满足各种利益相关者需求的过程中，采用迭代技术，同时也使开发者逐步清楚用户的需求。

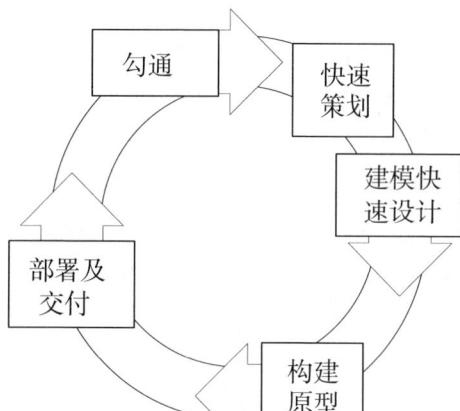

图 2-11　原型开发模型

理想状况下，原型系统提供了定义软件需求的一种机制。当需要构建可执行的原型系统时，软件开发人员可以利用已有的程序片段或应用工具（如报告生成器和窗口管理器），快速产生可执行的程序。

尽管许多原型系统是临时的，会被废弃，其他一些原型系统将会慢慢演化为实际系统。

利益相关者和软件工程师确实都喜欢原型开发模型。客户对实际的系统有了直观的认识，开发者也迅速建立了一些东西。但是原型开发也存在一些问题，原因如下：

（1）利益相关者看到了软件的工作版本，却未察觉到整个软件是随意搭建的，也未察觉到为了尽快完成软件，开发时都没有考虑整体软件质量和长期的可维护性。当开发者告诉客户整个系统需要重建以提高软件质量的时候，利益相关者会不愿意，并且要求对软件稍加修改使其变为一个可运行的产品。因此，软件开发管理往往陷入失效。

（2）作为一名软件工程师，软件开发人员为了使一个原型快速运行起来，往往在实现的过程中采用折中的手段。他们经常会使用不合适的操作系统或程序设计语言，仅仅因为当时可用和熟悉。他们也经常会采用一种低效的算法，仅仅为了证明系统的能力。时间长了，软件开发人员可能会适应这些选择，而忽略了这些选择其实并不合适的根本原由，结果造成并不完美的选择变成了系统的组成部分的情况。

尽管问题经常发生，原型开发对于软件工程来说仍是一个有效的模型。关键是要在游戏开始的时候制定规则，也就是说，所有利益相关者必须承认原型是为定义需求服务的，然后丢弃原型（至少是部分丢弃），实际的软件系统是以质量第一为目标开发的。

2.5　信息系统开发方法

开发信息系统除了关注开发过程之外，更重要的是选择采用哪些开发技术来实现可运行的系统。本节从开发技术和建模的角度探讨信息系统不同开发方法的形成及其主要思想。

2.5.1 结构化开发方法

结构化方法论（structured methodology）是计算学科中一种典型的系统开发方法论。它采用系统科学的思想方法，从层次的角度，自顶向下地分析和设计系统，即抽象与分解。系统可用高级的抽象概念来理解和构造，这些高级的抽象概念又可用较低级的抽象概念来理解和构造，如此进行下去，直到最低层次的模块可以表示成某种程序设计语言的语句为止。

结构化方法产生于 20 世纪 70 年代中期。"结构化"一词出自程序设计，即我们熟知的结构化程序设计。在结构化程序设计出现之前，程序员按照各自的习惯和思路编写程序，没有统一的标准，也没有统一的方法。同样一件事情，不同的程序员编写的程序所占用的内存空间、运行时间可能差异很大。更严重的是，这些程序的可读性和可修改性很差，一个程序员写的程序，别人可能看不懂，修改更是困难，往往修改不如重写。经过研究发现，造成这一现象的根本原因是程序的结构问题。

1966 年，波姆（C.Bohn）和雅科比尼（G.Jacopini）提出结构化程序设计的理论，认为任何一个程序都可以用图 2-12 所示的三种基本逻辑结构来编制。戴克斯特拉（E.Dijkstra）等主张程序中避免使用 GOTO 语句，而仅用上述三种结构反复嵌套来构造程序。在这一思想指导下，一个程序的详细执行过程可按"自顶向下，逐步求精"的方法确定，即把一个程序分成若干个功能模块，这些模块之间尽可能彼此独立，用作业控制语句或过程调用语句把这些模块联系起来，形成一个完整的程序。这种方法大大提高了程序员的工作效率，改进了程序质量，增强了程序的可读性和可修改性，修改程序的某一部分时，对其他部分的影响也不太大。可以说这种方法使程序设计由一种"艺术"成为一种"技术"。

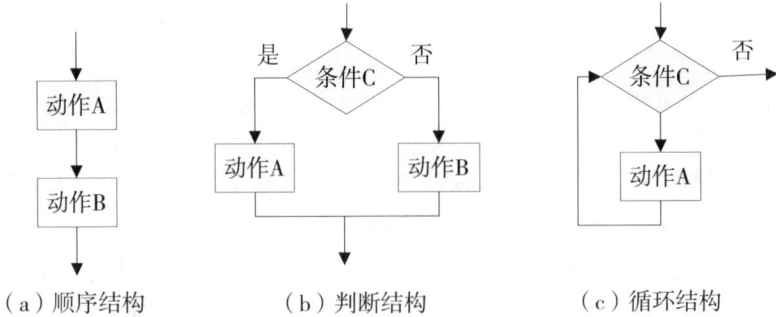

（a）顺序结构　　　　（b）判断结构　　　　（c）循环结构

图 2-12　程序的基本逻辑结构

人们从结构化程序设计中受到启发，把模块化思想引入到系统设计中来，将一个系统设计成层次化的程序模块结构。这些模块相对独立、功能单一，这就是结构化系统设计的基本思想。1974 年，康斯坦丁（L.Constantine）、斯蒂文斯（W.Stevens）和梅约斯（G.Myers）等在《IBM 系统》（IBM System）杂志上发表了《结构化设计》（Structured Design）论文，为结构化设计方法奠定了思想基础。

但是，结构化系统设计不能帮助系统设计人员建立一个直观的系统模型，使用户在实际得到并使用这个系统之前，就能够知道这个系统是不是他所需要的计算机信息系统。用户关心的是这个系统的逻辑功能是否满足他的需要，是否能解决他要解决的问题。至于这个系统如何实现这些功能，并不是他最关心的问题。为了使所设计的系统满足用户的要求，在设计之前，先要正确理解和准确表达用户的要求。20 世纪 70 年代中期爱德华·尤登（Edward Yourdon）等提出了结构化分析方法，随着他于 1989 年所著的《现代结构化分析》（Modern Structured Analysis）的出版，该方法流行开来。结构化系统分析，强调系统分析员与用户一起按照系统的观点对企业活动由表及里地进行分析，调查分析清楚系统逻辑功能，并用数据流图等工具把系统功能描述清楚。

结构化分析、结构化设计和结构化编程三种技术组成在一起成为结构化开发方法。

2.5.2　面向对象开发方法

面向对象（object-oriented）方法具有很强的类和对象的概念，因此能很自然地直观地模拟人类认识客观世界的方式，例如模拟人类在认知进程中的由一般到特殊的抽象功能，以及整体由部分元素组合而成等事物联系的分析功能。类的概念既反映出对象的本质属性，提供了实现对象共享机制的理论根据。

面向对象方法是由面向对象的程序设计技术（object-oriented programming，OOP）发展起来的，最早开始于 1967 年的一种高级抽象语言 Simula。为仿真一个实际问题，引入了数据抽象和类的概念。几年后出现的 Smalltalk 语言被认为是第一个真正面向对象的编程语言，它吸取了 Simula 中类的概念，规定一切都是对象，程序设计以尽可能自动化的单元来进行，并开始用于实现基于对象的图形用户界面。随着 20 世纪 80 年代中期一些面向对象语言 C++、VB（visual basic）的出现，OOP 进入普及阶段。

OOP 的基本思想可以归纳为以下四点：

（1）客观世界的任何事物都是对象（object）。它们都有一些静态属性和有关的操作。对象是一个整体，对外不必公开这些属性与操作。这就是对象的封装性（encapsulation）。

（2）对象之间有抽象与具体、群体与个体、整体与部分等几种关系，这些关系构成对象的网络结构。

（3）抽象的、较大的对象所具有的性质，自然地成为其子类的性质，而不必加以说明。这就是继承性（inheritance）。

（4）对象之间可以互送消息（message）。消息可以是传送一个参数，也可以是使这个对象开始某个操作。

程序设计包括数据结构和算法〔功能〕两个方面，即信息的静态结构和对它的处理。对象这个概念把这两个方面结合起来，使程序设计的思想方法更接近人们的思维方式。面向对象的程序设计为人们提供了更有力的认识框架。这一认识框架迅速地扩展到程序设计范围之外，相继出现了面向对象的数据库管理系统（object-oriented database management system，OODBMS）、面向对象的系统分析（object-oriented analysis，OOA）、面向对象的系设计（object-oriented design，OOD）等技术，逐步合流形成一套完整的开发方法。

2.5.3　面向服务开发方法

为了实现远程分布式的过程调用，在 20 世纪 90 年代出现了面向组件的编程技术，如 J2EE（Jave2 Platform Enterprise Edision）、CORBA（Common Object request Broker

Architecture）、DCOM（Distributed Component Object Model）等。组件就是将程序进行封装，定义一些接口让外部调用。客户端调用接口时，客户端和服务器端之间以特定的传输协议进行通信，客户端不需要了解接口是如何具体实现的，也不需要引用服务器端的实现类。但由于组件技术标准不统一，导致不同技术实现的组件之间无法相互调用。2000年开始万维网联盟（World Wide Web Consortium, W3C）基于互联网标准，陆续发布了简单对象传输协议（simple object access protocol, SOAP）和Web服务描述语言（web services description language, WSDL）协议，掀起Web服务热潮，从此依靠统一标准的Web服务，异构系统之间可以实现远程交互。不久，专家学者和各大厂商开始推广和普及面向服务的体系架构（service-oriented architecture, SOA），并共同努力制定了中立的SOA标准，SOA开始进入了实施阶段。

面向服务的体系架构是一个组件模型，它将应用程序的不同功能单元（称为服务）通过这些服务之间定义良好的接口和契约联系起来。接口是采用中立的方式进行定义的，它应该独立于实现服务的硬件平台、操作系统和编程语言。这使得构建在各种这样的系统中的服务可以一种统一和通用的方式进行交互。

SOA是从业务角度出发考虑问题的，服务是可以独立封装的业务功能组件。SOA方法提升了模型的抽象层次，它继承并加强了结构化和面向对象方法的通用软件结构设计思想，还增添了一些其他的主题，如服务编排、服务库和服务总线中间件模式。

从概念上讲，SOA中有三个主要的抽象级别元素。

（1）操作

代表单个逻辑工作单元的事务。执行操作通常完成数据的存取和加工。SOA操作可以与面向对象中类的方法相似。它们都有特定的调用接口，并且能返回结果。

（2）服务

代表操作的逻辑分组。例如，如果我们将客户信用视为服务，则按照客户名称获得客户信用数据、建立信用记录、更新客户信用等就代表相关的操作。

（3）业务流程

为实现特定业务目标而执行的一组长期运行的动作或活动。业务流程通常包括多个业务调用。业务流程的例子有：批准一项贷款，本科生转专业，完成订单等。业务流程包括依据一组业务规则按照有序序列执行的一系列操作。操作的排序、选择和执行称为服务或流程编排。典型的情况是调用已编排好的服务来响应业务事件。

面向服务的分析与设计（service-oriented analysis and design, SOAD）不仅需要描述客户的业务流程，定义和编排服务，设计服务中每个操作的接口，此外还涉及企业架构，比如企业可以开发哪些服务组件，哪些服务可以公布出去供内部使用，哪些可以对外提供给相关部门或企业（如客户或供应商）使用。这涉及部门与部门之间、企业与企业之间的交互。总之，面向服务的方法最接近现实世界，管理模型和信息处理模型的一致性最高。

※ 思考与练习

1.瀑布模型有什么优缺点？请详细描述三个适用于瀑布模型的软件项目。

2.增量过程模型有什么优缺点？请详细描述三个适用于增量过程模型的软件项目。

3.演化过程模型有什么优缺点？请详细描述三个适用于演化过程模型的软件项目。

4.结构化开发方法的主要思想是什么？

5.面向对象程序设计和结构化程序设计有什么联系与区别？

6.什么是面向服务的体系结构？

7.购买软件包和购买软件服务有什么异同？请选择某个单位的信息系统，分析采用不同开发方式的利弊。

第3章 信息系统项目管理

※ 学习目标

软件开发周期包括许多步骤，其中一些步骤会重复进行，直至系统完成并且客户和用户满意为止。但是在投入软件开发和项目维护的资金之前，客户通常希望对项目花费的成本和时间有个估算。同时软件开发过程中管理者掌握并分析项目的风险、质量至关重要。本章讨论以下内容：

◆跟踪项目进展；

◆工作量和进度估算；

◆风险管理；

◆质量管理。

3.1 跟踪项目进展

只有达到了预期的功能或提供了需要的服务，软件才被认为是有价值的。因此，对于一个典型的项目，当客户开始与你讨论他的需要时，这个项目就开始了。例如，一个大型国有银行可能会让你搭建一个信息管理系统，要求使银行的客户无论在全球什么地方，都能访问他们的账户信息；或者，海洋生物学家可能希望开发一个系统以连接他们的水监控设备，并对采集到的数据进行统计分析。通常，客户会让你回答这样一些问题。

（1）你理解我所说的问题和我的需要吗？

（2）你能设计一个系统来解决我的问题或满足我的需要吗？

（3）你开发这样一个系统需要花多长时间？

（4）你开发这样一个系统需要花费多少成本？

回答后两个问题必须有一个深思熟虑的项目进度。项目进度（project schedule）通过列举项目的各个阶段，把每个阶段分解成离散的任务或活动，来描述特定项目的软件开发周期。进度还描绘这些活动之间的交互，并估算每项任务或活动将花费的时间。因此，进度是一个时间线，说明活动将在什么时候开始、在什么时候结束以及相关的开发产品将在什么时候完成。

解决系统问题的方法包含分析和合成：把问题分解成各个组成部分，为每一部分设计一个解决方案，然后把这些部分合在一起形成一个一致的整体。我们可以使用这种方法来决定项目进度。我们首先与客户和潜在用户一起工作，了解他们想要什么，需要什么；同时，确保他们对我们掌握的需求知识感到满意。列出所有的项目可交付产品

（deliverable），即在项目开发的过程中客户希望看到的产品。这些可交付产品可能是：

（1）文档；

（2）功能的演示；

（3）子系统的演示；

（4）精确性的演示；

（5）可靠性、安全性或性能的演示。

接着，确定若要生产这些可交付产品，必须进行哪些活动。我们可以使用一些过程建模技术，精确地安排必须要做的事情以及哪些活动依赖于其他的活动、产品或资源。某些事件被指定为里程碑，向我们和客户指明项目已经进展到一个可测量的级别。例如，当需求被文档化、并经过一致性和完整性审查之后，需求就被移交给设计小组，需求规格说明可能就是一个项目里程碑。类似地，里程碑可能包括用户手册的完成、给定的一组计算的完成，或者系统之间通信能力的演示。

在对项目的分析中，我们必须清楚地区分里程碑和活动。活动（activity）是项目的一部分，它在false一段时间内发生；而里程碑（milestone）是活动的完成——某一特定的时刻。因此，活动具有开始和结束，而里程碑是专门指定的活动的结束。例如，客户可能想要一个系统的在线操作人员指南。指南及其相关程序的开发是一个活动。在向客户演示这些功能的时候，该活动结束，这是里程碑。

通过使用这种方法对项目进行仔细分析，我们可以把开发划分为一连串的阶段。每一个阶段都由若干步骤组成，如果必要的话，可以对每个步骤进行进一步的划分，如图3-1所示。

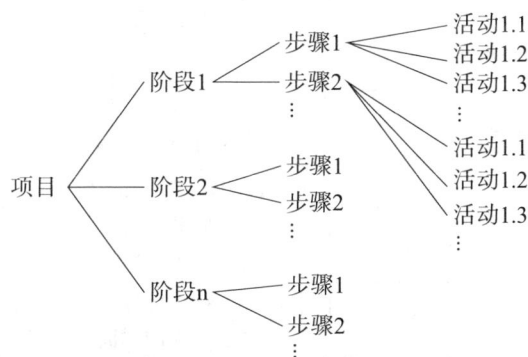

图 3-1   一个项目的阶段、步骤和活动

要了解如何进行这种分析，参看表 3-1 中的阶段、步骤和活动，它们描述了一所房子的建造。首先，我们考虑两个阶段：美化地段和建造房子本身。然后，把每一个阶段分解成更小的步骤，诸如清扫和挖掘、种植草皮、树木和灌木丛。在必要的地方，可以把步骤划分成活动。例如，完成室内工作包括完成室内管道铺设、室内电路安装、安装墙板、室内粉刷、铺地板、安装门和固定装置。每个活动都是一个可测量的事件，我们有用于确定活动完成时间的客观标准。因此，任何一个活动的终止都可以是一个里程碑，表 3-2 列出了阶段 2 的里程碑。

这种通过分析进行的分解使我们和客户能够了解建造房子所包含的内容。同样，通过分析一个软件开发或维护项目以及确定阶段、步骤和活动，我们和客户都能更好地理解构建和维护一个系统所包含的内容。过程模型提供阶段和步骤的高层视图，因此，过程建模是着手分析项目的一种有用的方法。在后面的章节中，我们将了解主要的阶段，诸如需求工程、实现或测试。这些阶段都包括很多活动，其中每一种活动都有助于提高产品或过程的质量。

表 3-1　盖房子的阶段、步骤和活动

阶段 1：美化地段			阶段 2：盖房子		
步骤 1.1 清扫和挖掘			步骤 2.1 先期准备		
活动 1.1.1 移动数木			活动 2.1.1 勘测土地		
活动 1.1.2 移动树桩			活动 2.1.2 申请许可证		
	步骤 1.2 种植草皮		活动 2.1.3 挖掘地基		
活动 1.2.1 疏松土壤			活动 2.1.4 购买材料		
活动 1.2.2 播撒种子			步骤 2.2 室外建造		
活动 1.2.3 浇水和除草			活动 2.2.1 铺设地基		
		步骤 1.3 种植灌木丛和树	活动 2.2.2 建造外墙		
活动 1.3.1 获取灌木丛和树			活动 2.2.3 铺设室外管道		
活动 1.3.2 挖坑			活动 2.2.4 室外电路安装		
活动 1.3.3 种植灌木丛和树			活动 2.2.5 外墙板		
活动 1.3.4 固定树木并覆盖其周围			活动 2.2.6 室外油漆		
			活动 2.2.7 安装门和固定装置		
			活动 2.2.8 安装房顶		
					步骤 2.3 完成室内装修
			活动 2.3.1 铺设室内管道		
			活动 2.3.2 安装内部电路装置		
			活动 2.3.3 安装墙板		
			活动 2.3.4 室内油漆		
			活动 2.3.5 铺设地板		
			活动 2.3.6 安装门和固定装置		

表 3-2　建造房子过程中的里程碑

1.1 完成勘测	2.6 完成室外种植
1.2 发放许可证	2.7 门和固定装置安装完成
1.3 完成挖掘	2.8 房顶安装完成
1.4 材料到场	3.1 室内管道铺设完成
2.1 地基铺设完成	3.2 内部电路装置安装完成
2.2 完成外墙	3.3 完成墙板安装
2.3 室外管道铺设完成	3.4 完成室内油漆
2.4 室外电路装置安装完成	3.5 地板铺设完成
2.5 外墙板安装完成	3.6 门和固定装置安装完成

3.1.1 工作分解和活动图

有时，将这种类型的分析看作是为给定项目生成一个工作分解结构（work breakdown structure），因为它把项目描述为由若干离散部分构成的集合。注意，活动和里程碑是客户和开发人员都可以用来跟踪开发或维护的项。在开发过程的任一时刻，客户都可能要了解我们的进展。对于活动，开发人员可以说明什么工作正在进行；对于里程碑，可以说明什么工作已经完成。但是，项目的工作分解结构并没有指出工作单元的相关性或项目中可以同时开发的部分。

可以用 4 个参数对每个活动进行描述：前驱、工期、截止日期和终点。前驱（precursor）是在活动开始之前必须发生的一个事件或一组事件，它描述允许活动开始的一组条件。工期（duration）是完成活动所需的时间长度。截止日期（due date）是活动必须完成的日期，通常由合同中的最终期限决定。终点（endpoint）表示活动已经结束，通常是一个里程碑或可交付产品。我们可以用这些参数来说明活动之间的关系。我们可以画出一张活动图（activity graph）来描述依赖关系，图中的节点是项目里程碑，而连接节点的线表示包含的活动。图 3-2 是表 3-1 中阶段 2 所描述的工作的活动图。

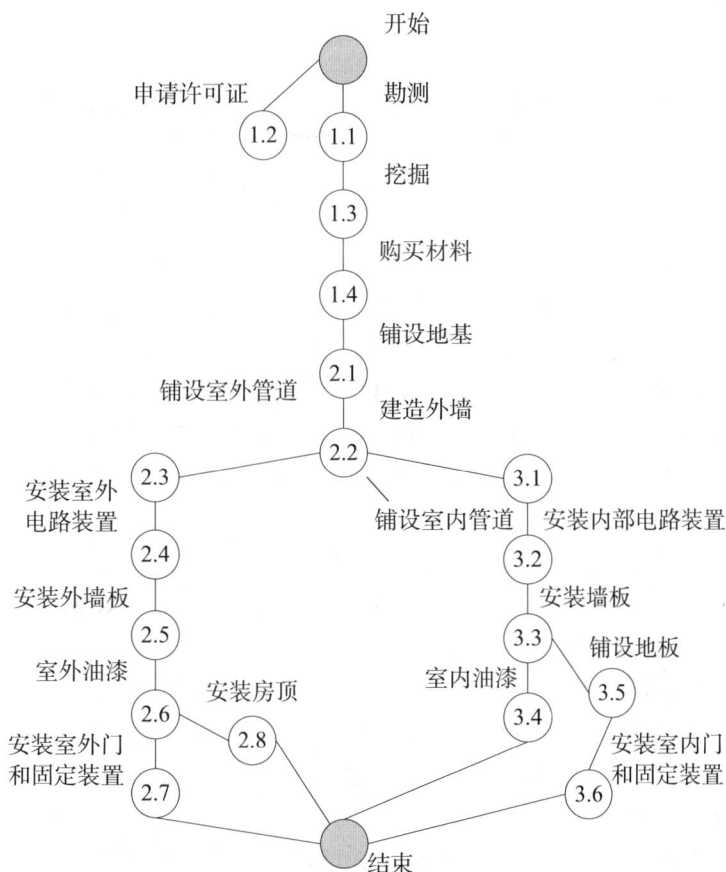

图 3-2　建造房屋的结构图

通过活动图可以使许多重要的项目特性显而易见。例如，从图 3-2 中可以清楚地看到，在达到里程碑 2.2 之前，两项铺设管道活动都不能开始。也就是说，2.2 是室内管道铺设和室外管道铺设的前驱。

该图还可以向我们展示同时进行的几件事情。例如，一些室内和室外活动是相互独立的（诸如安装墙板、连接室外电路装置和其他分别通向里程碑 2.6 和 3.3 的活动）。位于左边路径的这些活动的启动并不依赖于位于右边路径的活动，因此，可以并行进行这些活动。注意，从申请许可（节点 1.2）到勘测（节点 1.1）之间有一条虚线，这条虚线表明这些活动必须在挖掘开始（通向里程碑 1.3 的活动）之前完成。但是，因为在达到里程碑 1.2 之后没有实际的活动发生，为了能达到里程碑 1.1，用这条虚线表示这是一种没有伴随活动的关系。

是否能够有效使用活动图取决于对任务的并行本质的理解，认识到这一点是很重要的。如果工作不能并行进行，那么活动图（几乎是直线）在描述如何协调任务方面也就毫无用处了。再者，活动图必须真实地描述并行性。在建造房子的例子中，很显然，完成一些任务（如铺设管道）的人，与完成另一些任务（如电路安装）的人是不同的。但是在软件开发项目中，有的人有多种技能，理论上的并行性可能并没有反映实际情况。选派给这个项目的人员数目有限，可能导致同一个人只能串行地做很多事情，即使这些工作可以由一个更大的开发团队并行地完成。

3.1.2　估算完成时间

可以在活动图中加入完成每个活动的估算时间的信息，以使活动图更加有用。对一个给定的活动，可以在图中对应的边上用估算的值进行标注。例如，对表 3-1 中阶段 2 的活动，我们可以在图 3-2 的活动图中添加对完成每个活动所需天数的估算。表 3-3 包含对每个活动的估算。

结果如图 3-3 所示。注意，里程碑 2.7、2.8、3.4 和 3.6 是项目完成的前驱。也就是说，必须到达所有这些里程碑，才能认为这个项目完成了。节点之间的零表示无需额外的时间。从节点 1.2 到节点 1.1 还有一个隐含的零，因为虚线不会产生额外的时间。

项目的图形描述使我们了解很多项目进度的信息。例如，因为我们估算第一个活动将花费 3 天完成，因此不能期望在 3 天之内达到里程碑 1.1。同样，不可能在 15 天之内达到里程碑 1.2，因为在达到里程碑 1.1 和 1.2 之前，不可能开始挖掘（活动 1.3），挖掘在 16 天之内不可能开始。

用这种方法分析项目里程碑之间的路径称为关键路径法（critical path method, CPM）。通过标明对每个活动工期的估算，路径可以告诉我们完成项目所需的最短时间的量。而且，CPM 还揭示出按时完成这个项目的最为关键的活动。

要了解 CPM 如何运作，再次考虑建造房子的例子。首先，我们注意到通向里程碑 1.1 的活动（勘测土地）和通向里程碑 1.2 的活动（申请许可证）可以并行进行。因为挖掘（终止于里程碑 1.3 的活动）直到第 16 天之前都不能开始，所以即使实际上勘测的工期只需 3 天，但也有 15 天的时间可用。

同样，对图中的每个活动，可以计算一对时间：真实时间和可用时间。活动的真实时间（real time）或实际时间（actual time）是估算的完成此活动必需的时间量。可用时间（available time）是完成活动可用的时间量。活动的时差（slack time）或浮动时间（float time）是活动可用时间和真实时间之差：

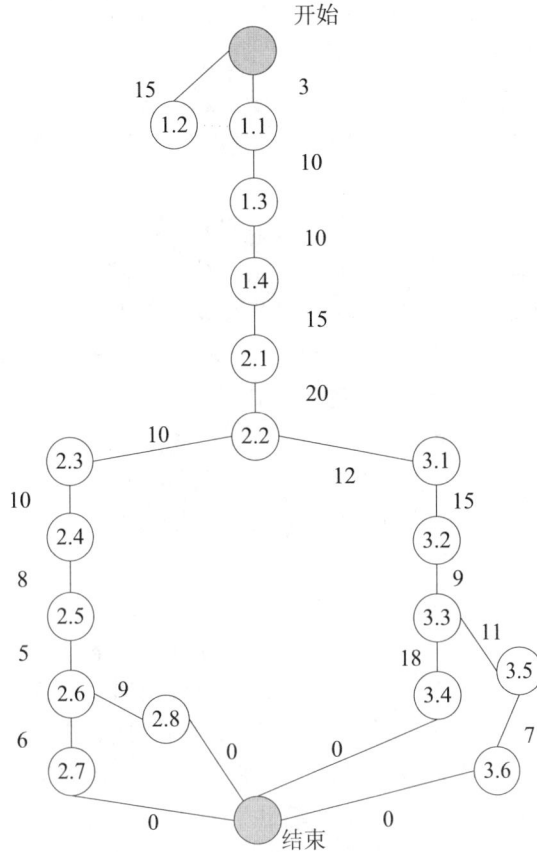

图 3-3　附有持续时间的活动图

表 3-3　活动和时间估算

活动	时间估算（天）
步骤 1：先期准备	
活动 1.1 勘测土地	3
活动 1.2 申请许可证	15
活动 1.3 挖掘地基	10
活动 1.4 购买材料	10
步骤 2：室外建造	
活动 2.1 铺设地基	15
活动 2.2 建造外墙	20
活动 2.3 铺设室外管道	10
活动 2.4 室外电路装置	10
活动 2.5 外墙板	8
活动 2.6 室内油漆	5
活动 2.7 安装门和固定装置	6
活动 2.8 安装房顶	9
步骤 3：完成室内装修	
活动 3.1 铺设室内管道	12
活动 3.2 安装室内电路装置	15
活动 3.3 安装墙板	9
活动 3.4 室内油漆	18
活动 3.5 铺设地板	11
活动 3.6 安装门和固定装置	7

时差＝可用时间－真实时间

另一种考虑时差的方法是比较活动可以开始的最早时间和在不延期的前提下可以开始的最晚时间。例如，勘测可以在第 1 天开始，因此最早开始时间是第 1 天。然而，由于申请和收到许可证需要花 15 天的时间，勘测可以最晚推迟到第 13 天进行仍然不会妨碍项目进度。因此：

时差＝最晚开始时间－最早开始时间

计算一下例子中活动的时差，看看我们能否从中了解到关于项目进度的一些有用信息。通过检查从项目开始到项目结束的所有路径来计算时差。我们已经看到，完成里程碑 1.1 和 1.2 要花费 15 天的时间，还需要用另外的 55 天时间完成里程碑 1.3、1.4、2.1 和 2.2，如图 3-3 所示，有 4 种可能的路径可以使用：

（1）沿着里程碑 2.3 经过里程碑 2.7 需要 39 天的时间；

（2）沿着里程碑 2.3 经过里程碑 2.8 需要 42 天的时间；

（3）沿着里程碑 3.1 经过里程碑 3.4 需要 54 天的时间；

（4）沿着里程碑 3.1 经过里程碑 3.6 需要 54 天的时间。

由于在项目结束之前必须达到里程碑 2.7、2.8、3.4 和 3.6，因此，进度受到最长路径的制约。从图 3-3 和前面的计算中可以看到，右边两条路径需要 124 天的时间来完成，而左边两条路径需要的天数较少。要计算时差，可以沿着这条路径回溯，看一看通向一个节点的每个活动有多少时差。首先，我们注意到最长路径上的时差为零。然后，检查剩余节点，计算通向这些节点的活动的时差。例如，完成通向里程碑 2.3、2.4、2.5、2.6 和 2.8 的活动有 54 天可用，但是完成这些活动只需 42 天。因此，这一部分路径的时差是 12 天。同样，图中从活动 2.3 经过活动 2.7 的那一部分只需 39 天，因此，沿这一段路线的时差是 15 天。用这种方法在图中前向推进，可以计算出这些活动中每个活动的最早开始时间和时差。然后，通过从结束节点经过每一个节点回退到开始节点，计算每个活动的最晚开始时间。表 3-4 列出了结果：图 3-3 中每个活动的时差（在里程碑 2.6 存在到里程碑 2.7 或里程碑 2.8 的分支。表 3-4 中的最晚开始时间是用里程碑 2.6 到里程碑 2.8 的路线来计算的，而不是用里程碑 2.6 到里程碑 2.7 的路线）。

在最长路径中，它的每个节点的时差都是零，因为正是这条路径决定这个项目是否按进度完成。因此，它被称为关键路径。所以，关键路径（critical path）是一条每个节点的时差都为零的路径。正像在例子中看到的那样，可能存在多条关键路径。由于关键路径没有时差，当沿着这条路线执行活动时没有误差量。

注意，思考一下当关键路径上的活动开始时间晚了（即晚于它的最早开始时间）时会发生什么情况。在没有时差的情况下，活动开始晚了会迫使所有后续的关键路径活动都被推后，并且对于不在关键路径上的活动，后续的活动可能会损失时差。因此，活动图帮助我们理解任何进度偏移所造成的影响。

考虑一下如果活动图中有若干循环，会发生什么情况。当必须重复执行活动时，就会出现循环。例如，在建造房子的例子中，建房审查员可能要求重新进行管道铺设。在软件开发中，设计审查可能要求重新进行设计或需求分析。当循环活动多次执行的时候，这些循环的出现可能会改变关键路径。在这种情况下，要评估它对进度造成的影响会相当困难。

表 3-4 项目活动的时差 （单位：天）

活动	最早开始时间	最晚开始时间	时差
1.1	1	13	12
1.2	1	1	0
1.3	16	16	0
1.4	26	26	0
2.1	36	36	0
2.2	51	51	0
2.3	71	83	12
2.4	81	93	12
2.5	91	103	12
2.6	99	111	12
2.7	104	119	15
2.8	104	116	12
3.1	71	71	0
3.2	83	83	0
3.3	98	98	0
3.4	107	107	0
3.5	107	107	0
3.6	118	118	0
完成	124	124	0

图 3-4 是一个条状图，说明一些软件开发项目的活动，包括早的开始日期和迟的开始日期的有关信息。这张图具有那些由自动项目管理工具生成的图的特征。水平条表示每个活动的工期，星号组成的那些条表明它是关键路径，由虚线和 F 描述的活动不在关键路径上，F 表示时差或浮动时间。

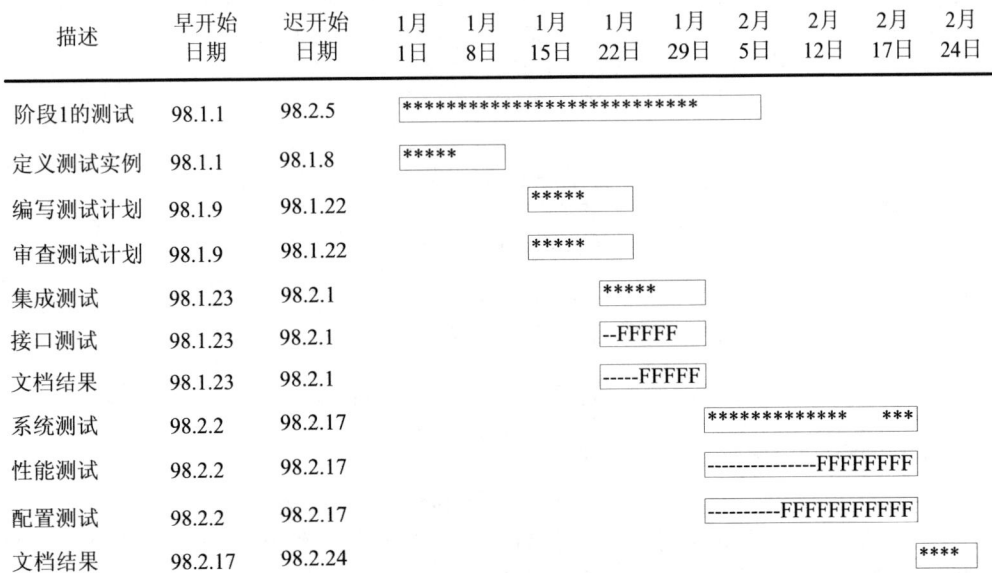

描述	早开始日期	迟开始日期	1月1日	1月8日	1月15日	1月22日	1月29日	2月5日	2月12日	2月17日	2月24日
阶段1的测试	98.1.1	98.2.5	**************************								
定义测试实例	98.1.1	98.1.8	*****								
编写测试计划	98.1.9	98.1.22		*****							
审查测试计划	98.1.9	98.1.22		*****							
集成测试	98.1.23	98.2.1			*****						
接口测试	98.1.23	98.2.1			--FFFFF						
文档结果	98.1.23	98.2.1			-----FFFFF						
系统测试	98.2.2	98.2.17				************** ***					
性能测试	98.2.2	98.2.17				-------------FFFFFFFF					
配置测试	98.2.2	98.2.17				----------FFFFFFFFFFFF					
文档结果	98.2.17	98.2.24								****	

图 3-4 CPM 条状图

根据项目进度的关键路径分析，可以知道，在开发项目的过程中谁必须等待什么。还可以知道哪些活动必须按进度完成，以避免项目延期。这种分析可以用多种方式进行扩充。第一个建造房子的例子，假定我们知道每个活动花费的确切时间。通常，情况并非如此。实际情况是，基于对类似项目和事件的知识，我们对每个活动只能有一个估算的工期。因此，对于每一个活动，我们可以按照一些概率分布为其指定一个可能的工期，使每个活动都有一个预期值和偏差与其相关联。换句话说，不是知道确切的工期，而是估算一个实际时间可能落入的窗口（window）或区间（internal）。预期值是区间的一个点，而偏差描述区间的宽度。你可能熟悉正态分布的标准概率分布，它的图形是一条钟形曲线。计划评审技术（program evaluation and review technique, PERT）是一种流行的关键路径分析技术，它采用的就是正态分布［PERT的详细内容见（Hillier, Lieberman 2001）］。PERT确定一个活动的最早开始时间接近该活动进度时间的概率，使用概率分布、最早和最晚开始时间以及活动图这些信息，PERT程序可以计算关键路径、识别那些最有可能成为瓶颈的活动。很多项目经理使用CPM或PERT方法来检查他们的项目。但是，这些方法只对稳定的、其中有并行活动的项目有价值。如果项目活动基本是按顺序进行的，那么几乎所有活动都在关键路径上，并且都有可能是瓶颈。此外，如果项目需要重新设计或返工，在开发过程中，活动图和关键路径都可能改变。

3.1.3 跟踪进展的工具

有许多工具可以用来对项目进展进行跟踪。有些工具是手工的，有些是简单的电子表格应用，而另外一些是带有复杂图表的复杂工具。要了解哪些工具可能对你的项目有用，考虑图3-5中描述的工作分解结构。在这里，总的目标是构建包括通信软件在内的一个系统。项目经理已经把这个工作描述成5个步骤：系统计划、系统设计、编码、测试和交付。为了简单起见，我们把重点放在前两步上。因此把步骤1划分成4个活动：评审规格说明、评审预算、评审进度以及开发项目计划。同样，通过进行顶层设计、原型化、用户界面设计来开发系统设计，然后创建一个详细设计。

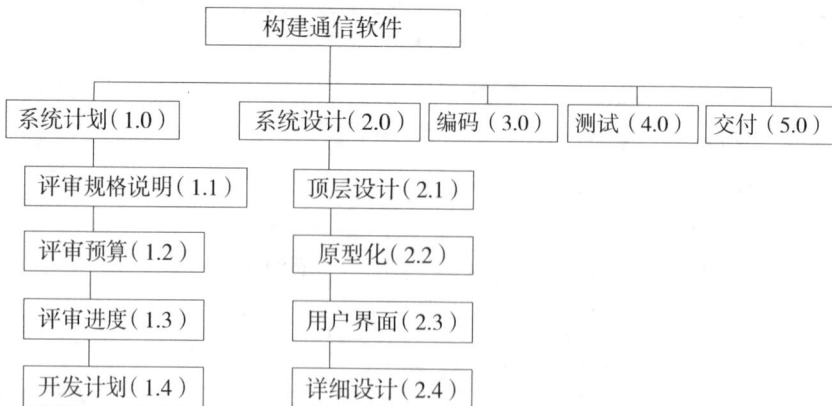

```
                        构建通信软件
      ┌──────────┬──────────┬─────────┬─────────┐
  系统计划(1.0)  系统设计(2.0)  编码(3.0)  测试(4.0)  交付(5.0)
      │            │
  评审规格说明(1.1)  顶层设计(2.1)
      │            │
  评审预算(1.2)    原型化(2.2)
      │            │
  评审进度(1.3)    用户界面(2.3)
      │            │
  开发计划(1.4)    详细设计(2.4)
```

图3-5 工作分解结构的例子

很多项目管理软件系统能够绘制工作分解结构，并且还能帮助项目经理通过步骤和活动跟踪项目进展。例如，一个项目管理软件包可以绘制甘特图（Gantt chart），它是对项目的描述，显示在什么地方活动是并行的，并用颜色或图标来指明完成的程度。使用该图，项目经理能够了解哪些活动可以同时进行，哪些项在关键路径上。

图 3-6 是图 3-5 所示的工作分解结构的一张甘特图。项目于 1 月份开始，而标有"今天"的垂直虚线表明项目团队正工作于 5 月中旬。垂直条说明每一个活动的进展，条的颜色表示完成、工期或关键性。从菱形图元可以得知在哪里出现了偏移，三角形指定一个活动的开始和结束。甘特图类似于图 3-4 的 CPM 图，但是它包含了更多的信息。

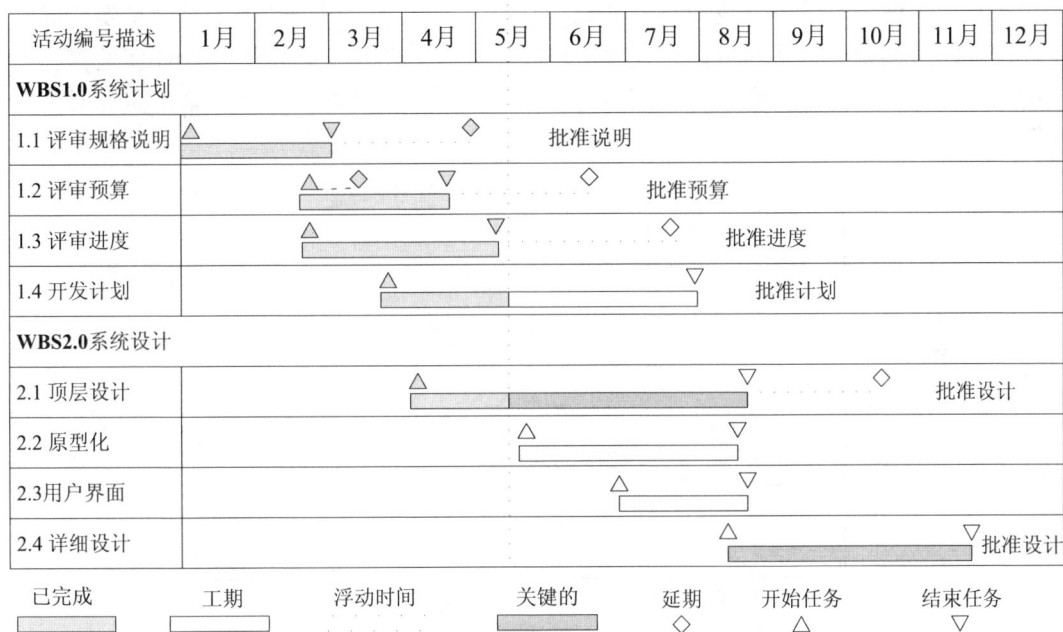

图 3-6　工作分解结构例子的甘特图

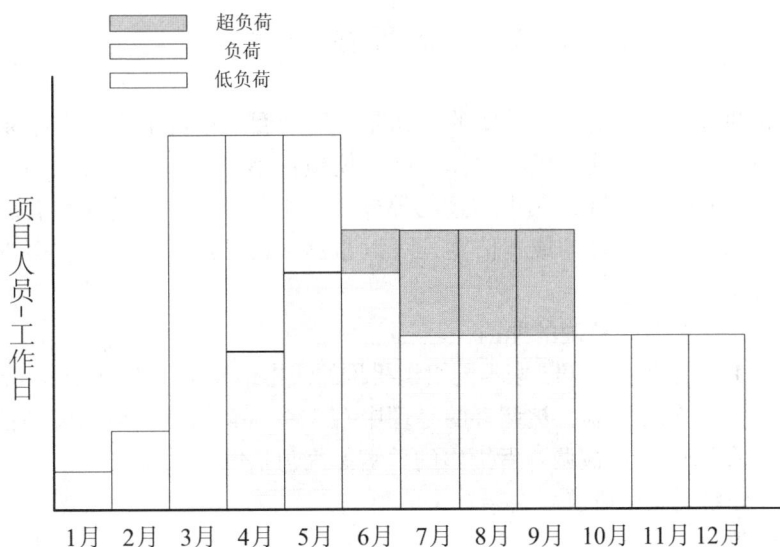

图 3-7　资源直方图

简单的图表或图也可以提供资源的相关信息。例如，图 3-7 就用图表示了分配给项目的人员和每一开发阶段需要的人员之间的关系。这是一张典型的由项目管理工具生成的图。从图中很容易看出：在 1 月份、2 月份和 3 月份期间，项目需要人员但是并未将人员分配到项目中，在 4 月份和 5 月份期间，一些团队成员正在工作，但是人手不足以完成要做的工作；另外，团队成员过多的那些日期也清楚地在图中表示出来（从 6 月份开始到 9 月份的这段时间，这个项目的资源分配显然有失均衡。通过修改该图的输入数据，你可以改变资源分配，从而尽量减轻负荷过重的情况，找出满足项目进度所需要的最佳资源配置。

在本章后面的章节中，我们将了解如何估算开发成本。项目管理工具跟踪实际成本（与估算成本作对比），从而可以对预算进展做出评价。图 3-8 显示了一个如何监控支出的例子。通过把预算跟踪和人员跟踪结合起来，可以使用项目管理工具来确定针对有限预算的最佳资源。

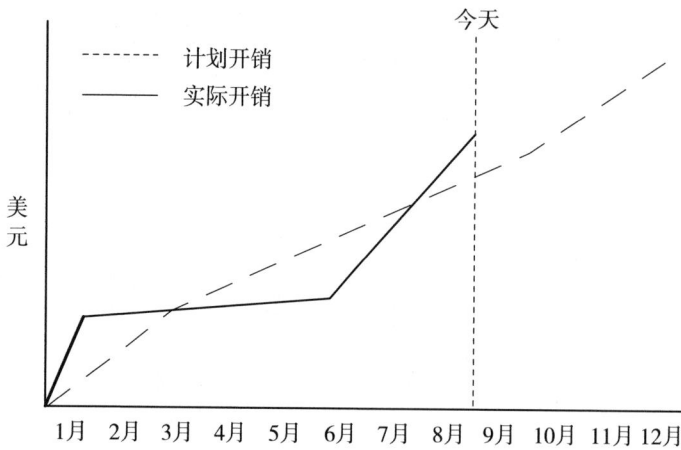

图 3-8　跟踪计划开销与实际开销对比图

3.2　工作量估算

项目计划和管理的一个至关重要的方面是了解项目可能的成本。成本超出限度可能导致客户取消项目，而过低的成本估算可能迫使项目小组投入大量时间却没有相应的经济回报。如下面的补充资料 3-1 中描述的那样，产生不精确估算的原因有多种。在项目生命周期的早期给出一个好的成本估算，可以帮助项目经理了解将需要多少开发人员以及安排适当的人员。

补充资料 3-1 估算不精确的原因

Lederer 和 Prasad 调查了 115 家不同组织机构的成本估算实践（Lederer, Prasad 1992）。调查采用了 Likert5 分评分制，被调查的经理中有 35% 都认为他们对当前的估算"有些不满意"或"非常不满意"。被调查者指出的关键原因包括以下几项：

（1）用户频繁地变更请求。

（2）对任务的忽视。

（3）用户对他们自己的需求缺乏了解。

（4）进行估算时缺乏充分分析。

（5）系统开发、技术服务、操作、数据管理与开发中其他功能之间缺乏协调，缺乏适当的估算方法或指导原则。

以下几个方面被认为会对估算产生重要的影响：

（1）要开发的应用程序系统的复杂性。

（2）必须与现有的系统集成在一起。

（3）系统中程序的复杂性。

（4）系统的规模（表现为功能数目或程序数目）。

（5）项目团队成员的能力。

（6）项目团队拥有的关于应用的经验。

（7）用户需求中的可能变化的预期频度或范围。

（8）项目团队拥有的程序设计语言的经验。

（9）数据库管理系统。

（10）项目团队成员的人数。

（11）编程或文档标准的范围。

（12）像应用程序生成器这样的工具的可用性。

（13）开发团队拥有的硬件经验。

项目预算包括几种类型的成本：设施、人员、方法和工具。设施成本包括硬件、场地、办公设备、电话、调制解调器、空调、电缆、磁盘、纸张、笔、复印机以及其他物品，它们为开发人员提供工作的物理环境。有些项目中，这种环境已经存在，因此这类成本是容易理解并易于估算的。但是在其他一些项目中，可能还没有创建这种环境。例如，一个新项目可能需要保险库、电梯、温度或湿度控制器，或者专门的设施。这时，可以估算成本，但是随着环境的建造或改变，成本可能会偏离最初的估算。例如，在一栋建筑物中安装电缆可能最初看起来是直线铺设的，但是后来铺设电缆的工人发现这栋建筑物具有特殊的历史意义，因此电缆必须绕墙铺设而不是穿墙而过。

有时，会有一些隐含的成本可能对经理和开发人员而言不是显而易见的。例如，为了有效地工作，程序员需要一定的空间和安静程度。McCue 向他在 IBM 的同事报告称，程序员工作场地的最低标准应该有 100 平方英尺的专用面积，其中包含 30 平方英尺的水平工作平面（McCue 1978）。为了避免噪声的干扰，这个空间还需要封闭地板到天花板的空间。DeMarco 和 Lister 的研究表明，不受电话铃声和不速之客打扰的程序员与那些不断遭受打扰的程序员相比，前者能更有效地工作、生产更好的产品（DeMarco, Lister 1987）。

其他的项目成本包括购买支持开发工作的软件和工具。除了对系统进行设计和编码的工具之外，项目可能还要购买获取需求、组织文档、测试代码、跟踪变化、产生测试数据、支持小组会议等用途的软件。这些工具有时被称为计算机辅助软件工程（computer-aided software engineering, CASE）工具，客户有时会要求使用这些工具，或者公司要求将其作为标准软件开发过程的一部分。

在大多数项目中，成本中最大的部分是工作量。必须确定完成这个项目需要多少人 - 日的工作量。毫无疑问，工作量在成本中的不确定性程度最高。我们已经了解了工作风格、项目组织方式、能力兴趣、经验、培训以及其他人员特性是如何影响完成一个任务所花费的时间的。同时，当一个小组的人员必须相互进行交流和讨论的时候，由于开会、形成文档和培训等所需的时间，需要的工作量会增加。

成本、进度和工作量估算必须在项目的生命周期中尽早进行，因为它影响资源分配和项目可行性（如果花费的成本太高，客户可能取消这个项目）。但是，成本估算应该在生命周期中反复进行；当项目的某些方面发生变化时，根据项目特性的更完整的信息，可以对所做的估算进行改进。图 3-9 说明项目早期的不确定性是如何影响成本和规模估算的精确性的（Boehm et al. 1995）。

如图 3-9 所示，星号表示实际项目的规模估算，加号是成本估算。向右渐渐变窄的漏斗形曲线阐明Boehm的见解：随着我们对一个项目了解得越来越多，估算变得越来越精确。注意，当还不了解项目的规格说明时，估算可能与最终实际成本相差 4 倍。随着产品和过程决策的完善，这个倍数因子会降低。许多专家试图把估算缩减到实际值的10%以内，但是Boehm的数据表明，这样的估算通常只有在大部分项目完成之后才能出现。然而，这就太迟了，对项目管理毫无用处。

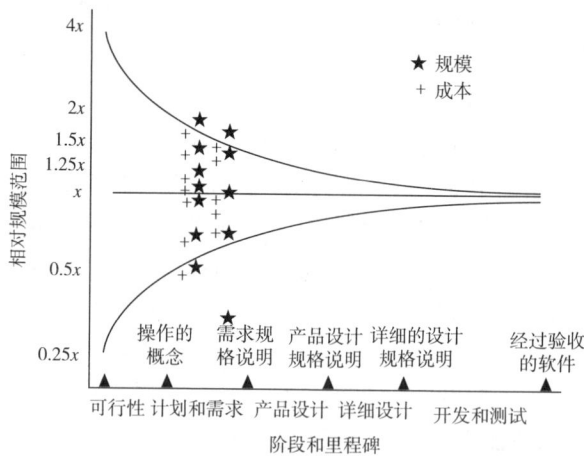

图 3-9　随着项目的进展估算精确性的变化（Boehm et al.1995）

针对产生精确估算的需要，软件工程师开发了一些工具，以获取工作量、人员特性、项目需求以及其他可能影响时间、工作量和开发软件系统成本因素之间的关系。在本章的剩余部分中，会集中讨论工作量估算技术。

3.2.1　专家判断

很多工作量估算方法依赖于专家判断。一些是非正式的技术，基于管理人员具有的类似项目的经验。因此，预测的精确性基于估算者的能力、经验、客观性和洞察力。它最简单的形式是，对构建整个系统或其子系统所需的工作量做出经验性的猜测。彻底的估算要根据自顶向下或自底向上的分析计算才能得出。

经常会用类推来进行工作量估算。如果已经构建了一个系统，它与要实现的系统类似，那么可以把这种相似性作为估算的基础。例如，如果系统A类似于系统B，那么生产系统A的成本应该很接近于生产系统B的成本。可以对这种类推进行扩充，认为如果A的规模或复杂性是B的一半，那么A的成本也应该是B的成本的一半。

可以请几位专家做出 3 种预测，来形式化地表示类推过程：一个悲观的预测（x）、一个乐观的预测（y）和最可能的猜测（z）。通过公式（x+y+z）/6 计算这些数的beta概率分布的平均值。使用这种技术产生的估算是对个人估算的"规范化"。

Delphi技术用不同的方式进行专家判断：要求专家根据他们的专长、使用他们自己选择的过程，秘密地进行个人预测。然后，计算平均估算并提交给专家组。如果愿意，每名专家都有机会修正他的估算。这个过程不断重复，直到没有专家修正为止。一些Delphi技术的用户在新的估算进行之前可以讨论平均值，有时，用户不允许讨论。该技术还有一个变种：每位专家的判断在专家组中匿名地进行传阅。

Wolverton构造了一种软件开发工作量的估算模型，它是首批估算模型之一（Wolverton 1974）。他的软件成本矩阵汲取了他在了TRW（一家美国软件开发公司）工作时的项目成本估算经验。如表3-6所示，列的名字表示软件的类型，行表示它的难度。难度取决于两个因素：这个问题是老问题（O）还是新问题（N），这个问题是容易的（E）、适中的（M）还是困难的（H）。矩阵中元素表示每行代码的成本，这些数据根据TRW的历史数据进行了校准。要使用这个矩阵，先要把将要实现的软件系统划分成模块，然后，根据代码行估算每一个模块的规模。使用矩阵计算每一个模块的成本，然后把所有模块的成本求和。例如，假设系统有 3 个模块：一个老的、容易的输入/输出模块，一个新的、难的算法模块，还有一个老的、难度适中的数据管理模块。如果这些模块分别有 100 行、200 行和 100 行代码，那么Wolverton模型估算的成本将是（100×17）+（200×35）+（100×31）=11800（美元）。

表 3-6　Wolverton 模型成本矩阵

软件类型	难度					
	OE	OM	OH	NE	NM	NH
控制	21	27	30	33	40	49
输入 / 输出	17	24	27	28	35	43
预 / 后处理器	16	23	26	28	34	42
算法	15	20	22	25	30	35
数据管理	24	31	35	37	46	57
时间攸关的	75	75	75	75	75	75

因为该模型用的是TRW的数据，而且是 1974 年的美元价值，所以并不适用于今天的软件开发项目。但是这种技术是有用的，可以很容易地移植到你自己的开发或维护环境中。

总体而言，经验模型主要依靠的是专家判断，所以其不精确性会影响到估算的结果。它依靠专家的能力来判断哪些项目是相似的、在哪些方面相似。但是，表面看起来非常相似的项目实际上可能有很大的不同。例如，优秀的赛跑运动员能在 4min 之内跑完 1 英里，马拉松竞赛项目要求运动员跑完 42.195km。如果我们按 4min 1 英里来推断，可能会期望一名运动员用 1h45min 跑完马拉松。但是很少有哪一名运动员能在 2h 之内跑完马拉松全程。因此，马拉松赛跑一定有某些特性与 1 英里赛跑有很大不同。同样，通常一个项目的特性会使其与其他项目有很大区别，但是这些特性并不总是显而易见的。

即使知道一个项目与另一个项目的不同，我们也并不总是能知道这些区别对成本有着怎样的影响。按比例的策略是不可靠的，因为项目成本并不总是线性的：两个人生成代码的速度可能不是一个人的两倍，还需要额外的用于交流和协调的时间，或者还有调整兴趣、能力和经验上的差别。Sackman、Erikson和Grant发现，最好的程序员和最差的程序员之间生产率的比率是10：1，但是，经验和工作表现之间的关系难以定义（Sackman Erikson, Grant 1968）。同样，Hughes近来进行的一项研究发现（Hughes 1996），软件的设计方式和开发方式存在着巨大的差异，因此，在一个组织机构中行得通的模型可能并不适用于另一个组织机构。Hughes还指出，可用资源的已往经验和知识是确定成本的主要因素。

专家判断不仅受到差异性和主观性的影响，还受到对当前数据依赖性的影响。专家判断模型所依据的数据必须反映当前的实际情况，因此必须经常更新它。再者，大部分专家判断技术过于简单化，没有将大量可能影响项目所需工作量的因素考虑在内。由于这样的原因，实践人员和研究人员都已借助于算法方法来估算工作量了。

3.2.2 算法方法

研究人员已经创建出表示工作量和影响工作量的因素之间关系的模型。这些模型通常用方程式描述，其中工作量是因变量，而其他因素（如经验、规模和应用类型）是自变量。大部分模型认为项目规模是方程式中影响最大的因素，表示工作量的方程是

$$E=(a+bS^c)\,m\,(X)$$

其中：S是估算的系统规模，而a、b和c是常量。X是从x_1到x_n的一个成本因素的向量，m是基于这些因素的一个调整因子。换句话说，工作量主要是由要构造的系统的规模来决定的，通过若干其他的项目、过程、产品或资源的特性的结果对其进行调整。

Walston和Felix开发的模型是首批此类模型中的一个，他们从IBM的60个项目的数据中得出如下形式的方程式（Walston, Felix 1977）：

$$E=5.25S^{0.91}$$

提供数据的这些项目所构造的系统，其规模从4000行代码到467 000行代码，在66台机器上用28种不同的高级语言编写，代表12个人月到11 758个人月的工作量。规模用代码行数来测量，其中还包括注释（只要注释不超过程序中代码行总数的50%）。

这个基本的方程式还补充有一个生产率指标，这个指标反映可能影响生产率的29个因素，如表3-7所示。注意，这些因素与特定类型的开发相关，包括两种平台：用于运行的计算机和用于开发的计算机。这个模型反映了提供数据的IBM联邦系统（IBM Federal System）组织的特定开发风格。

这29个因素中的每一个因素，如果它增加了生产率，则其权重为1；如果对生产率没有影响，则其权重为0；如果它降低了生产率，则其权重为-1。然后，用基本方程式求这29个因素的加权和来产生一个工作量估算。

Bailey和Basili提出了一种称为元模型的建模技术，用以构建反映自己组织机构特性的估算方程式（Bailey, Basili 1981）。他们用一个由18个科学性项目构成的数据库证明了他们的技术，这18个科学性项目在NASA的戈达德航天飞行中心（Goddard Space Flight Center）用Fortran语言编写。首先，他们将标准误差估算降低到最小，产生了一个非常精确的方程式：

$$E=5.5+0.73S^{1.16}$$

表 3-7　Walston 和 Felix 模型的生产率因素

1. 客户界面的复杂性	16. 使用设计审查和代码审查
2. 需求定义中用户参与的程度	17. 使用自顶向下开发
3. 客户引起的程序设计变更	18. 使用主程序员负责制组
4. 客户关于应用领域的经验	19. 代码的总体复杂性
5. 总体人员经验	20. 应用处理的复杂性
6. 开发程序员中参与功能规格说明设计的人员百分比	21. 程序流的复杂性
7. 以前拥有的关于运作计算机的经验	22. 程序设计的总体约束
8. 以前拥有的关于程序设计语言的经验	23. 程序主体的设计约束
9. 以前拥有的关于类似规模和复杂性的应用的经验	24. 对程序计时的设计约束
10. 平均人员规模与项目持续时间的比率（人／月）	25. 实时或交互式操作的代码或在严格的时间约束下执行的代码
11. 并行开发中的硬件	26. 交付代码的百分比
12. 在特定请求下开放对开发计算机的访问	27. 根据非数学应用和输入／输出格式程序对代码进行分类
13. 关闭对开发计算机的访问	28. 每 1000 行代码中数据库中项的类的数目
14. 对计算机和至少 25% 的程序和数据的安全环境进行分类	29. 每 1000 行代码交付的文档页数
15. 使用结构化编程	

然后，他们根据误差比率调整这个初始估算。如果 R 是实际工作量 E 和预测工作量 E' 之间的比率，那么工作量调整定义为

$$ER_{adj} = \begin{cases} R-1 & \text{如果 } R \geqslant 1 \\ 1-1/R & \text{如果 } R < 1 \end{cases}$$

然后他们用这种方法调整初始的工作量估算 E_{adj}：

$$E_{adj} = \begin{cases} (1+ER_{adj})E & \text{如果 } R \geqslant 1 \\ E/(1+ER_{adj}) & \text{如果 } R < 1 \end{cases}$$

最后，Bailey 和 Basili 说明了影响工作量的其他因素（Bailey, Basili 1981），如表 3-8 所示。对表中的每一项，根据项目经理的判断，用 0（不存在）到 5（非常重要）对项目进行评分。因此，METH 总评分高可到 45，CPLX 评分可达 35，EXP 评分可达 25。他们的模型基于多线性最小二乘回归，描述了使用这些评分来进一步修改工作量估算的过程。

表 3-8　Bailey–Basili 的工作量修改器

总体方法（METH）	累积的复杂性（CPLX）	累积的经验（EXP）
树状图表	客户界面复杂性	程序员资质
自顶向下设计	应用复杂性	程序员使用机器的经验
形式化的文档	程序流复杂性	程序员使用语言的经验
主程序员负责制组	内部通信复杂性	程序员对应用的经验

总体方法（METH）	累积的复杂性（CPLX）	累积的经验（EXP）
正式的培训	数据库复杂性	团队经验
正式的测试计划	外部通信复杂性	
设计形式化	客户引起的程序设计变更	
代码阅读		
单元开发文件夹		

很明显，这种模型的一个问题是模型对规模（作为关键的变量）的依赖性。通常要求估算要尽早进行，这种估算是在得到精确的规模信息之前，当然肯定也在将系统表示成代码行之前。因此，这些模型简单地把工作量估算问题转化为规模估算问题。Boehm的构造成本模型（COCOMO）注意到了这个问题，并在最新版本的COCOMO Ⅱ中加入了3种规模估算技术。

Boehm在20世纪70年代开发了最初的COCOMO模型，使用了TRW（一家为许多不同的客户开发软件的美国公司）的项目数据库信息（Boehm 1981）。同时，从工程和经济两个方面考虑软件开发，Boehm将规模作为成本的主要决定因素，然后用12个以上的成本驱动因子调整初始估算，包括人员、项目、产品以及开发环境的属性。在20世纪90年代，Boehm更新了最初的COCOMO模型，提出COCOMO Ⅱ模型，该模型反映了软件开发充分发展后的各个方面。

COCOMO Ⅱ模型的估算过程体现了任何开发项目都包含的3个主要阶段。最初的COCOMO模型使用交付的源代码行数作为它的关键输入，而新模型注意到在开发的早期是不可能知道代码行数的。

在阶段1，项目通常构建原型以解决包含用户界面、软件和系统交互、性能和技术成熟性等方面在内的高风险问题。这时，人们对正在创建的最终产品的可能规模知之甚少，因此COCOMO Ⅱ用应用点（其创建者对它的命名）来估算规模。正如我们将看到的，这种技术根据高层的工作量生成器（如屏幕数量和报告数量、第3代语言构件数）来获取项目的规模。

在阶段2（即早期设计阶段），已经决定将项目开发向前推进，但是设计人员必须研究几种可选的体系结构和操作的概念。同样，仍然没有足够的信息支持准确的工作量和工期估算，但是远比第1阶段知道的信息要多。在阶段2，COCOMO Ⅱ使用功能点对规模进行测量。功能点是在参考文献IFPUG（1994a and b）中详细讨论的一种技术，估算在需求中获取的功能。因此，与应用点相比，它们提供了更为丰富的系统描述。

在阶段3（后体系结构阶段），开发已经开始，而且已经知道了相当多的信息。在这个阶段，可以根据功能点或代码行来进行规模估算，而且可以较为轻松地估算很多成本因素。

COCOMO Ⅱ还包含复用的模型，它考虑维护和破损（即需求随着时间发生的变化）等。如同最初的COCOMO，这个模型包含用以调整最初工作量估算的成本因素。南加利福尼亚大学的一个研究小组正在评估和提高它的精确性。

现在，我们来更详细地了解COCOMO Ⅱ。基本模型的形式是

$$E=bS^c m（X）$$

其中：bS^c 是初始的基于规模的估算，通过关于成本驱动因子信息的向量 $m（X）$ 对它进行调整。表 3-9 描述了每一个阶段的成本驱动因子以及为修改估算对其他模型的使用。

表 3-9　COCOMO Ⅱ 的 3 个阶段

模型方面	阶段 1：应用组装	阶段 2：早期设计	阶段 3：后体系结构
规模	应用点	功能点（FP）和语言	FP 和语言或源代码行数（SLOC）
复用	模型中隐含的	与其他变量的功能等价的 SLOC	与其他变量的功能等价的 SLOC
需求变化	模型中隐含的	表述为一个成本因素的变化百分比	表述为一个成本因素的变化百分比
维护	应用点	ACT 的功能、软件理解、不熟悉	ACT 的功能、软件理解、不熟悉
名义工作量方程式中的比例（c）	1.0	0.91～1.23，取决于先例、一致性、早期体系结构、风险化解、小组凝聚力和 SEI 过程成熟度	0.91～1.23，取决于先例、一致性、早期体系结构、风险化解、小组凝聚力和 SEI 过程成熟度
产品成本驱动因子	无	复杂性、必需的可复用性	可靠性、数据库模型、文档需求、必需的复用和产品复杂性
平台成本驱动因子	无	平台难度	执行时间约束、主存约束和虚拟机的易变化性
人员成本驱动因子	无	人员能力和经验	分析员能力、应用经验、程序员能力、程序员经验、语言和工具经验以及人员持续性
项目成本驱动因子	无	必需的开发进度、开发环境	软件工具的使用、必需的开发进度、在多个地点开发

在阶段 1，使用应用点进行规模测量。这种规模测量是 Kauffman 和 Kumar 提出的对象点方法（Kauffman，Kumar　1993）和 Banker、Kauffman 和 Kumar 报告（Banker，Kauffman，Kumar　1994）的生产率数据的扩充。要计算应用点，首先要计算应用中将要包含的屏幕、报告和第三代语言的构件数目——假设这些元素以一种标准的方式定义为一个集成计算机辅助软件工程环境的一部分。接着，将每个应用元素分类为简单、适中或难 3 个级别。表 3-10 包含这种分类的指导原则。

表 3-10　应用点的复杂性级别

	屏幕			报告			
	数据表的数目和来源				数据表的数目和来源		
包含的视图数目	总数 <4（<2 服务器，<3 客户）	总数 <8（2～3 服务器，3～5 客户）	总数 8+（>3 服务器，>5 客户）	包含的部分数目	总数 <4（<2 服务器，<3 客户）	总数 <8（2～3 服务器，3～5 客户）	总数 8+（>3 服务器，>5 客户）
<3	简单	简单	适中	0 或 1	简单	简单	适中
3～7	简单	适中	难	2 或 3	简单	适中	难
8+	适中	难	难	4+	适中	难	难

简单、适中或难的应用点所使用的数值是在表 3–11 中找到的复杂性权重。这些权重反映实现那种复杂性级别的报告或屏幕所需的相对工作量。

表 3–11　应用点的复杂性权重

元素类型	简单	适中	难
屏幕	1	2	3
报告	2	5	8
第 3 代语言的构件	—	—	

然后，把加权的报告或屏幕求和，以得到一个单独的应用点的数。如果对象中有 r% 将从以前的项目中复用，则新的应用点的数目可以计算为

$$新应用点 = 应用点 \times （100 - r）/100$$

要用这个数进行工作量估算，你可以根据开发人员的经验和能力、CASE 成熟度和能力，使用一个称为生产率比率的调整因子。例如，如果开发人员经验和能力被认为是低，并且 CASE 成熟度和能力也被认为是低，那么表 3–12 告诉我们生产率因子是 7，因此，所需的人月数是新的应用点数除以 7。当开发人员的经验低但 CASE 成熟度高时，生产率估算是两个值的平均值 16。同样，当开发人员构成的团队具有变化的经验级别时，生产率估算可以使用经验和能力的加权平均值。

在阶段 1，成本驱动因子并不适合这种工作量估算。但是在阶段 2，基于功能点计算的工作量估算根据复用度、需求变化和维护进行调整。比例（即工作量方程式中 c 的值）在阶段 1 中被设为 1.0；对阶段 2，其范围为 0.91 ～ 1.23，这取决于系统的新颖度、一致性、早期体系结构和风险化解、团队凝聚力以及过程成熟度。

表 3–12　生产率估算的计算

开发人员的经验和能力	非常低	低	一般	高	非常高
CASE 成熟度和能力	非常低	低	一般	高	非常高
生产率因子	4	7	13	25	50

阶段 2 和阶段 3 的成本驱动因子是调整因子，表示为工作量系数，该因子是根据项目特性对项目从"极低"到"极高"进行评价得到的。例如，将一个开发团队对某一应用类型的经验认为是：

（1）极低，开发团队拥有少于 3 个月的经验；

（2）非常低，开发团队拥有至少 3 个月但少于 5 个月的经验；

（3）低，开发团队拥有至少 5 个月但少于 9 个月的经验；

（4）一般，开发团队拥有至少 9 个月但少于 1 年的经验；

（5）高，开发团队拥有至少 1 年但少于 2 年的经验；

（6）非常高，开发团队拥有至少 2 年但少于 4 年的经验；

（7）极高，开发团队拥有至少 4 年的经验。

同样，分析员的能力是根据百分比在一个有序的评分上进行测量。例如，如果分析员的分析能力是 90 个百分点，则评定为"非常高"，如果是 55 个百分点则评定为"一般"。相应地，COCOMO II 指定了一个工作量系数，其范围是从表示非常低的 1.42 到表

示非常高的 0.71。这些系数反映了这样一个概念：一名工作能力非常低的分析员花费的工作量是一名一般水平的分析员所花费工作量的 1.42 倍，而一名工作能力非常高的分析员只需花费一名一般水平的分析员花费工作量的 3/4。类似地，表 3–13 列出了供工具使用的成本驱动因子的类别，而系数的取值范围从 1.17（非常低）到 0.78（非常高）。

表 3–13　工具使用类别

类别	含义
非常低	编辑、编码和调试
低	简单的前端、后端 CASE，较少的集成
一般	基本的生命周期工具，适中的集成
高	强有力的、成熟的生命周期工具，适中的集成
非常高	强有力的、成熟的、主动的生命周期工具，很好地集成了过程、方法和复用

注意，COCOMO Ⅱ 的阶段 2 是供设计的早期阶段使用的。这一阶段的成本驱动因子集合小于阶段 3 中用到的集合，它反映了阶段 2 对项目参数理解得比较少。

要对 COCOMO 模型的不同部分进行剪裁才能适合你自己的组织机构。有一些可用的实现 COCOMO Ⅱ 的工具，它们根据你提供的项目特性进行估算。在本章后面部分，我们将把 COCOMO 应用于信息系统的例子中。

3.2.3　机器学习方法

过去，大部分工作量和成本建模技术依赖于算法方法。也就是说，研究人员分析了过去项目的数据，并用它们生成方程式以预测未来项目的工作量和成本。一些研究人员正在研究如何借用机器学习方法来帮助产生好的估算。例如，神经网络可以表示很多相互连接的、相互依赖的单元，因此，它们是一种表示生产软件产品所包含的不同活动很有前景的工具。在一个神经网络中，每个单元（称为一个神经元，表示为网络节点）表示一个活动，每个活动有输入和输出。网络中的每个单元都有相关联的软件，计算它的输入、计算加权和。如果总和超过了一个阈值，则单元产生一个输出。依次地，这个输出成为网络中其他相关单元的输入，直到网络产生一个最终的输出值为止。

神经网络有许多种方式可用于产生它的输出。有些技术中会回溯其他节点发生的情况，这些技术被称为反向传播技术。它们类似于使用活动图回溯并确定一条路径上的时差的方法。另一些技术是正向传播，它预测将来发生的情况。

神经网络需要用过去项目中的数据进行"训练"，以为网络提供相关数据，通过识别数据中的模式，网络使用正向和反向算法来"学习"。例如，过去项目的历史数据可能会包含开发人员的有关经验，网络可以识别出经验级别与完成一个项目所需工作量之间的关系。

图 3–10 说明 Shepperd 是如何使用神经网络产生工作量估算的（Shepperd 1997）。在网络中有 3 个层次，并且网络中没有环路。4 个输入是影响项目工作量的因素，网络用它们来产生单个工作量输出。首先，用随机加权值对网络进行初始化。然后，将新的加权值（根据过去的历史进行计算，作为输入和输出的"训练集"）提供给网络。模型的用户指定一种解释如何使用训练数据的训练算法：这个算法也是基于过去的历史，并且通

常是反向传播的。一旦网络训练完毕，即对网络值进行调整，使其反映过去的经验，就可以用它来估算新项目的工作量了。

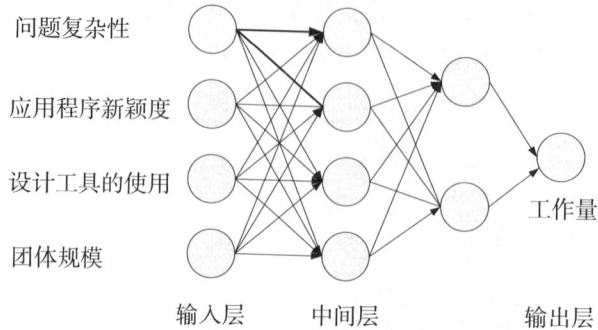

图 3-10　Shepperd 的前馈神经网络

有的研究人员已经在类似的神经网络上使用了反向传播算法来预测开发工作量，包括对使用第 4 代语言项目的估算（Witting, Finnie　1994; Srinivasan, Fisher　1995; Samson, Ellison, Dugard　1997）。Shepperd 报告说，这类模型的精确性似乎对神经网络的拓扑结构、学习阶段的数目和网络内神经元的初始随机加权值的相关决策很敏感（Shepperd 1997）。要给出好的预测，网络需要大的训练集。换句话说，它们必须基于大量的经验，而不是少数具有代表性的项目。这类数据有时很难获得，尤其是持续、大量地收集数据，因此，数据缺乏限制了这种技术的使用。再者，用户往往很难理解神经网络。但是，如果这种技术产生了更精确的估算，软件开发组织机构可能更愿意为这种网络收集数据。

通常，其他研究人员已经用不同的方式尝试了这种"学习"方法。Srinivasan and Fisher（Srinivasan, Fisher　1995）用一种称为回归树的统计技术使用 Kemerer 的数据（Kemerer　1989）。他们产生的预测比最初的 COCOMO 模型和 SLIM（一种有专利的商用模型）产生的预测更为精确。但是，他们的结果没有神经网络或基于功能点的模型产生的结果好。Briand、Basili 和 Thomas 使用树归约技术以及 Kemerer 和 COCOMO 数据集得到了更好的结果（Briand、Basili, Thomas　1992）。Porter 和 Selby 也使用了一种基于树的方法，他们构造了一棵判定树，用以确定哪些项目、过程和产品特性在预测工作量时是有用的（Porter, Selby　1990）。他们还用这种技术来预测哪些模块可能易于出错。

一种称为基于案例的推理（Case-Based Reasoning，CBR）的机器学习方法可以被用来进行基于类推的估算，用于人工智能领域。在项目估算中，CBR 基于项目中可能遇到的几种输入组合，构造一个判定算法。像其他技术一样，CBR 也需要过去项目的相关信息。Shepperd 指出，与其他技术相比，CBR 具有两个明显的优点：首先，CBR 只处理实际发生的事件，而不是所有可能情况的集合，这个特色也使得 CBR 能处理人们理解甚少的领域；其次，用户更易于理解特定实例，而不是把事件描述为规则链或神经网络（Shepperd 1997）。

使用 CBR 的估算包括以下 4 个步骤。

（1）用户把一个新问题标识为一个案例；

（2）系统从历史信息库中检索相似案例；

（3）系统复用先前案例的知识；

（4）系统对新的案例提出一个解决方案。

根据实际的事件，可以修改解决方案，并且将输出放入库中，建立起完整的案例集合。但是，在建立一个成功的 CBR 系统时有两个大的障碍：描述案例的特性和确定相似性。

描述案例特性是基于出现的可用信息。通常要求专家提供对描述案例有意义的特征列表，尤其是判断两个实例何时相似的那些重要特征。在实践中，相似性通常用表示 n 个特征的 n 维向量来测量。Shepperd、Schofield 和 Kitchenham 提出了一种 CBR 方法，这种方法比传统的基于回归分析的算法方法更为精确（Shepperd, Schofield, Kitchenham 1996）。

3.3　风险管理

能预见可能影响正开发的软件的项目进度或产品质量的风险，并采取行动避免这些风险，是项目管理者的一项重要任务（Hall 1998; Ould 1999）。可以把风险看作是一些可能发生的不利因素。风险可能危及整个项目、正在开发的软件或者开发机构。这些风险种类可以定义如下。

1.项目风险

项目风险是影响项目进度或项目资源的风险。比如失去一位经验丰富的设计师，寻找一位经验和技能满足要求的替代者可能需要很长一段时间，而这带来的直接后果就是软件的设计需要更长的时间才能完成。

2.产品风险

产品风险是影响开发中软件的质量或性能的风险。例如，购买的组件不能达到预期目标。这可能会影响到整个系统的性能，导致整个系统运行速度下降。

3.业务风险

业务风险是影响软件开发机构或软件产品购买机构的风险。例如，竞争对手推出了新的产品。竞争产品的推出可能预示着先前做出的关于现有软件产品的销售情况可能过于乐观。

当然，这种分类方式会有重叠。如果富有经验的程序设计师离职，由此带来的风险可能是项目风险。即使能立刻找到替代人员，进度也将受到影响。新来的项目成员不可避免要花一些时间来熟悉这个项目，并不能立刻高效地投入工作。因此，系统的交付可能延期。同时，这也会是产品风险，因为继任者可能不如前者有经验，因而可能犯错误。最后，它也会是业务风险，因为有经验的程序员是取得新的合同的关键。

项目经理应该将风险分析的结果以及相应的后果，包括对项目的风险后果，对产品的风险后果以及对业务的风险后果，写到项目计划中。有效的风险管理能够使项目管理者对未来出现的问题处理自如，并保证这些风险不会导致不可接受的预算和进度偏差。

项目的风险类型取决于项目本身的特点和软件开发的机构环境。然而有许多共同的风险不依赖于开发的软件的种类，即风险可能发生在任何项目中。表 3-14 给出了其中的一部分共同的风险。

风险管理对软件项目而言尤为重要，因为绝大多数项目都存在固有的不确定性。这些不确定性产生于：宽泛定义的需求（需求随客户要求的改变而改变），对软件开发所需时间和资源估算的困难，以及项目组成员技术上的差异性。项目管理者应该预见风险，了解这些风险对项目、产品和业务的冲击，并采取措施规避这些风险。可以制订应急计划，这样一旦风险来临，才有可能采取快速防御行动。

表 3-14　常见的项目、产品和业务风险的实例

风险	风险类型	描述
职员跳槽	项目	有经验的职员将会未完成项目就跳槽
管理层变更	项目	管理层结构将会发生变化，不同的管理层考虑、关注的事情会不同
硬件缺乏	项目	项目所需的基础硬件没有按期交付
需求变更	项目和产品	软件需求与预期的相比，将会有许多变化
描述延迟	项目和产品	有关主要的接口的描述未按期完成
低估了系统规模	项目和产品	过低估计了系统的规模
CASE 工具性能较差	产品	支持项目的 CASE 工具达不到要求
技术变更	业务	系统的基础技术被新技术取代
产品竞争	业务	系统还未完成，其他有竞争力的产品就已经上市了

图 3-11 是说明风险管理过程的略图，该过程包括以下几个阶段：

1. 风险识别。识别可能的项目风险、产品风险和业务风险。

2. 风险分析。评估这些风险出现的可能性及其后果。

3. 风险规划。制订计划说明如何规避风险或最小化风险对项目的影响。

4. 风险监控。定期对风险和缓解风险的计划进行评估，并随着有关风险信息的增多及时修正缓解风险的计划。

风险管理过程的结果应该记录在风险管理计划中，具体包括：对项目所面临的风险的讨论对这些风险的分析，以及当风险可能成为一个现实问题时管理这些风险的建议。

风险管理过程也是一个贯穿项目全过程的迭代进行的过程，从最初的计划制定开始，项目就处于被监控状态以检测可能出现的风险。随着有关风险的信息的增多，需要重新进行分析，重新确定风险的优先级，对风险规避和应急计划要进行修正。

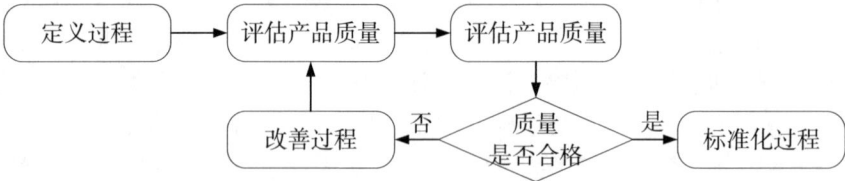

图 3-11　风险管理过程

3.3.1　风险识别

风险识别是风险管理的第一阶段。这一阶段主要是发现可能对软件工程过程、正在开发的软件或者开发机构产生重大威胁的风险。风险识别可以通过项目组对可能的风险的集体讨论完成。或者只凭借管理者的经验识别最可能或者最关键的风险。

作为风险识别的开始，需要列出可能的风险类型。这些类型包括：

1. 技术风险。源于开发系统的软件技术或硬件技术的风险。

2.人员风险。与软件开发团队的成员有关的风险。

2.机构风险。源于软件开发的机构环境的风险。

3.工具风险。源于软件工具和其他用于系统开发的支持软件的风险。

4.需求风险。源于客户需求的变更和需求变更的处理过程的风险。

5.估算风险。源于对构建系统所需资源进行估算的风险。

表 3-15 对上述每一种风险都给出了可能的风险实例。风险识别过程的结果应该是列出一长串可能发生的风险，这些风险可能影响到软件产品、过程或业务。紧接着，需要削减风险列表到便于管理的程度为止。实际工作中是不可能关注过多的风险的。

表 3-15　不同风险类型实例

风险类型	可能的风险
技术	系统使用的数据库的处理速度不够快；要复用的软件组件有缺陷，限制了项目的功能
人员	招聘不到符合项目技术要求的职员；在项目的非常时期，关键性职员生病，不能发挥作用；职员所需的培训跟不上
机构	重新进行机构调整，由不同的管理层负责这个项目；开发机构的财务出现问题，必须削减项目预算
工具	CASE 工具产生的编码效率低；CASE 工具不能被集成
需求	需求发生变化，主体设计要返工；客户不了解需求变更对项目造成的影响
估算	低估了软件开发所需要的时间；低估了缺陷的修补率；低估了软件的规模

3.3.2　风险分析

在进行风险分析时，要逐一考虑每个已经识别出的风险，并对风险出现的可能性和严重性做出判断。在此方面没有捷径可走，只能依靠项目管理者的主观判断和之前项目获得的经验。风险评估（可能性、严重性）的结果一般不是精确的数字，而是一个范围。

1.对风险出现的可能性进行评估，可能的结果有风险出现的可能性非常低（<10%）、低（10% ～ 25%）、中等（25% ～ 50%）、高（50% ～ 75%）或非常高（75%）。

2.对风险的严重性进行评估，可能的结果有灾难性的（严重威胁项目的存活）、严重的（可能引起很大的延迟）、可以容忍的（可能引起小的延迟）和可以忽略的。

风险分析过程结束后，应该根据风险严重程度的大小按顺序制成表格。表 3-16 是对表 3-15 中已识别的风险进行分析，得出结果后做成的表格。很显然，这里对可能性和严重性的评估有些武断。为了做好这项评估，项目经理需要根据来自项目、过程、开发团队和机构状况等有关更详细的信息进行评估。

当然，随着有关风险的可用信息的增多和风险管理计划的实施，一项风险出现的可能性和对这一风险的影响后果的评估都可能改变。因此，这个表格必须在风险过程的每个迭代期间得到更新。

风险一经分析和排序，下一步就该判断哪些风险是最重要的，这是在项目期间必须考虑的。做出以上判断必须综合考虑风险出现的可能性大小和该风险的影响后果。一般而言，所有灾难性的风险都是必须考虑的，所有出现的可能性超过中等、影响严重的风险同样要给予认真对待。

表 3-16　风险类型和实例

风险	出现的可能性	后果
开发机构的财务出现问题，必须削减项目预算	小	灾难性
招聘不到符合项目技术要求的职员	大	灾难性
在项目的非常时期，关键性职员生病	中等	严重
要复用的软件组件有缺陷，限制了项目的功能	中等	严重
需求发生变化，主体设计要返工	中等	严重
开发结构重新调整，由新的管理层负责该项目	大	严重
系统使用的数据库的处理速度不够快	中等	严重
低估了软件开发所需要的时间	大	严重
CASE 工具不能被集成	大	可容忍
客户不了解需求变更对项目造成的影响	中等	可容忍
职员所需的培训跟不上	中等	可容忍
低估了缺陷的修补率	中等	可容忍
低估了软件的规模	大	可容忍
CASE 工具产生的编码效率低	中等	可以忽略

Boehm（1988）曾建议识别和监控"前 10 位"风险，我认为这个数字有点太过绝对化，必须根据项目自身的情况确定要进行监控的风险的数量，可能是 5 个，也可能是 15 个。但是，选出的接受监控的风险的数目应该便于管理。所管理的风险数量太大时需要收集十分可观的信息。在表 3-16 已识别风险中，考虑具有灾难性或严重后果的总共 8 种风险已经足够了，见表 3-17。

表 3-17　风险管理策略

风险	策略
机构的财务问题	拟一份简短的报告，提交高级管理层，说明这个项目将对业务目标有重大贡献
职员招聘问题	告诉客户项目潜在的困难和延迟的可能性，检查要买进的组件
职员生病问题	重新对团队进行组织，使更多工作有重叠，员工可以了解他人的工作
有缺陷的组件	用买进的可靠性稳定的组件更换有潜在缺陷的组件
需求变更	导出可追溯信息来评估需求变更带来的影响，把隐藏在设计中的信息扩大化
机构调整	拟一份简短的报告，提交高级管理层，说明这个项目将对业务目标有重大贡献
数据库的性能	研究一下购买高性能数据库的可能性
低估开发时间	对要买进的组件、程序生成器的效用进行检查

3.3.3　风险规划

在风险规划过程中，项目管理者要考虑已经识别出的每一个重大风险，并确定处理这些风险的策略。对于每个风险来说，必须思考一旦某个风险发生时所需要采取的行动，使其对项目的干扰最小化。同时，应该考虑在监控项目时需要收集哪些信息，用于预测可能发生的问题。制定风险规划计划同样没有捷径可走，同样要依靠项目管理者的判断和自身经验。

表 3-17 给出了处理表 3-16 中重大风险（严重的，或不能容忍的）的可能的策略。

这些策略分为以下 3 类：

1.规避策略。采用这些策略就会降低风险出现的可能性。表 3-17 中处理有缺陷的组件策略就是一个例子。

2.最小化策略。采用这些策略就会减小风险的影响。表 3-17 中解决职员生病问题的策略就属于这一种。

3.应急计划。采用这些策略，就算最坏的事情发生，我们也是有备而来，有适当的对策处理它。表 3-17 中应对机构的财务问题的策略就属于这一类。

读者可以看到，此处与在要求极高的系统中为确保可依赖性、信息安全性和安全性所采取策略的相似之处，都必须避免、容忍失败以及从失败中恢复。显然，最好是使用规避风险的策略。如果这办不到的话，就采取降低那些会导致严重后果的风险发生概率的策略（最小化策略）。最后，必须有成熟的应急策略以应对这些可能出现的风险，以此降低在项目或产品上的总的风险影响。

3.3.4　风险监控

风险监控就是检查之前对产品、过程以及业务风险的假设是否改变的过程。必须要对每一个识别的风险定期进行评估，从而确定风险出现的可能性是变大了还是变小了，风险的影响后果是否有所改变。为了达到这个目的，必须关注能提供有关风险可能性及其影响后果信息的其他因素，比如需求变更的数量。它能给出风险概率和风险影响的线索。显然，具体有哪些因素取决于风险的类型。表 3-18 举出上述因素的一些例子，可能会对评估这些风险类型有帮助。

表 3-18　风险因素

风险类型	潜在的指征
技术	硬件或支持软件延迟交付，暴露出来许多技术问题
人员	员工士气低迷，团队成员的关系不协调，工作分配不当
机构	机构内说三道四，缺乏资深管理
工具	团队成员不愿使用工具，抱怨 CASE 工具，需要更强大的工作站
需求	很多需求变更请求和客户怨言
估算	跟不上双方协商的进度，无法除掉暴露出来的缺陷

风险监控应该是一个持续不断的过程，在每一次对风险管理进行评审时，每一个重大风险都应该单独评审并在会上进行讨论。项目管理者应该判断风险出现的可能性是变大了还是变小了，以及风险的严重性和后果是否也发生了变化。

3.4　质量管理

软件质量问题最早在 20 世纪 60 年代首次大型软件系统开发时期被发现，并且在整个 20 世纪一直困扰着软件工程。已交付的软件速度很慢而且不可靠，维护困难重重，并且还很难复用。由于对这种状况不满，人们开始采用软件质量管理形式化技术，这种技术是由制造业中的方法发展而来的。这些质量管理技术和新的软件技术以及更好的软件测试结合在一起，使得软件质量的一般水平得到了明显提升。

软件系统的软件质量管理有 3 个重要的关注点：

（1）在机构层面，质量管理与建立能生产高质量软件的机构过程框架和标准相关。这就意味着质量管理团队应该对定义要使用的软件开发过程、软件采用的标准以及包括系统需求、设计以及代码的相关文档负责。

（2）在项目层面，质量管理包括专门的质量过程的应用、对所规划的过程的执行情况的检查，及确保项目的输出符合此项目所适用的标准。

（3）在项目层面的质量管理同样关注于为项目确立一个质量计划。质量计划应该给出项目的质量目标，定义应该使用什么样的过程和标准。

制造业中广泛使用"质量保证"和"质量控制"这两个术语。质量保证（QA）是对生产高质量的产品的过程和标准的定义，同时也引入质量过程到制造过程。质量控制是应用这些质量过程淘汰没有达到要求的质量水平的产品。

在软件产业中，不同的公司和工业部门以不同的方式解释质量保证和质量控制。有时，质量保证仅代表对旨在保证软件质量达标的流程、过程和标准的定义。另外的情况下，质量保证也包括开发团队交付产品后采取的活动，包括所有的配置管理、检验和有效性验证活动。在这一章中使用的"质量保证"包括：检验、有效性检验以及检查质量流程是否正确应用的过程。由于软件产业并未广泛使用"质量控制"这个术语，本书也将避免使用此术语。

质量保证团队（QA team）在大多数公司中负责管理版本测试过程。正如第 8 章中所讨论的，这就意味着在软件版本交付到客户手里之前，他们负责软件的测试。他们负责检查系统是否满足需求，以及维护测试过程记录。

质量管理对软件开发过程提供独立的检查活动。从软件过程中产生的可交付文档要放到质量管理过程中接受检验，确保它们能够符合机构的标准和目标（图 3-12）。由于质量保证团队应该是独立于开发队伍的团队，他们能够客观地对待软件产品。这样他们就能够不受软件开发问题的影响，做出客观的软件质量报告。

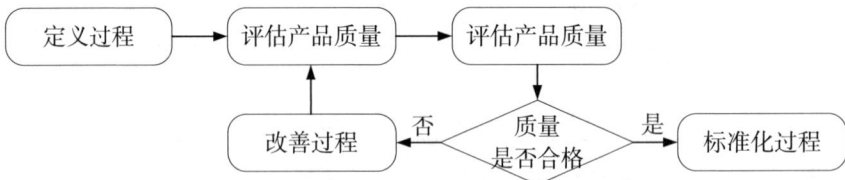

图 3-12　基于过程的质量

理论上说，质量管理团队应该不与任何专门的开发小组有关联，但是应对整个机构的质量管理负责。他们应当是独立的，并且直接向项目管理人员之上的管理者报告。这是因为项目管理人员必须维护工程预算开支和进度安排。如果出现问题，他们可能试图在产品质量上做出妥协来满足他们的工程进度。一个独立的质量管理团队确保机构的质量目标不会因为考虑短期的开支和进度而有所妥协。但是，在小一点的公司里，这是不太实际的。质量管理和软件开发不可避免地被绑定在一起，相关的人员同时有着开发和质量两方面的职责。

质量规划是为项目制定一个质量计划的过程。质量计划应当列出要达到的软件质量，并且描述怎样评估这些质量。因此对于一个特定系统，计划定义了何为高质量的软件。

没有这样的定义，在关于哪种产品属性能反映出最重要的质量特点方面，工程师可能做出不同的、有时甚至是冲突的假设。正式的质量规划是基于计划的开发过程一个重要组成部分。然而，敏捷方法采用一种不太正式的方法来进行质量管理。

Humphrey（1989），在他的关于软件管理的经典书籍中，提出了一个质量规划的轮廓结构。其中包括：

（1）产品介绍。说明产品、产品的意向市场及对产品性质的预期。

（2）产品计划。包括产品确切的发布日期、产品责任以及产品的销售和售后服务计划。

（3）过程描述。产品的开发和管理中应该采用的开发和服务过程和标准。

（4）质量目标。产品的质量目标和计划，包括识别和判定产品的关键质量属性。

（5）风险和风险管理。说明影响产品质量的主要风险和这些风险的应对措施。

质量规划被作为一般项目规划过程的一部分，依据所开发的系统的大小和类型而有所不同。但是，在书写质量计划时，我们应该尽力保证它们尽可能简短。如果文档过长，人们就不会去阅读，这样就会导致设定质量规划的初衷失败。

一些人认为软件质量能够通过检查过程来确保。机构会有一个基于机构标准的和按照相关质量流程的一个确定的检查过程，去检查软件开发团队在开发中是否遵循了这些质量标准。他们的观点是标准应该包含好的软件工程实践；遵从这个好的实践必然得到高质量的产品。然而，实际上质量管理的内容远比一些标准以及相关的保证这些标准得到执行的行政制度要多得多。

标准和过程固然是很重要的，但是质量管理者也应该致力于开发一种"质量文化"，让每个参与产品开发的人都有强烈的产品质量意识。他们鼓励团队对自己的工作质量负责，鼓励他们探求改善质量的新方法。尽管质量标准和规程是质量管理的基础，好的质量管理者还是认识到有些软件的质量特性不易量化（如简洁性、可读性等），难以在标准中具体体现出来。他们支持在无形质量方面有兴趣的人并鼓励所有的团队成员的好的工作作风。

正式的质量管理对于开发大型、长期（开发需几年时间）的系统的团队而言特别重要。质量文档是记录项目中的每个子小组所做的工作的文件。它帮助检查以避免遗忘重要的任务或团队的一部分不会对其他团队所做的工作做出错误的假设。质量文档也是贯穿一个系统生命周期的沟通手段。它允许对系统进化负责的小组追踪测试以及开发团队所做的工作。

对较小的系统，质量管理也是重要的，但可以采用相对非正规的方法。由于小的开发团队可以随意的交流，所以不必需要那么多的文书工作。对于小系统的开发，关键的质量问题是建立质量文化并保证所有的团队成员对软件质量有一个有效的方法。

3.4.1　软件质量

质量管理的基本原则是制造工业为了改善制造产品的质量而建立的。作为质量管理的一部分，它们首先定义了什么是"质量"。所谓质量是基于详细产品描述的（Crosby 1979）和公差概念的。基本假设是，能够完整详细地定义产品，并且能够确立一个依照产品描述检查制造产品的流程。当然，产品不会完全精确地满足描述，所以一定的公差是可以被允许的。如果产品是"基本合适的"，那么它就被认为是合格的。

　　软件质量不能直接和制造业中的质量相比较。公差思想对于数字系统来说是不适用的。由于以下原因，可能没法得出关于软件系统是否满足描述的客观结论：

　　（1）写出一个完整的和无歧义的软件描述是相当困难的。软件开发商和客户可能对于需求有不同的阐述，并且可能对软件是否符合描述没法达成共识。

　　（2）描述通常整合了各类信息持有者的需求。这些需求不可避免地存在着取舍，很可能没有包含所有类别信息持有者的需求。排除在外的信息持有者可能认为系统质量糟糕，即使它实现了那些达成共识的需求。

　　（3）对某些质量特性（如可维护性）的度量是不可能做到的，所以它们是不能以一种无歧义的方式描述的。

　　因为以上这些原因，评估软件质量是一个主观的过程，质量管理团队必须判断决定软件是否达到可接受的质量水平。质量管理团队必须考虑软件是否达到既定的目标。这涉及回答关于系统特性的若干问题。例如：

　　（1）开发过程是否遵循编程和文档化标准？

　　（2）软件是否得到了正确的测试？

　　（3）软件是否足够可靠能被投入使用？

　　（4）软件性能是否对于正常使用是合格的？

　　（5）软件是否可用？

　　（6）软件是否结构良好并且易于理解？

　　软件质量管理存在一个通用的假设：按照需求测试系统。应该根据这些测试的结果判断是否实现了要求的功能。因此，质量保证（QA）团队应该复查所设计的测试并检查测试记录以核实测试是否被正确地执行。在一些机构中，软件管理团队负责系统测试。但是有时，一个独立的系统测试小组负责测试。

　　一个软件系统的主观质量很大部分依赖于它的非功能性特性。这反映了实际的用户体验——如果软件的功能不是所期望的那样，那么用户就会变通，寻找其他方式来做他们想做的事情。但是如果软件不可靠或者是速度太慢，那么实际上就不能达到他们的目的。

　　因此，软件质量不仅仅取决于软件功能是否正确地实现，也取决于非功能的系统属性。Boehm等（1978）指出有15种重要的软件质量属性，如表3-19所示。这些属性和软件可靠性、可用性、有效性以及可维护性相关。

表3-19　软件质量属性

安全性	可理解性	可移植性
信息安全性	可测试性	可用性
可靠性	可调节性	可复用性
适应力	模块化	效率
鲁棒性	复杂度	学习能力

　　可靠性属性通常是最重要的系统质量属性。但是软件性能也很重要。如果软件太慢，用户会拒绝使用。

　　对于任何系统，优化所有属性是不太可能的。例如，提升鲁棒性可能导致性能的降低。因此质量规划应该定义被开发软件最重要的质量属性。有效性很关键，可能需要牺牲掉其他属性。如果已经在质量规划中声明了这一点，从事开发工作的工程师会协力来达到这一目标。计划同样应该包括定义质量评估过程。这应该是各方都认可的评估，判断是否在产品中存在一些质量属性，如可维护性和鲁棒性。

质量管理的一个基本假定是开发过程的质量直接影响产品的质量。这个假定源于生产制造系统中产品质量与生产过程的密切关系。制造过程包括配置、工装夹具准备和操作相应的机器。一旦机器工作正常，产品质量自然就有保证。评估产品质量并改变生产过程直到达到需要的质量水平。

在生产制造中过程与产品质量有着明确的关联，因为过程相对易于标准化和监控。一旦生产系统校准后就能一次次生产出高质量的产品。而软件不是生产制造出来的而是设计出来的。因此，软件开发过程中过程质量和产品质量之间的关系更加复杂。软件开发是创造性活动而不是一个机械过程，个人的技能和经验的影响非常大。无论所使用的过程怎样，一些外部因素（如应用程序的创新性或早期产品发布的商业压力）也会影响产品质量。

毫无疑问，使用的开发过程对于软件质量有明显的影响。好的过程更有可能得到好质量的软件。过程质量的管理和改进能够减少软件开发过程中产生的缺陷。但是，评估软件质量的属性非常困难。比如，不经过长时间地使用软件，很难评估软件的可维护性。因此，很难指出过程特性如何影响这些属性。此外，因为设计和创造性在软件过程中所起的作用，过程标准化有时会扼杀创造力，这会导致软件质量更糟而不是更好。

3.4.2　软件标准

软件标准在软件质量管理中扮演着重要的角色。质量保证一个重要部分是定义和选择应用于软件开发过程和软件产品的标准。作为质量保证过程的一部分，也要选择支持标准使用的工具和方法。一旦选定使用标准，必须定义项目特定的过程以监控标准的使用和执行情况。

软件标准非常重要，有 3 个原因：

（1）标准是智慧的结晶，对一个机构有重要意义。软件标准封装了对于机构来说最成功的或是最恰当的软件开发实践。这些知识往往是经过反复实验和无数的挫折后才得出的。把这些知识制定到标准中去可以避免重犯过去的错误。

（2）标准为定义特定环境中的"质量"含义提供了一个框架。如前文所述，软件质量是主观的，通过使用标准，为判断软件是否达到要求的质量水平建立基础。当然，这依赖于反映用户对软件可靠性、可用性以及性能的期望的环境标准。

（3）软件标准还有助于工作的连贯性，由一个人着手进行的工作别人可以接着做。软件标准确保一个机构中所有的工程人员采用相同的做法。这样一来，开始一项新工作时就节省了学习时间。

> 文档化标准
> 　　项目文档是一种看得见摸得着的描述软件系统以及生产过程的不同形态的方式（需求、UML、代码等）。文档化标准定义不同类型文档的组成以及文档的格式。这是很重要的，因为这样可以很容易发现是否有重要的内容被遗漏，并确保项目文档有一个普遍接受的外观。标准会针对书写文档的过程、文档本身内容以及文档交换诸多方面分别制定。
> 　　http://www.SoftwareEngineering-9.com/Web/QualityMan/docstandards.html

在软件质量管理中，现存两类可用于定义和使用的相关软件工程标准。

1.产品标准

这些标准用于开发的软件产品。包括文档标准，如生成的需求文档的结构；文档编写标准，如定义对象类时注释标题的标准写法；还有编码标准，它规定如何使用某种程序语言。

2.过程标准

这些标准定义了软件开发必须遵循的过程，应将良好的开发方法封装其中。过程标准包括对描述、设计和有效性验证过程、过程支持工具以及对在这些过程中产生的文档的描述的定义。

标准必须以提升产品质量的形式表现价值。有的标准需要花费大量时间和劳动，但是只是带来了细微的质量改进，这种标准是没有必要定义的。必须设计产品标准，然后可以应用和以有效的方式检查标准，过程标准应该包含用于检查是否遵循产品标准的过程定义。

国际软件工程标准的发展通常是一个持续很久的过程，那些对标准感兴趣的人聚集在一起，然后起草评论，最终对标准达成一致。一些国家和国际组织，如美国DOD、ANSI、BSI、NATO和IEEE,都支持标准的制定工作。这些制定出来的标准具有普遍性，能够适用于许多领域内的项目。像NATO和其他的国防机构就需要在他们和软件公司的软件开发合同中应用自己使用的执行标准。

已经制定的国家标准和国际标准涵盖了软件工程术语、编程语言（如Java和C++）、符号系统（如制图符号）、软件需求的导出和书写规程、质量保证规程以及软件检验和有效性验证过程（IEEE 2003）等许多方面。更多的专属标准，比如说IEC 61508（IEC,1998），是为了安全性和信息安全性要求极高的系统而开发的。

质量管理团队在制定机构标准时，一般要参照国家标准和国际标准。以这些标准作为出发点，质量保证团队应该拟定一本标准"手册"，定义适合自己机构的标准。这种手册可能要包含的标准种类列于表3-20中。

表3-20　产品和过程标准

产品标准	过程标准
设计复查表	设计复查方式
需求文档结构	为系统构建提交新代码
方法头格式	版本发布过程
Java编程风格	项目计划批准过程
项目计划格式	变更控制过程
变更请求表	测试记录过程

软件工程人员有时会把软件标准视为一种行政命令，是与软件开发的技术活动毫不相干的，尤其是在标准中要求填写烦琐的表格和工作记录的时候。尽管他们大都承认贯彻实施通用标准是十分必要的，但工程师们总能找出一些理由，力图说明某些标准并不适合他们的具体项目。为了尽量减少不满意情绪，设定这些标准的质量管理人员要采取以下步骤：

1.让软件工程人员参与产品标准的选择

如果开发者了解了所选择的标准的原因，就会自觉执行这些标准。最理想的情况，标准文档不应只是列出需要执行的标准，还应该包括评论性的解释，说明为什么得出这样的标准化的决议。

2.定期评审和修改标准，以反映技术的变化

开发标准代价不菲，标准一经制定出来就要载入公司的标准手册。由于成本和所需要的讨论，通常不会轻易对标准进行改动。标准手册是必备的，但是它要随着环境和技术的变化而不断完善。

3.尽可能提供支持软件标准的软件工具

保持标准的一致性包括乏味的手工工作，而这些工作是可以由软件工具完成的，开发人员经常觉得标准是大麻烦。如果有工具支持，遵循软件开发标准就只需要很少的成本。例如，文档标准可以通过使用文字处理器样式实现不同类型软件需要不同的开发过程，所以必须采用适当标准。如果某种工作方式不适合一个项目或项目团队，对它做出规定是没有意义的。因此每个项目管理者都应该有根据个别情况改动标准的权力。然而，当做出变更时，保证这些变更不会影响产品质量是很重要的。这会影响一个机构和它的顾客之间的关系，并且很可能导致项目成本的上升。

项目管理者和质量管理者可以通过切实可行的质量规划避免标准的不适当问题。他们应该确定质量手册中哪些标准应该不折不扣地执行，哪些标准应该修改，哪些标准应该废止。对于某些用户和特定的项目需求可以制定相应的标准。例如，如果以前的项目中没有用到形式化描述的标准，就需要制定这些标准。

ISO 9001 标准框架：

ISO 9000 是一个用于在所有行业建立质量管理系统的国际标准集。ISO 9000 可应用的范围很广，从制造业到服务业都有涉及。ISO 9001 在这些标准中是最具普遍性的标准，它适用于设计、开发和产品维护等机构内的质量过程，包括软件。ISO 9001 标准最初开发于 1987 年，它的最新版本是 2008 年发布的。

ISO 9001 标准自身并不是软件开发的一个标准，而是开发软件标准的一个框架。它制定出一般的质量原则，描述一般的质量过程，并且编排应该定义的组织标准和步骤。这些应当记录在机构质量手册中。

ISO 9001 标准在 2000 年进行了一次重大的修订，形成了 9 个核心过程，如图 3-16 所示为了服从 ISO 9001 标准，公司必须记录它们的过程是如何与这 9 个核心过程相对应的。也必须定义和维护有关记录证明所定义的机构过程已经得到了严格执行。公司的质量手册应该描述相关的过程以及过程数据，这些数据必须收集并得到维护。

ISO 9001 标准并没有定义或规定公司中应该使用的特定的质量过程。要与该标准一致，公司必须定义过程的类型，如图 3-13 所示，并有相应的流程证明它的质量过程是得到严格遵守的。这就带来了不同产业部门和公司规模之间的灵活性。这就能够定义适合所开发的软件类型的质量标准。小型公司能够拥有灵活的但同时仍然是服从 ISO 9001 标准的过程。但是，这种灵活性意味着我们不能对于遵循 ISO 9001 标准的不同公司过程之间相似性和差异性作出假定。一些公司可能拥有很严格的质量过程来保留详细的记录，然而其他一些公司可能不那么正式，只有极少量的附加文档。

产品交付过程　　　　　　　　支持过程

业务获得　　　　　　　　　　业务管理

设计和开发　　　　　　　　　供应商管理

测试　　　　　　　　　　　　库存管理

生产和交付　　　　　　　　　配置管理

服务和支持

图 3-13　ISO 9001 核心过程

ISO 9001，机构的质量手册和个体的项目质量计划之间的关系如图 3-14 所示。这个图源于由 Ice 提出的一个模型（1994），他解释了通用的 ISO 9001 标准如何作为一个软件质量管理过程的基础来使用。Bamford 和 Dielbler（2003）解释了后来的 ISO 9001：2000 标准如何在软件公司中被采用。

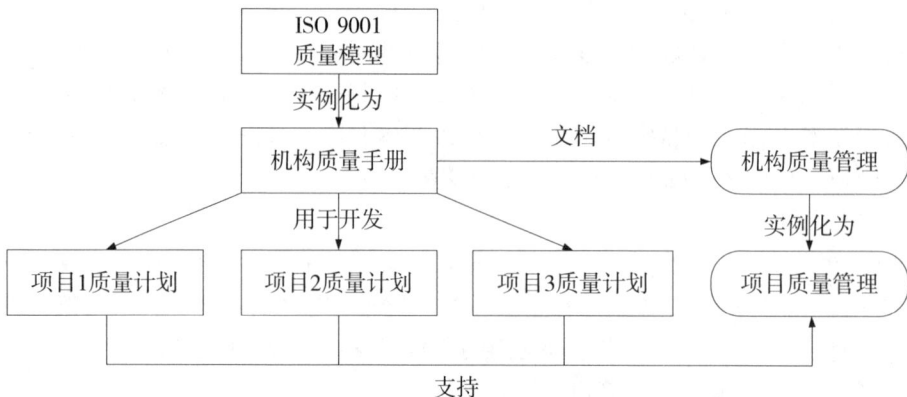

ISO 9001
质量模型

实例化为

机构质量手册　　　　文档　　　　机构质量管理

用于开发　　　　　　　　　　　实例化为

项目1质量计划　　项目2质量计划　　项目3质量计划　　项目质量管理

支持

图 3-14　ISO 9001 和质量管理

一些软件客户要求他们的供应商是具有 ISO 9001 认证。软件开发公司拥有质量管理系统的认证，客户才会有信心。拥有独立鉴定资格的机构对质量管理过程和过程文档进行检查，判断这些过程是否符合 ISO 9001 标准所有内容。如果的确如此，就像质量手册里定义的一样，他们认证这家公司的质量过程符合 ISO 9001 标准。

有些人认为 ISO 9001 证书意味着经过认证的公司所生产的软件质量比未经认证公司要好，这不一定。ISO 9001 标准只是关心机构里拥有质量管理过程，并且遵循这些过程。并没有保证说 ISO 9001 认证的公司使用最好的软件开发实践，或是这些过程会产生高质量的软件。

比如，某家公司所定义的测试覆盖标准规定、对象中所有方法必须使用至少一次。不幸的是，这个标准会在不完全的软件测试中使用，对使用不同方法的参数并没有进行测试。只要遵循了定义的测试流程，并且记录了执行的测试过程，这个公司就是满足 ISO 9001 认证的。ISO 9001 认证所定义的质量是符合标准，并不是软件用户所能体验的质量。

敏捷方法中避免使用文档，它只关注于开发的代码，与ISO 9001中所讨论的形式化的质量过程差别甚大。在使这两种方法趋为一致的方面，已经有一些人做过一些工作（Stalhane, Hanssen　2008），但是敏捷开发群体本质上是完全反对这种他们视为官僚作风的标准化。由于这样的原因，使用敏捷开发方法的公司很少关心ISO 9001标准认证。

3.4.3　复查与审查

复查（review）与审查（inspection）是检查项目可交付文档的质量的QA活动。检查的内容涉及：检查软件，软件文档，以及发现错误和遗漏的过程的记录，并且检查是否遵循质量标准。复查、审查和程序测试是软件检验和有效性验证通用过程的一部分。

在复查过程中，一个团队检查软件与其相关文档，寻找潜在问题和与标准不一致的部分。复查团队提供资料来判断系统的质量级别和项目的可交付物。然后项目管理人员使用这些评定来做出规划决策并为开发过程分配资源。

质量复查基于在软件开发中产生的文档来进行。软件描述、设计、代码、过程模型、测试计划、配置管理规程、过程标准以及用户指南也都被复查。复查应当检查文档和代码的一致性和完整性，确保遵循质量标准。

然而，复查不仅仅是检查与标准的一致性，还被用来帮助发现软件和项目文档中的问题和遗漏。复查的结果应当作为质量管理过程的一部分被正式记录。如果发现了问题，应将复查人员的意见交给开发者或者负责修改所发现问题的人员。

复查和审查的目的是提升软件的质量，不是评估开发团队中员工的表现。相对于较为私下进行的组件测试过程，复查是一个检测错误的公开过程。不可避免的是，个人犯的错误会暴露在整个编程团队面前。要确保所有开发人员对复查过程起到有建设性的作用，项目管理人员必须对个人的关注保持敏感。他们必须营造一种工作文化，发现错误时不责备当事人。

尽管质量复查为管理提供关于软件开发的信息，但是质量复查不同于管理过程复查。第2章中提到，过程复查将软件工程的实际过程与计划的过程对比。他们主要的关注点是工程是能够按时并在预算范围内发布有用的软件。过程复查将外部因素考虑在内，环境变化可能导不再需要开发的软件或是必须作出彻底改动。由于业务或它的操作环境发生了改变，导致已发出高质量软件的工程不得不被撤销。

1.复查过程

尽管在复查的细节上有很多不同，但是复查过程（图3-15），一般分为3个阶段。

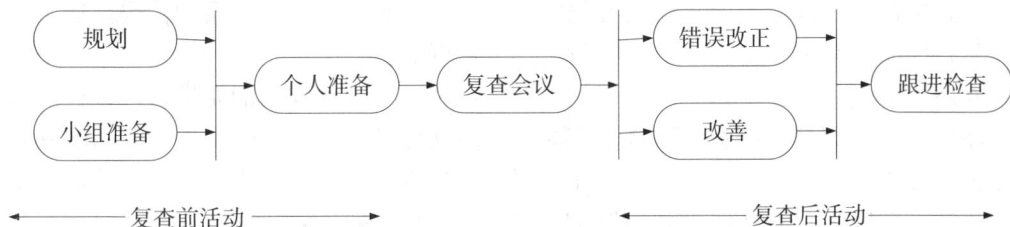

图 3-15　软件复查过程

1）复查前活动

这些准备工作对于复查的有效进行是必需的。具有代表性的是，这些复查前工作关心复查的计划和复查的准备工作。复查计划包括建立一个复查团队，安排复查的时间地点，分发要被复查的文档。在复查准备工作中，复查团队见到要复查的软件的一个综述。个别的复查团队成员需要阅读并理解软件、文档以及相关的标准。他们独立地工作，依靠标准找出错误、遗漏和违背的地方。复查人员如果不能参加复查会议，他们可以提供书面的软件意见。

2）复查会议

在复查会议期间，被复查文档或程序的作者应该和复查团队一起把文档从头到尾浏览一遍。复查本身时间应该是相对短的，至多两个小时。一个团队成员应该作为复查的主席，还应该有一个成员正式地记录所有复查决议和要采取的行动。在复查期间，主席负责保证所有的书面意见都被考虑在内。复查主席应该在复查期间写下一个达成共识的意见和行动的记录。

3）复查后活动

在复查会议结束后，必须解决在复查期间提出的问题。这可能包括修复软件漏洞，重构软件以使它与质量标准相一致，或是重写文档。有时，在质量复查中发现的问题要求管理复查也必须决定是否加入更多资源来改正它们。在做出改动之后，复查主席会检查所有被考虑的复查意见。有时，要求采取进一步的复查来检查覆盖了所有之前的复查意见而做出的改动。

复查团队应该挑选3～4名主要复查员作为团队的核心，应该有一个资深设计人员负责做出技术上的重大决策。主要复查员可以邀请其他的项目成员帮助复查，他们不必参与整个文档的复查，而应集中精力解决影响他们工作的问题。另外，复查团队可以把要复查的文档进行传阅，并要求其他的项目成员写出书面意见。项目管理人员不需要包括到复查中，除非预见的问题要求改变项目计划。

上述的复查过程需要开发团队中所有成员都位于同一地点，并且可以参加团队会议。但是，现在工程团队通常是分散的，有时候分布在几个不同国家甚至大洲，所以团队成员聚到一个屋子里开会通常是不实际的。在这种情形下，可以使用文档编辑工具支持复查过程。团队成员使用这些来评论文档和软件源代码。这些评论对于其他团队成员是可见的，他们可以赞成或者反对。只有在复查人员之间的分歧解决之后，才会使用电话讨论。

敏捷软件开发中的复查过程通常是非正式的。例如，在Scrum中，在每次的软件迭代完成后都会有一个复查会议（冲刺复查），其中会讨论到质量问题。在极限编程中（下一节中讨论），配对编程确保另一个团队成员经常检查和复查代码。日常的团队会议中会考虑到通常的质量问题，但是极限编程依赖于个人主动性来提升和重构代码。通常敏捷方法不是标准驱动的，所以通常不考虑标准一致性问题。

在敏捷方法中缺少正式的质量过程，这意味着已经开发详细的质量管理过程的公司使用敏捷方法可能存在问题。质量复查可能减慢软件开发步伐，但在计划驱动的开发过程中质量复查能得到最好的使用。在计划驱动的过程中，规划复查，并与其他调度工作平行进行。在敏捷方法中因专注于代码开发，所以这样做是不现实的。

2. 程序审查

程序审查是"同行评审"，团队成员合作来发现开发程序中的漏洞。审查可以作为软件检验和有效性验证过程的一部分。因为它们不要求执行程序，所以它们和测试互补。这就表示能够验证系统不完整的版本，并且能够检查像统一建模语言（UML）模型这样的表示法。Gilb 和 Graham（1993）提出了一种使用审查最有效的方法，那就是复查系统测试用例。审查能够发现测试的问题，并且提升这些测试检测程序错误的有效性。

程序审查涉及来自不同背景的团队成员，他们对程序源代码进行精心的、一行一行的复查。他们寻找错误和问题，并且在审查会议中描述出来。错误可能是逻辑错误，也可能是代码中的异常，这些异常可能表明了错误情况或者代码忽略的特征。复查团队详细检查设计模型和程序代码，并且标记出需修正的异常和问题。

审查时，经常使用一份常见编程错误的检查表。这份检查表基于来自书本的实例和个别应用领域的错误经验。我们对于不同的编程语言使用不同的检查表，因为每种语言有它自己特有的错误。Humphrey（1989）在对审查的详细讨论中，给出了多个检查表的例子。

在审查过程中可能做出的检查如表 3-21 所示。Gilb 和 Graham（1993）强调每个机构都应当根据部门标准和实践开发自己的检查表。由于不断发现新的错误类型，这些检查表应经常更新。因为编译期间会有不同的检查级别，检查表的条目根据编程语言不同而有区别。例如，Java 编译器检查函数的参数个数是否正确，但是 C 编译器却不检查。

表 3-21 审查过程中的检查表

缺陷分类	检查内容
数据缺陷	所有的程序变量都在使用前被初始化了吗？ 所有的常数都命名了吗？数组的上边界应该等于数组长度还是长度减 1？如果使用字符串，定界符应该显式的制定吗？有缓冲区溢出的可能性吗？
控制缺陷	对每一个条件语句，条件是正确的吗？ 每一个循环都能终止吗？ 复合语句被正确的括起来了吗？ 对 case 语句，所有可能的情况都考虑到了吗？若每一个 case 语句都需要跟一个 break 语句，有遗漏吗？
输入 / 输出缺陷	所有的输入变量都使用了吗？所有的输出变量在输出前都被赋值了吗？有未料到的输入引起系统崩溃吗？
接口缺陷	所有的函数和方法调用都使用了正确数量的参数吗？形参和实参类型匹配吗？参数顺序都对吗？如果组件访问共享内存，它们都有相同的共享内存结构模型吗？
存储管理缺陷	如果一个链接的结构被修改了，所有的链接都得到重新赋值了吗？如果使用了动态存储，空间分配正确吗？如果空间不再使用，需要显式的对空间释放吗？
异常管理缺陷	所有可能的错误状态都已经考虑到了吗？

大多引入审查的公司发现它们在发现漏洞方面是非常有效的。Fagan（1986）报告了使用非形式化的程序审查可以检测到 60% 以上的程序错误。Mills 等人（1987）提出

了一个更加形式化的检查方法，根据正确性论证，能够检测出 90% 以上的程序错误。McConnell（2004）对比了单元测试，其错误探测率大约为 25%。通过审查，错误探测率达到了 60%。他同样描述了许多案例研究，包括引入"同行评审"的例子，它会使生产率提升 14%，同时程序错误降低 90%。

尽管他们大量宣传其成本有效性，很多软件开发公司还是不情愿使用审查或者同行评审，有程序测试经验的软件工程师有时会不情愿接受关于审查会比测试在发现错误方面更加有效的观点。管理人员也可能产生怀疑，因为在设计和开发过程中审查工作要求额外的开销。他们不希望冒风险，即在程序测试中没有节省相应的成本。

敏捷过程很少使用形式化的审查和同行评审过程。但是，他们依赖于团队成员合作来检查每一个其他成员的代码，也信奉非正式的实用准则，比如说"提交前检查"，这表明程序员应该检查他们自己的代码。极限编程从业者认为配对编程是一种有效的检查方法，这实际上是一个连续的检查过程。两个人查看代码的每一行，并且在它被接受之前检查它。

配对编程会使人员对程序有一个深入的了解，因为两个程序员必须理解它的工作细节才能继续开发。这种了解的深度有时很难在其他检查过程中达到，因此配对编程往往能找出正式检查过程有时都不能发现的漏洞。但是，配对编程也能够导致彼此之间的对于需求的误解，两个成员犯了同样的错误。此外，因为两人不想减缓工程的进度，两个人可能不情愿查找错误。相关人员不能跟外部检查团队那样客观，他们发现错误的能力很可能因为亲密的工作关系减弱。

※ 本章小结

软件项目管理是软件工程中的一个重要组成部分。专业的软件工程总是要受到工程进度和预算的制约，软件项目管理者的任务是确保软件项目满足和服从这些约束，并确保交付高质量的软件产品。本章介绍了软件项目管理中的几大部分：进度管理、预算管理、风险管理、质量管理。

首先就软件开发周期中如何跟踪项目进展情况做了详细介绍，包括如何对项目生成一个工作分解结构，前驱、日期、截止日期和终点如何描述，如何使用关键路径估算工作时间，如何使用甘特图对项目进行管理。

其次介绍了工作量估算的几种方法：专家判断、算法方法、机器学习方法，并且给出评估适合自己项目的模型的方法：PRED 和 MMRE。

然后介绍了风险管理的概念以及在软件项目中可能出现的一些风险，并就以下几个方面进行了详细阐述：风险的种类、风险管理的阶段、风险类型、风险分析、风险规划、风险监控。

最后介绍质量管理的过程以及质量规划重要的原因；介绍了软件质量受到所使用的软件开发过程的影响；介绍了质量管理过程中质量标准的重要性以及标准是如何在质量保证中使用的；介绍了复查和审查是如何作为机制在软件质量保证中使用的；介绍了度量如何在评估某些质量属性时发挥作用，以及目前软件度量的局限性。

※ 思考与练习

1. 你打算烤制一个带有霜糖的双层生日蛋糕。请将这个烤蛋糕项目描述为工作分解结构，并根据这个结构生成一张活动图，指出关键路径是什么？

2. 针对一个软件开发项目，哪些活动可以并行进行？解释为什么活动图有时会隐藏这些活动的相互依赖性。

3. 对于一个落后于进度的项目，说明增加人员怎么会使项目的完成日期更加延后。

4. 一个大型的政府机构希望与一家软件开发公司就一个项目签订一份合同，该项目包含 20 000 行代码。Hardand 软件公司使用 Walston 和 Felix 的估算技术来确定编写这么多代码所需的时间以及这么长时间需要的人员数。Hardand 公司进行的估算将需要多少人月？如果政府的项目规模估算低了 10%（即 20 000 行代码只表示了实际规模的 90%），还将要增加多少额外的人月？总的来说，如果政府的规模估算低了 $k\%$，则人员估算必须改变多少？

5. 解释为什么开发一个实用程序会比开发一个应用程序耗费更长的时间，并且也比开发一个系统程序耗费更长的时间。

6. Manny 制造企业必须决定构建一个软件包还是购买一个软件包以掌握其存货情况。Manny 的计算机专家估计购买程序的成本是 325 000 美元。若要构建内部程序，程序员每个月将花费 5000 美元。Manny 在进行决策时应该考虑什么因素？什么时候构建软件更好？什么时候购买软件更好？

7. Brook 宣称，在项目后期增加人员会更加延迟项目的开发（Brook 1975）。一些进度估算技术似乎表明向项目中增加人员可以缩短开发时间。这是矛盾的吗？为什么？如果不是，为什么不是矛盾的？

8. 许多研究表明，项目延迟的两个主要原因是需求变化（称为需求的多变性或不稳定性）和雇员调整。回顾本章讨论的成本模型，并加上任何你在工作中可能使用的任何知识，确定哪种模型具有反映这些原因影响的成本因素。

9. 即使你在做学生项目，在按时完成项目方面也有极大的风险。分析一个学生软件开发项目并列出其中的风险。风险暴露是什么？你可以使用什么技术来减轻各种风险？

10. 很多项目经理根据过去项目中程序员的生产率来计划项目的进度，生产率通常根据单位时间的单位规模来测量。例如，一个组织机构可能每天生产 300 行代码或每月生产 1200 个应用点。用这种方法测量生产率合适吗？根据下列事项讨论生产率的测度：

（1）用不同的语言实现同样的设计，可能产生的代码行数不同。

（2）在实现开始之前不能用基于代码行的生产率进行测量。

（3）程序员可能为了达到生产率的目标而堆积代码。

11. 价格锁定的合同，即承包人以某个确定价格投标一个系统的开发，是一种将项目风险从委托人转移给承包人的做法。如果出现问题，需要由承包人承担。分析一下为什么这种合同容易增加产品风险的可能性。

第4章 需求分析

※ 学习目标

本章的目标是要介绍软件需求的概念，并讨论、发现和记录这些需求所需的过程。当你读完本章，你将了解以下内容：

◆ 了解用户需求和系统需求的概念以及这些需求要使用不同的方法表达的原因；

◆ 了解功能需求和非功能需求之间的不同；

◆ 了解如何在软件需求文档中满足机构的需求；

◆ 了解导出、分析和有效性验证等主要的需求工程活动，以及这些活动之间的关系；

◆ 了解需求管理为什么是必要的，以及它是如何支持其他需求工程活动的。

对系统应提供的服务和所受到的约束的描述就是系统需求的内容。这些需求反映了客户对系统帮助其解决某些问题的需要，这些问题可以是：对设备的控制、安排一次订货或者是信息的查询，等等。对服务和约束的发现、分析、建立文档、检验的过程叫做需求工程。

需求这个术语在软件行业中使用得可能很不一致。在某些情况下，一个需求被视为对系统应该提供的服务或对系统的约束的一个高层抽象描述，而在另一些较极端的情形，它又被定义为是对系统功能用详细的数学方法的形式化描述。Davis（1993）解释了为什么会存在这些不同。

如果一家公司要与另一机构签订一个大型软件开发项目合同，那这家公司就要尽量概要地定义对该项目的要求，而且在这样的描述中不应限制解决方案。这时候，就需要一个文本形式的需求以便多个承包商竞标，或者以不同方式满足客户的机构需求。一旦签订了合同，承包商就要为客户写出更详细的系统定义，要让用户能看懂并要在此确认系统到底需要提供哪些服务。这两种文件都被称为需求文档。

某些出现在需求工程过程期间的问题就是因为没有对这两个层次的描述做出清晰的分离。本书采用用户需求这个术语来表达高层的概要需求，用系统需求这个术语表达对系统应该提供哪些服务的详细描述。用户需求、系统需求的定义如下：

1.用户需求是用自然语言加图的形式给出的、关于系统需要提供哪些服务以及系统操作受到哪些约束的声明。

2.系统需求详细地给出系统将要提供的服务以及系统所受到的约束。系统需求文档有时也称为功能描述，应该是准确的。它可能成为系统买方和软件开发者之间合同的重要内容。

因为需要向不同类型的读者传达系统信息，因此，不同层次的需求是有用的。图 4-1 说明了用户和系统需求之间的区别。这个来自心理健康护理病人管理系统（MHC-PMS）的实例给出了怎样将一个用户需求扩展为一系列系统需求。从图 4-1 我们可以看出，用户需求是十分概括的，而系统需求对即将要实现的系统所应该提供的服务和功能给出了更加详尽的信息。

我们需要写出不同详细程度的需求，因为不同的读者以不同的方式来阅读这些需求。图 4-2 给出了关于用户需求和系统需求的潜在读者。用户需求的读者一般不关心系统是如何实现的，他们很可能就是管理层的人，对系统的技术细节不是很感兴趣。而系统需求的读者需要了解关于系统是如何工作的更详细的内容，因为他们关心系统将如何支持业务过程，或者是因为他们参与了系统的具体实现。

本章介绍的是一种传统意义上的需求，而不是在敏捷过程中的需求。对于大多数大型系统来说，仍然属于这种情况，就是在系统实现开始之前有一个清晰明确的需求工程阶段，所产生的结果是一个需求文档，它可能是系统开发合同的一部分。当然，通常以后会有对需求的变更，用户需求可能会扩展为更多具体的系统需求。然而在系统开发过程中同时导出需求的敏捷方法对于大型系统开发来说是很少用到的（图 4-1 和图 4-2）。

用户需求定义

MHC-PMS 系统每月都要产生报告来显示当月每个诊所所开药物的成本

系统需求描述

1.1 在每个月的最后一个工作日，对所开的药物、药物成本以及开药诊所应该产生一个汇总报告；
1.2 系统应该在当月最后一个工作日的 17：30 之后自动生成打印报告；
1.3 应该为每一个诊所生成一个报告，并列出各种药的药名、处方的总数、药物总量，以及所开药物的成本；
1.4 如果药物可以分为不同剂量单位（如 10mg，20mg），就要为每一剂量单位单独生成报告；
1.5 对所有成本报告的访问权限应只限于管理访问控制单上的授权用户

图 4-1 用户需求和系统需求

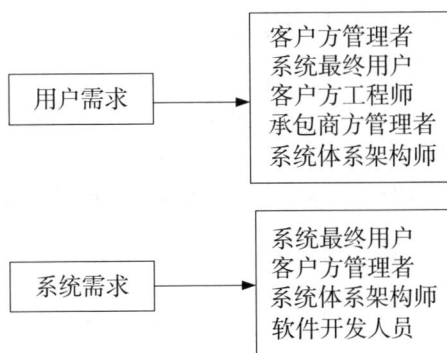

图 4-2 不同类型的需求描述的读者

4.1 功能需求和非功能需求

软件系统需求常常分为功能需求和非功能需求：

1.功能需求

包括对系统应该提供的服务、如何对特殊输入做出反应，以及系统在特定条件下的行为的描述。在某些情况下，功能需求可能还需明确声明系统不应该做什么。

2.非功能需求

对系统提供的服务或功能给出的约束。包括时间约束、开发过程的约束和所受到的标准的约束。非功能需求经常适用于整个系统而不是个别的系统功能或服务。

事实上，这些不同类型的需求之间的区别并不像定义的那么明显。若用户需求是关于信息安全性的，如对授权用户的访问限制的声明，则表现为一个非功能需求。然而，当具体开发时，它可能导致其他明显的功能性的需求，如系统中用户授权的需求。

这些表明需求并不是独立的，一个需求经常会产生或是约束其他的需求。因此，系统需求并不仅仅是要具体说明系统所需要提供的服务或功能，也必须明确指明确保这些服务和功能正确交付的一些必要的功能。

4.1.1　功能需求

功能需求描述系统所提供的功能或服务。它取决于开发的软件类型、软件潜在的用户，以及机构在写需求时所采用的一般方法。如果是用户需求，就要用可以被系统用户理解的一种抽象方法来描述功能需求。然而更具体的功能性系统需求则需要详细地描述系统功能、输入和输出、异常等。

功能性系统需求是多方面的，从系统所应提供的服务这样的一般性需求到反映本地的特色工作方式或是机构已有系统的一些特殊需求。下面是MHC-PMS系统的几种功能需求，此系统是用来维护进行心理健康护理的病人信息的：

1.用户能够搜索到所有诊所的预约挂号单；

2.系统每天能够为每个诊所生成一份想预约在那天就诊的病人名单；

3.每位使用该系统的职员都可以通过他的8位雇员号码被唯一地识别。

这些功能性用户需求定义了系统必须提供的特殊功能。这些需求是从系统的用户需求文档中摘取出来的，从中可以看出功能需求可能会以不同的详细程度被重写（对比一下需求1和需求3）。

软件工程中的许多问题都源自对需求描述的不严密。系统开发者自然想把模糊的需求以某种容易实现的内容去解释它。然而，客户常常不希望这样做。新的需求需要不断地被建立，需求变更也会不断地发生。当然，这样会延迟系统的交付，也会增加成本。

领域需求

　　系统的领域需求是从系统的应用域中得出的而不是从个别系统用户那里得到的。它们可能本身就是新的功能需求，也可能是约束现有的功能需求，或者是特别的计算必须如何进行的规定。

　　领域需求的问题在于，软件工程师可能对系统所运行的域的特点没有了解。他们无法掌握是否领域需求被遗漏或是与其他的需求发生冲突。

http://www.SoftwareEngineering-9.com/Web/Requirements/DomainReq.html

---

例如，MHC-PMS系统的第一个需求例子中提到用户能够找到所有诊所的预约挂号单。有这种需求的理由是有心理健康问题的病人经常是糊涂的。他们可能预订了一家诊

所而实际上却去了另外一家。如果他们有一个预约，他们将会被记录为已就诊，而无论是在哪个诊所。

医务工作人员定义"搜索"的含义是希望通过给出病人的姓名，系统就可以在所有诊所的预约单中查找到该姓名。尽管如此，这在需求中并不是阐述得很直白。系统开发者可能会用另一种不同的方式来解释这个需求，而且会实现一个搜索功能以至于用户不得不选择一家诊所才可以执行搜索功能。这明显会涉及更多的用户输入而花费更多的时间。

理论上，系统的功能需求描述应该既完备又一致。完备意味着用户所需的所有服务都应该给出描述，一致意味着需求描述不能前后矛盾。在实际中，对大型而又复杂的系统而言，要做到需求描述既完备又一致几乎是不可能的。一方面是因为在为复杂系统写需求描述时很容易出现错误和遗漏；另一方面是因为在一个大型系统中有很多信息持有者，一个信息持有者是在一定程度上被系统影响的一个人或一个角色。这些信息持有者经常有着不同和不一致的需求。在最初描述需求的时候，这些矛盾可能不明显，需求的不一致性就这样潜伏在描述中了。只有深入地分析之后或当系统交付客户使用之后问题才能暴露出来。

4.1.2　非功能需求

所谓非功能需求，如其字面所示，是指那些不直接关系到系统向用户提供的具体服务的一类需求。它们与系统的总体特性相关，如可靠性、响应时间和储存空间占用等。换言之，它们对系统的实现定义了约束，如 L/O 设备的能力、与其他系统接口的数据的表示等。

非功能性系统需求，如性能、安全性、可用性，通常会从总体上规范或约束系统的特性。非功能性需求通常会比个别的功能性需求更加关键。系统用户经常发现所用系统并没有在某个功能方面满足他们的需求，但是还是能想办法克服这些不足。然而，如果一个非功能系统没有满足需求，则可能使整个系统无法使用。举例来说，如果一个飞机系统不符合可靠性需求，它将不会被批准飞行；如果一个实时控制系统无法满足其性能需求，控制功能可能根本无法使用。

识别哪个系统组件实现特别的功能性需求是比较容易的（例如那些实现报告需求的格式化组件），但是把这些组件与非功能性需求联系起来却是相当困难的。这些需求的实现可能散布在整个系统之中。原因如下：

（1）非功能性需求会影响整个系统的体系结构，而不是个别的组件。例如，为了保证系统的性能需求，就必须合理组织系统，使得组件之间的通信量达到最小。

（2）单个的非功能需求，比如一个信息安全性需求，它可能会产生数个相关的功能性需求，这些功能性需求定义了新系统所要求的服务。

非功能需求源于用户的需要，因为预算约束、机构政策与其他软硬件系统的互操作，还包括如安全规章、隐私权保护的法律等外部因素。图 4-3 是对非功能需求的一个分类。从这个分类图中可以看出非功能需求或是来源于所要求的软件特性（产品需求），或是来源于开发软件的机构（机构需求），或是来源于外部来源。

1.产品需求

这些需求定义或约束软件的行为，例子包括系统执行速度有多快和内存消耗需要多少等性能需求，包括指定系统可以接受的出错率等系统可靠性需求，也包括信息安全性需求和可用性需求。

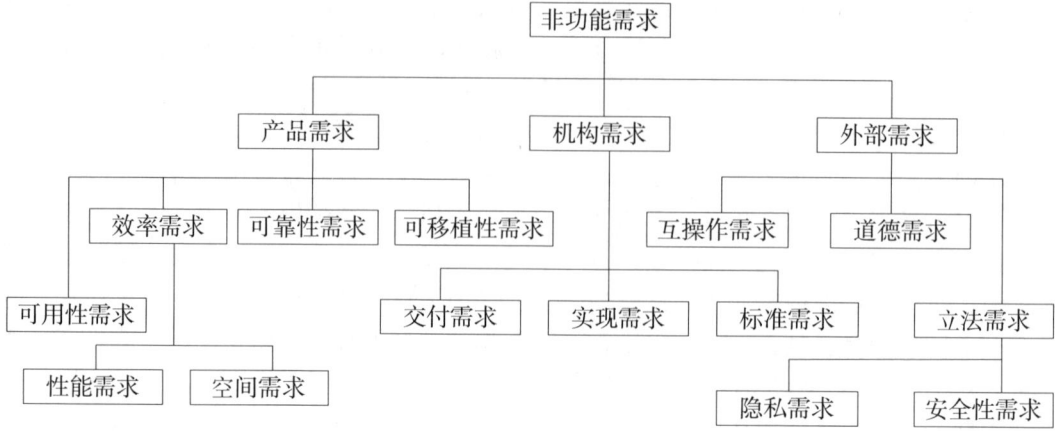

图 4-3　非功能需求的类型

2.机构需求

这些需求是很广泛的系统需求，起源于客户所在的机构和开发者所在的机构中的政策和规定。例子包括过程标准，即机构中采用的过程标准；实现要求，如所采用的程序设计语言和设计方法；交付需求，即有关对产品及其文档交付的要求。

3.外部需求

这也是个广泛的类别，包括所有来自于系统外部因素和开发过程的需求。这些需求会包括监管需求，指定什么是系统必须实现的以通过如中央银行这样的上级监管部门的批准；立法需求，必须得到遵守以确保系统在法律许可的范围内工作；道德需求，保证系统能被用户和一般社会公众所接受。

图 4-4 给出了来自 MHC-PMS 系统的产品需求、机构需求和外部需求的实例，它的用户需求请参见 4.1.1 节。它的产品需求是一种可用性需求，定义了系统每天的可用性和不可用性时间，没有提及 MHC-PMS 的功能，但却明确地规定了系统设计人员必须要考虑的约束。

机构需求规定了系统如何验证用户。对于所用的软件来说，操作系统的权力正在移向一个标准化的验证程序，不再是用户拥有一个登录名，而是通过一个阅读器来刷身份证以此来验证身份。外部需求来自于对隐私权保护的法律条文的遵守，隐私在医疗系统中显然是一个非常重要的问题。外部需求规定系统必须与国家隐私标准保持一致。

产品需求

MHC-PMS 系统必须对所有诊所在正规工作时间内（周一至周五，08∶30～17∶30）都是可用的。任何一天的正规工作时间内系统的关闭时间不应超过 5s。

机构需求

MHC-PMS 系统的用户应该使用他们的卫生局身份证件来验证自己。

外部需求

系统必须依照法律 HStan-03-2006-priv 贯彻病人隐私条款

图 4-4　MHC-PMS 中的非功能需求实例

一个存在于非功能性需求中的普遍问题是，用户或消费者经常建议把这些需求作为总的目标，比如易用性、系统的恢复性，或是快速的反应能力。依据目标固然能提出好的计划，但也带给开发者许多问题，因为这在系统交付之后会在客户和开发者之间引发争议。下面的系统目标就是一个管理者如何表达可用性需求的典型例子。

系统对医务工作人员来说应该是容易使用的，并且医务工作人员可以一种用户错误最小的方式来管理系统。

再次提到这个需求是为了说明该目标怎样才能表达为一种"可测试"非功能需求。客观地来验证系统目标是不可能的，但是在以下的描述中你至少可以用软件手段计数由用户在测试系统时所制造出的错误。

医务工作人员应该能够在4h的培训后学会使用系统的所有功能。在培训后有经验的用户在系统的使用中所犯的错误不能超过2个/h。

只要有可能，我们就应该使非功能需求得以量化，从而使其验证更客观。表4-1给出了许多可能用来指定非功能性系统属性的量度。基于这些度量的测试可以检验系统是否满足了相应的需求。

表4-1　定义非功能需求的量度

属性	度量
速度	处理的交易／秒 用户／事件响应时间 屏幕刷新时间
规模	兆字节数 ROM 芯片数
易用性	培训时间 帮助帧数
可靠性	平均失败时间 不可用的概率 失败发生频率 可用性
鲁棒性	失败后重启时间 事件引起失败的百分数 失败中数据崩溃的概率
可移植性	目标依赖语句的百分数 目标系统的数目

在实际过程中，对需求描述的量化通常是很困难的。客户没有能力将目标量化的需求，像可维护性这样的目标，没有量度可供使用。在另外一些情形中，即使量化描述是可能做到的，客户也没有能力把他们的需求和这些描述相对应。他们根本不理解一个描述所需要的指标，比如说可靠性和他们日常计算机操作经验有什么联系。对非功能需求的量化验证成本极高，支付系统开发的客户会认为这些成本是不划算的。

非功能需求常与功能需求或其他功能需求发生冲突，它们之间存在着相互作用关系。举例来说，在图4-4的验证需求中显然要求每台电脑要安装一个连接该系统的读卡器。有时候要从医生或护士的笔记本上移动性访问该系统，而它们是不能正常安装读卡器的。在这种情况下，就必须有可选验证方法。

实际上，将功能需求和非功能需求在需求文档中区分开是很困难的，如果将非功能需求从功能需求中分开，它们之间的关系就很难看出来。然而，对系统总体特性方面的需求应该直白地突出显示出来，如性能或可靠性。即用需求文档中的单独一部分来描述，或者是用其他方式表示以区别于其他系统需求。

非功能性需求，如可靠性、安全性和信息安全性需求，对于要求极高的系统来说至关重要。

需求文档标准

有很多大型机构，如美国国防部和IEEE，它们对需求文档有定义好的标准。这些标准是非常一般化的，但尽管如此，作为一个开发内容更详细的机构自己的标准是很有用的。美国电气电子工程师协会（IEEE）是一个闻名的标准提供者，它们已经开发了需求文档结构。该标准对于像军事指控系统这样具有长生命期并总是由一群开发机构所开发的系统来说是最为合适的了。

http://www.SoftwareEngineering-9.com/Web/Requirements/IEEE-standard.html

---

4.2　软件需求文档

软件需求文档（有时叫做软件需求描述或SRS）是对系统开发者需要实现什么的正式陈述。它应该包括系统的用户需求和一个详细的系统需求描述。在某些情况下，用户需求和系统需求被集中在一起描述。在其他的情况下，用户需求在系统需求的引言部分给出。如果有很多的需求，详细的系统需求可能被分隔到不同文档中单独描述。

外部承包商在开发软件系统时需求文档是必要的。然而敏捷开发模式的使用表明由于需求的快速变化，致使需求文档在写完时已经过时，也就浪费了大量的精力。于是像极限编程（Beck　1999）这类的方法相应产生，这种方法是增量式收集用户需求，并把它们作为用户故事情景写在卡片上。然后用户对要实现的需求给出优先级排序，最为紧要的需求将在下一个增量中优先考虑。

作者认为，这种方法很适合需求不稳定的业务系统。但是有一份定义系统的业务和可靠性需求短的支持文档仍然是有用的。当专注于系统下一个版本的功能性需求时，很容易忘记应用到整个系统上的需求。

需求文档有一个较广范围的读者群，从那些订购系统的高级机构管理者到负责开发系统的软件工程师。图4-5（Kotonya, Sommerville　1998）说明了文档的可能用户和他们如何使用文档。

可能用户的广泛性意味着需求文档必须在以下几个方面采取一个折中：与客户关于需求的沟通；为开发者和测试者在细节层次上定义需求；附带可能对系统所做的进化的有关信息。对可预见变更方面的信息能帮助系统设计者避免做出一些苛刻的设计决策，也能帮助系统维护工程师避免不得不为新需求而去调整系统。

需求文档中内容的详细程度，取决于所要开发的系统的类型以及所使用的开发过程。要求极高的系统需要有详尽的需求，因为安全性和信息安全性都需要详细的分析。当一个系统是由某个外部机构承担的时候，要求极高的一类系统的描述就需要非常精确和详细。如果需求中有较大的弹性的话，且系统是由本机构内部开发的话，文档就不必要写得太详细，一些二义性问题可以在开发阶段得以解决。

| 系统客户 | → | 指定需求，检查需求描述是否满足需要，指定对需求的变更 |

| 管理者 | → | 用需求文挡来计划对系统的投标和计划对系统的开发过程 |

| 系统工程师 | → | 通过需求来了解系统将要开发哪些内容 |

| 系统测试工程师 | → | 使用需求来开发系统的有效性验证测试 |

| 系统维护工程师 | → | 使用需求来帮助理解系统及其中的各个部分间的关系 |

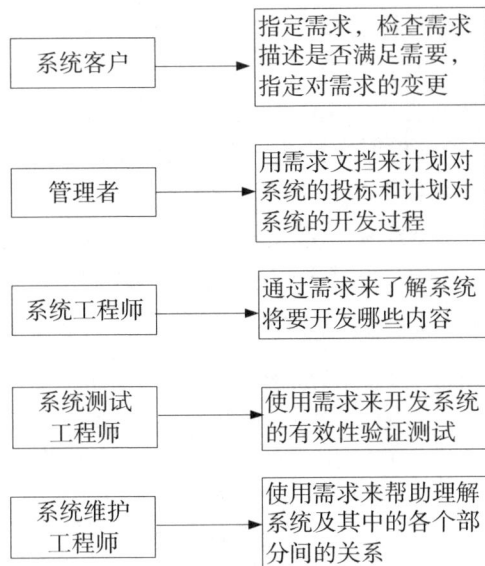

图 4-5　需求文档的用户

表 4-2 是一个基于 IEEE 标准的需求文档的结构。IEEE 标准是一个通用的标准，可以调整以适应特殊场合。这里是对 IEEE 标准的扩展，包含了由 Heninger 提出的系统进化预测的有关内容。此内容将有助于系统的维护人员，允许系统设计人员加入对未来系统特点的支持。

表 4-2　需求文档的结构

章节	描述
绪言	定义文档的读者对象，说明版本的修正历史，包括新版本为什么要创建，每个版本变更内容的概要
引言	应该描述为什么需要该系统，简要描述系统的功能，解释系统是如何与其他系统协同工作的。要描述该系统在机构总体业务目标和战略目标中的位置和作用
术语	定义文档中的技术术语和词汇，假设文档读者是不具有专业知识和经验的人
用户需求定义	这一部分要描述系统应该提供的服务以及非功能系统需求，该描述可以使用自然语言、图表或者其他各种客户能理解的标记系统。产品和过程必须遵循的标准也要在此定义
系统体系结构	这一部分要对待建系统给出体系结构框架，该体系结构要给出功能在各个模块中的分布。能被复用的结构中组件要用醒目的方式示意出来
系统需求描述	这一部分要对功能和非功能需求进行详细描述。如有必要，对非功能需求要再进一步描述。例如，定义与其他系统间的接口
系统模型	这一部分要提出一个或多个系统模型，以表达系统组件、系统以及系统环境之间的关系。这些模型可以是对象模型、数据流模型和语义数据模型
系统进化	这一部分要描述系统的基本设想和定位以及硬件和用户需求改变时所要做的改变。这部分对系统设计人员来说是有用的，因为这有助于他们避免一些设计决策，这些决策可能会限制未来系统的变更
附录	这一部分要提供与开发的应用有关的详细、专门的信息。该附录的例子是硬件和数据库的描述，硬件需求定义了系统最小和最优配置，数据库需求定义了系统所用的数据的逻辑结构和数据之间的关系
索引	可以包括文档的几个索引。除了标准的字母顺序索引外，还可以有图表索引、功能索引等

当然，一个需求文档中的内容是和被开发软件的类型以及开发中使用的方法紧密相关的。如果一个进化式方法用在一种软件产品开发上，需求文档将会省去上面提到的许多有关细节。重点也将会被放在用户需求的定义和高标准的非功能需求上面。在这种情况下，设计者和编程人员将根据他们的判断来决定如何设计系统以满足用户的需求。

然而，当软件系统是大型系统工程项目的一部分时，大系统本身包含交互式硬件和软件系统，一般就必须在细粒度层次上定义需求。这意味着需求文档会非常长，而且可能包含表4-2中所列的大部分章节。对于长文档，尤其需要一个详细的目录和文档索引，以便读者能快速找到所需的信息。

使用自然语言进行需求描述时的问题

　　自然语言描述需求是很有用的，但是它的灵活性也总带来问题。自然语言为描述不清晰的需求提供了空间，阅读者（设计人员）也会错误解释需求，因为他们有不同的背景，对系统用户的认识是很不相同的。很容易将多个需求混合在一个句子中，而对自然语言描述的需求的结构化会有很大的难度。

4.3　需求描述

需求描述就是在需求文档中写下用户需求和系统需求。在理想情况下，用户需求和系统需求应该具有清晰性、明确性、易读性、完整性和一致性。在实际中，这是很难做到的，因为信息持有者会用不同方式解释需求，而且在需求中常有内在的冲突和不一致性。

用户需求是从用户角度来描述系统功能需求和非功能需求，以便让不具备专业技术方面知识的用户能看懂。这样的需求描述只描述系统的外部行为，要尽量避免对系统设计特性的描述。因而，用户需求就不可能使用任何实现模型来描述，而是用自然语言、图形来叙述。

系统需求是用户需求的扩展版，是软件工程师开始系统设计的起点。系统需求添加了许多细节内容，解释如何能让系统提供用户需求。它们可以作为有关系统实现合同的一部分，因此它们是对系统的一个完备且详尽的描述。

原则上讲，系统需求应该仅仅描述系统的外部行为和对它的操作上的限制，而不应该包括系统如何设计和如何实现。然而，要在细节层次上给出复杂软件系统的完善的定义，不提到任何设计信息事实上是不可能的。有这样一些理由：

（1）首先要给出系统的初始的体系结构，借助这个框架来梳理需求描述。系统需求依照构成系统的不同子系统结构来给出。若是在系统实现中想复用软件组件，体系结构描述就是非常关键的。

（2）在大部分情况下，系统和其他已存在的系统存在互操作。这就约束了系统的设计，同时，这些约束又构成了新系统的需求。

（3）使用特定的架构来满足某些非功能需求有时是必要的。会对系统安全进行认证的外部监管者要求指定使用一个已经被认证的体系结构。

用户需求大部分是用自然语言来描述，并附加了一些图。系统需求也会使用自然语言来描述，但是会用到其他的一类符号，这些符号基于表格、图形化系统模型，或者数学系统模型。表 4-3 总结了描述系统需求时可能会用到的一些符号。

图 4-3 系统需求描述的书写方法

符号	描述
自然语言句子	需求是用有标点符号的自然语言句子描述的。每个句子应该表达一个需求
结构化的自然语言	需求是用在一个标准格式或模板中的自然语言描述的。每个域为需求提供某个方面的信息
设计描述语言	此方法使用一种像程序语言的语言，但是具有更抽象的特征，通过定义一个系统的操作模型来描述需求。该方法现在已经很少被使用了，尽管它对接口描述是非常有用的
图形化符号	图形化模型需要文本标记，它用于定义系统的功能需求。UML 的用例和序列图是常用的图形表示
数学描述	这些符号是基于数学概念，如有限状态机或集合。尽管这些无二义的描述能够减少需求文档中的二义性，但是绝大多数的客户没有能力看懂这样的形式描述。他们无法检查需求文档中写的是否代表了他们所希望要的，也就不会情愿接受这样的系统合同形式

在需要描述状态变化或者一系列活动时，图形化模型是非常有用的。形式化数学描述有时被用来描述安全要求极高的或是信息安全要求极高的系统，但是在其他情况下很少用到。

4.3.1 自然语言描述

在软件工程初期，软件需求已经用自然语言进行描述。它易于表达，直观且普遍使用。但同时也具有二义性，文化背景不同的读者所理解的意思也不相同。因此，提出了一些替代的方法来书写需求。尽管如此，这些方法并没有被广泛采用，自然语言将继续作为描述系统和软件需求的最广泛使用的方法。

在使用自然语言书写需求时，为了尽力减少误解，推荐下面一些简单的指导准则。

1.设计一个标准格式，并保证所用的需求定义都遵循此格式书写。标准化格式不易发生遗漏，需求更易检查。使用的格式是用单个语句来表达需求的。把需求原理和每一个用户需求联系起来解释提出需求的原因。需求原理里面可能也包括关于需求提出者的信息，这样在需要变更时就知道该找谁咨询。

2.使用一致性的语言来区分强制性需求和可选性需求。强制性需求是系统必须支持的，定义时要使用"必须"，可选性需求不是必要的，定义时要使用"应该"。

3.对文本加亮（粗体、斜体、颜色）来突出显示关键性需求。

4.不要认为读者会理解技术性软件工程语言。像体系结构、模块之类的语言很容易被误解。因此，要避免使用专业术语和缩写词。

5.在任何可能的情况下，都应该尝试把需求原理和每一个用户需求联系起来。需求原理应该解释需求产生的原因，在需求发生变更时它是尤其有用的，可以用来判断哪些改变是不可取的。

图 4-6 解释了如何使用这些指导方法。它包括两份需求，这两份需求是自动化胰岛素泵的嵌入式软件需求。

> 3.2 如果需要,系统应该每10 min就测量一下血糖水平和胰岛素的传递量。(血糖的变化是相对缓慢的,因此太过频繁的测量是没有必要的,测量的频率过低又会不必要地导致高血糖)。
>
> 3.6 系统应该在被测环境下按表1中定义的相关动作每隔一分钟执行一次自测程序。(自测程序能够发现硬件和软件问题,并警告用户正常的操作可能无法实现。)

图 4-6 胰岛素泵软件系统中的需求实例

4.3.2 结构化描述

结构化自然语言是书写系统需求时的一种方法,需求的作者的自由受到限制,所有的需求都要以一种标准方式来书写。这个方法的好处是它保持了自然语言中的绝大部分好的性质,包括表达能力和易懂性,但又对描述施加了一致性的约束。结构化语言使用模板来描述系统需求。描述时可以用程序语言结构中的选择和迭代,也可以使用阴影或不同字体来突出关键部分。

Sazanne Robertson和James Robertson(Sazanne Robertson, James Robertson 1999)在他们介绍VOLERE需求工程方法一书中,推荐将用户需求最初写在卡片上,一个需求单独写在一张卡片上。他们建议在一张卡片上划定多个区域,如需求原理、对其他需求的依赖关系、需求来源、支持材料,等等。这类似于在图4-4的例子中使用结构化语言描述所用的方法。

使用结构化方法来描述系统需求,要先为需求定义一个或多个的标准模板,并将这些模板表示成结构化的表格形式。描述是结构化的,一般围绕系统所操作的对象、系统所执行的功能,或者是系统所处理的事件。表4-4是一个基于表格的描述的例子。在这个例子中,定义了当血糖浓度在安全范围内时计算胰岛素流量的方法。

表 4-4 胰岛素泵需求的结构化描述

胰岛素泵 7 控制软件 738373, 3^ 2	
功能	计算胰岛素剂量:安全的胰岛素水平
描述	计算所要传输的胰岛素剂量,这是在当前度量的血糖水平处于 3～7 个单位正常范围之内时的胰岛素计算
输入	当前血糖读数(r2),先前的两个读数(r0,r1)
来源	来自传感器的当前血糖读数,其他读数来自内存
输出	CompDose ——所要传输的胰岛素剂量
目的地	主控制循环
行动	如果血糖水平是稳定的或是往下掉或是往上升但速率是下降的,那么 CompDose 是零。如果血糖水平是上升并且上升的速率也在上升阶段,那么 CompDose 的计算方法是求当前血糖水平和先前血糖水平,然后除以 4 并取整。如果取整的结果是零,那么 CompDose 就被设置成可以传输的最小剂量
需求	两个先前的读数,这样血糖变化速率就可以计算出来了
前置条件	胰岛素池容纳至少是单个传输剂量的最大值
后置条件	r0 被 r1 替换,然后 r1 被 r2 替换
副作用	无

当用一个标准格式描述功能需求时，下列各项信息应该被包括在内：

（1）关于所定义的功能或实体的描述。

（2）关于输入及输入来源的描述。

（3）关于输出及输出去向的描述。

（4）关于计算所需要的信息以及系统中所使用的其他实体的信息（是"必需"那一部分）。

（5）关于所采取的行动的描述。

（6）如果使用了一个功能方法，前置条件设定在此函数被调用之前什么逻辑子句必须为真；后置条件设定该功能执行之后什么逻辑子句应该为真。

（7）关于操作的副作用（如果有的话）的描述。

使用结构化的描述去除了自然语言描述中的一些问题，这是在描述中减少了可变性和需求得到有效组织的结果。然而，用一种无二义性的描述方法来书写需求有时仍然是很困难的，尤其是需要描述复杂计算的时候（例如，如何计算胰岛素需求）。

为了说明这个问题，我们可以添加额外信息到自然语言的需求描述中，方法是用表格或图形模型形式给出描述。通过这些形式，可以示意出计算是如何进行的，系统状态是如何改变的，用户是如何与系统进行交互的，以及动作是以什么样的顺序执行的。

表格在有多个可能情形时尤其有用，我们需要对每一个这样的情形描述清楚所要采取的动作。胰岛素泵是根据用户的胰岛素需求进行计算的，而用户胰岛素需求是根据自身血糖水平的变化速率得到的。这些变化速率是通过当前和先前一次的读数计算的。表4-5描述了如何用血糖的变化速率来计算胰岛素需求量。

表 4-5 胰岛素泵计算的表格描述

条件	动作
血糖水平下降（$r2 < r1$）	CompDose=0
血糖水平稳定（$r2 = r1$）	CompDose=0
血糖水平上升但升速下降（（$r2-r1$）<（$r1-r0$））	CompDose=0
血糖水平上升，升速稳定或者也在上升（（$r2-r1$）≥（$r1-r0$））	CompDose=round（（$r2-r1$）/4），如果取整结果为 0 则 CompDose=MinimumDose

4.4　需求获取方法

在初始的可行性研究之后，下一个需求工程过程就是需求获取。在这个活动中，软件开发技术人员要和客户及系统最终用户一起调查应用领域，即系统应该提供什么服务，系统应该具有什么样的性能以及硬件约束等。

需求获取可能涉及机构中方方面面的人。系统信息持有者是指所有对系统需求有直接或间接影响力的人。包括将与系统交互的最终用户和机构中其他与系统有关的人员。其他的系统相关人员可能包括正在开发或维护其他相关系统的工程人员、业务主管、领域专家、工会代表等。

需求获取过程的过程模型如图4-7所示。每个机构都会根据这个通用模型产生自己的版本，这依赖于内部因素，包括开发队伍的专业化水平、所开发系统的类型、采用的标准等。

活动过程包括：

1.需求发现。这是一个与系统的信息持有者交流从而发现他们的需求的过程。来自信息持有者的领域需求和文档也是在这个活动中得以发现的。这一部分会讲到一些用于需求发现的补充技术。

2.需求分类和组织。该过程将无序的需求收集起来，对其重新组织和整理，将其分成相关的几个组。需求归类有一个最常用方法，就是利用系统体系结构模型来识别子系统，并把需求与每一个子系统相关联。事实上，需求工程和体系结构设计不能是完全分离的活动。

3.需求优先权排序和协商。在有多个项目相关人员（信息持有者）参与的地方，需求会将不可避免地发生冲突。这个活动就是对需求优先权排序并通过协商发现且解决这些冲突。

4.需求描述。记录需求并将它作为螺旋下一循环的输入，产生形式化的或非形式化的需求文档，如4.3节所述。

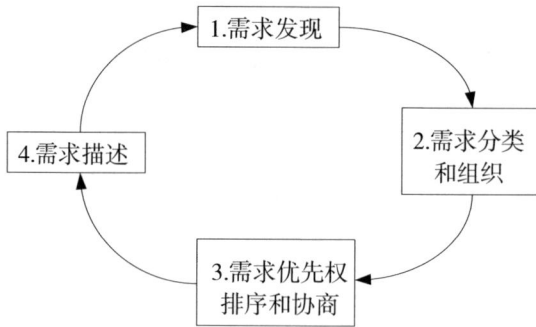

图4-7 需求获取过程

从图4-7可以看出需求获取是一个迭代过程，从一个活动到另一个活动会有持续不断的反馈。过程循环从需求发现开始，以需求文档编制结束。分析人员在每个循环中都能进一步加深对需求的理解。在需求文档完成时循环方可结束。

系统需求获取的过程比较困难，原因如下：

1.项目信息持有者除了能通过泛泛的表述外，通常并不真正知道他们希望计算机系统做什么，让他们清晰地表达出他们需要系统做什么是件困难的事情，因为他们不清楚什么是可行的，什么是不可实现的。他们或许会提出不切实际的需求。

2.系统的信息持有者自然是用他们自己的语言表达需求，这些语言会包含很多他们所从事的工作中的专业术语和专业知识。需求工程师没有客户领域中的经验，可能并不了解这些需求。

3.不同的信息持有者有不同的需求，他们可能以不同的方式表达这些需求。需求工程师必须发现所有潜在的需求资源，而且能发现这些需求的相容之处和冲突之处。

4.政治上的因素可能影响系统的需求。管理者可能提出特别的需求，因为这些将会使他们在机构中增加影响力。

5.进行需求分析的经济和业务环境是动态的。在分析过程期间它不可避免会变化。

因此，个别需求的重要程度可能改变。新的需求可能从新的信息持有者那里得到。

不可避免的是，不同信息持有者对于需求的重要性和优先级的看法是不同的，有时这种不一致的意见还可能是冲突的。在这个过程中，你就需要组织信息持有者进行定期协商来达成一致意见。不太可能让每一个信息持有者都十分满意，但是如果某些信息持有者感觉到他们的意见没有得到足够的重视，他们就有可能蓄意破坏需求工程的过程。

在需求描述阶段，所导出的需求以一种有助于进一步需求发现的方式进行记录。在这个阶段，产生系统需求文档的一个早期版本，文档中可能遗漏了某个部分，也可能是不完善的需求。另外一种做法是，用另一种完全不同的方法来记录需求（例如，将需求记录在表格或卡片上）。将需求写在卡片上是十分有效的，因为它们很容易供信息持有者查阅、修改和组织。

视点

视点是一种收集和组织需求的方式，这些需求来自一组具有共同认知的信息持有者。因而每个视点包含一组系统需求。视点可能来自于最终用户、管理者等。视点帮助识别不同的人，这些人能够提供他们的需求的信息。视点也能帮助我们很好地组织需求以便进行分析。

http://www.SoftwareEngineering-9.com/Web/Requirements/Viewpoints.html

---

4.4.1 需求发现

需求发现（有时称为需求导出）是一个对准备建立的系统和正在使用的系统进行信息收集并从这些信息当中提取用户需求和系统需求的过程。需求发现阶段的信息源包括已有文件、系统信息持有者以及类似系统的相关描述。我们与信息持有者通过交谈和观察来进行交互，我们也可以使用用例和原型的方法来帮助信息持有者有效地理解系统。

信息持有者范围很广，包括系统的最终用户到管理者，还包括一些外部的信息持有者，比如认证系统可接受性的认证人员。例如，对于心理健康护理病人信息系统来说，系统的信息持有者包括：

（1）病人，他们的个人信息被记录在系统中；

（2）医生，负责评估和治疗病人；

（3）护士，协调医生的会诊和管理一些治疗；

（4）分诊医生，他们管理病人的预约；

（5）IT 人员，负责安装和维护系统；

（6）医德管理者，他们必须确保系统满足当前医疗的道德方针；

（7）保健管理者，他们从系统中获取管理信息；

（8）医疗记录保管员，他们要确保系统信息的可维护性、可保留性和执行步骤记录的正确执行。

除了系统信息持有者之外，我们也看到需求还来自于应用领域和其他与本系统有交互关系的系统。所有这些在需求获取中都需要考虑到。

这些需求源（信息持有者、领域、系统）都可以用系统视点来表示。这里每一个视点代表一个系统需求的子集。一个问题的不同视点会用不同方法考虑问题，但是这些视点也不是完全独立的，它们经常有所重叠，从而有共同的需求。我们可用这些视点来构建系统的需求发现和文档编制。

4.4.2 采访

对信息持有者的正式的和非正式的采访是绝大多数需求工程过程的组成部分。在这些采访中，需求工程的团队成员会向信息持有者提出一系列关于他们所正在使用的系统和将要开发的系统的问题，从他们对这些问题的回答中就能了解系统的需求。采访可能有两种类型：

1. 封闭式采访，即信息持有者回答一组预定的问题。

2. 开放式采访，即没有一个预先准备好的程序。需求工程团队即兴提问，因此能达到对他们想要什么有一个更深的了解。

在具体实践中，对信息持有者的采访这两种方式可能都会用到。我们会得到某些问题的回答，但是这些回答通常会引发其他问题，由此还会针对这些新问题展开比较自由的讨论。完全自由式的讨论很少奏效，绝大多数的采访需要由一些问题来开头，并保持整个讨论过程集中在所有开发的系统上。

通过采访来全面了解系统信息是一种很好的办法。在采访中我们可以了解信息持有者是如何工作的，他们是如何与系统进行交互的，以及他们对当前系统所面临的问题和困难等。人们很愿意谈论他们的工作，因而会很乐意接受采访。但是，对于应用领域需求，通过采访的方式是很难获得的。

采访中导出领域知识是非常困难的，主要有以下两个方面的原因：

1. 所有的应用专家都使用专业术语和行话。如果让他们不使用这些专用术语来谈论领域需求几乎是不可能的。他们通常精确微妙地使用这些专业术语，很容易使需求工程师误解。

2. 有些领域知识对于这些信息持有者来说是太熟悉了，以至于他们要么是难以找到合适的词语来解释，要么会不自觉地认为这些概念太基本，不值得去解释。例如对于图书管理员，将所有书籍在入库前分类处理是不言而喻的事情，但是，这一点对采访者来说却不是显而易见的，因此，可能就会在需求中忽视掉。

采访对于导出机构需求和约束来说不是一项很有效的技术，因为在机构中不同人之间存在着一些很微妙的权力关系。公布出来的机构结构很少能真正反映机构中的真实的决策模式，被采访者不愿意向陌生人揭露机构中真实的一面。通常情况下，大部分人不愿去涉及影响需求的这些政治和机构因素。

有能力的采访者通常有两个特征：

1. 他们思想开放，对需求没有先入为主之见，而且很愿意听取信息持有者的意见。如果信息持有者提出意外的需求，他们愿意主动改变自己对系统原有的看法。

2. 他们会用基本问题、需求建议或者是在一个原型系统中共同工作来引导被采访者开始讨论。简单的提问，比如，"告诉我你需要什么？"，是不会得到什么有价值的情报的。绝大多数人都认为在一个指定的情景中谈论要比泛泛地讨论容易得多。

通过采访所获得的信息补充了来自描述业务进程或当前系统文档、用户观察以及其他手段所获得的信息。有时，除了系统文档以外的信息，采访可能是唯一的系统需求来源。然而，采访本身很容易漏掉一些基本信息，所以，我们应该结合其他需求获取技术来使用它。

4.4.3　脚本

通常人们容易把事物与现实生活中的例子相联系，而不容易把事物与一个抽象描述联系起来。若把人如何与一个软件系统交互用一个脚本的方法来描述的话，人们就很容易理解并且评论它的好与坏。需求工程师从对场景的评论中得到信息，然后再将其形式化地表示出来。

当把细节加入一个概要需求描述中时，脚本（场景）可能特别有用。脚本是对交互实例片段的描述。每个脚本可能包含一个或多个可能的交互。人们研究出多种不同的脚本形式，它们能在不同的细节层次上提供不同类型的信息。

脚本开始于一个交互框架，在导出过程中，细节被逐渐增加，直到产生一个完整的交互描述。在绝大多数情况下，一个脚本可能包括以下内容：

1. 在脚本的开始部分有一个系统和用户期望的描述。

2. 一个关于标准事件流的描述。

3. 一个关于可能出错的位置以及如何处理错误的描述。

4. 有关其他可能在同一时间进行的活动的信息。

5. 在脚本完成后系统状态的描述。

基于脚本的需求获取方法需要与信息持有者共同识别出脚本并捕获这些脚本的细节。可以用文本来书写脚本，并附带图和屏幕截图等。还有一种较结构化的方法（比如事件脚本法或用例法）也可以使用。

作为一个简单的文本脚本的例子，让我们看看MHC-PMS系统用户是如何使用系统来输入数据的。这个脚本如图 4-8 所示。当一个新病人进入诊所后，分诊医生会创建一条记录，并把患者信息（姓名、年龄等）添加进去。然后护士会接待病人并收集医疗历史记录。接着病人与医生有一个初步的会诊，医生为其诊断，若合适并会为其推荐一套治疗方案。上述脚本为当医疗历史记录收集好后所要发生的事件。

4.4.4　用例

用例是一种需求发现技术，这种技术首先是在 Objectory 方法（Jacobson，等　1993）中引入的。现已成为统一建模语言的一个基本特征。一个最简单的形式是，一个用例识别在一个交互中所参与的所有角色并命名该交互类型，然后还会附加一些描述系统交互的额外信息。这些信息可能是文本描述或是一个或多个图形化模型，如 UML 序列图或状态图。

用例通过一个高层用例图记录下来。用例的集合代表所有将会在系统需求中出现的交互。过程中的角色可能是人，也可能是其他系统，用人形图标来表示。每一个交互类用一个命名的椭圆来表示。用例和交互类之间用线相连。也可以选择把箭头添加在连线一端，代表交互的开始方向。用例表示方法如图 4-9 所示，该图是心理健康护理病人的信息系统的用例。

初始假设:

病人来到分诊医生面前,该医生已经在系统中创建了一条记录,并收集了病人的个人信息(姓名、地址、年龄等)。一名护士登录到系统中并正在收集治疗历史信息。

正常状态:

护士通过姓来查找病人,如果同一姓氏有多个病人,就要用到病人的名和出生日期来查找病人信息。

护士选择菜单选项来添加治疗历史记录。

接着护士按照一系列的系统提示来输入信息,这些信息包括:有关心理问题的其他就诊地点(自由文本输入),现在的状况(护士从菜单中选择),当前所服药物(从菜单中选择),过敏史(自由输入)和家庭生活(表格)。

有哪些方面会出错:

病人的记录不存在或不能找到。护士应该创建一条新记录并记录病人个人信息。

在菜单中没有合适的病人的状况或所服药物。护士应该能选择其他选项并可以输入自由文本来描述病人的状况或所服药物。

病人不能或不愿在医疗历史记录中提供信息。护士应该输入自由文本来记录该病人不能或不愿提供信息。系统应该打印出标准的缺项表格来叙述那些所缺信息可能意味着治疗会被限制或是推迟。这份表格应该由病人签字并交给病人。

其他活动:

当正在输入信息时,其他职员只能查阅但不能编辑该记录。

完成的系统状态:

用户登录。将包括医疗历史记录在内的病人记录输入到数据库。记录被添加到系统日志中,系统日志显示了此时间段的开始和结束时间以及相关的护士。

图 4-8　MHC-PMS 例子中收集治疗历史记录的脚本

在脚本(故事情景)和用例之间没有硬性区别。一些人认为一个用例就是一个单独的脚本,如 Stevens 和 Pooley(2006)所建议的,一个用例封装了一组脚本,每个脚本是用例中的一个单个线程。因此,一个标准交互就会有一个脚本,每个可能的异常也会有脚本。在实践中,我们可以用其中任何一种方法使用它们。

用例识别一个单个交互,这是系统与用户之间或是系统与其他系统之间的交互。每一个用例都应该用文本记载下来,然后会被连接到其他给出更详细脚本的 UML 模型。例如,图 4-9 中安排会诊的用例可以用以下方式进行描述。

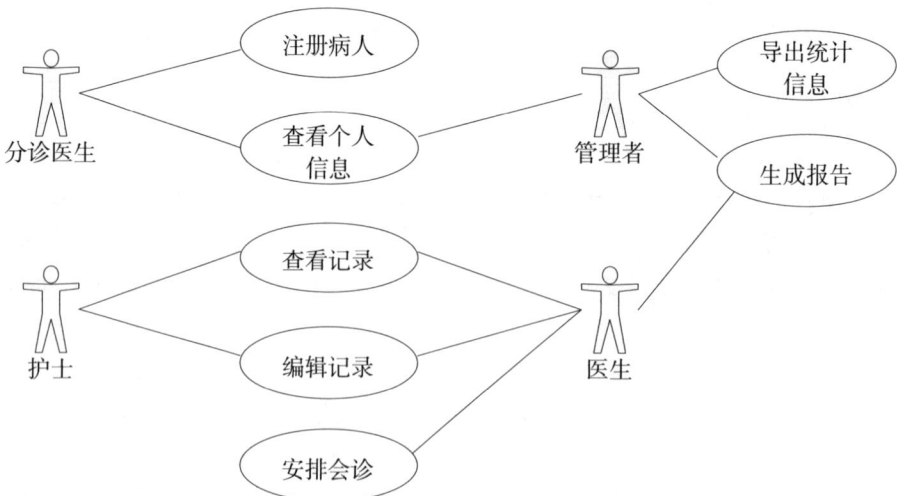

图 4-9　MHC-PMS 的用例

安排会诊允许两个或更多的医生,在不同的办公区的同一时间查看相同的记录。一个医生通过从医生的下拉菜单选择一个在线的医生来发起会诊。病人记录也会在其他人的屏幕上显示，但是只有发起会诊的那个医生可以编辑此记录，另外，他会创建一个文本聊天窗口来协调动作，假定一个音频电话会议会被单独建立。

对于从直接与系统交互的信息持有者处导出需求来说，脚本和用例是有效的技术。每一种交互类型可以表示为用例。然而，因为它们集中在与系统的交互上，它们对于导出约束或高层业务以及非功能需求抑或是领域需求发现都是不奏效的。

UML 对于面向对象模型来说是一个约定俗成的标准。因此用例和基于用例的导出现在被广泛应用于需求获取中。

4.4.5　深入实际

软件系统不是孤立存在的，它们是在一个社会和机构的环境中使用的，软件需求来自于这样的环境和受到这个环境的制约。满足这些社会和机构的需求对系统的成功是至关重要的，许多软件系统被交付但是从未使用过，其中一个原因就是它们的需求没有正确地考虑到社会和机构是如何影响系统的实际运行的。

深入实际是一项能用来了解操作过程并帮助导出这些过程支持需求的观察技术。分析人员投身到待用系统的工作环境中，通过观察日常工作并记录参与者相关的实际任务。深入实际的价值是它能帮助发现隐性的系统需求，这些需求是反映了人们实际的工作方式，而不是机构所定义的规范化过程。

人们经常发现说清楚自己的工作细节是件非常困难的事，因为他们不善此道。他们了解自己的工作但可能不了解在机构中与其他工作之间的联系。社会的和机构的因素对工作的影响对于机构中的人员可能是很难了解到的，只有从一个没有偏见的观察者眼中才能看到这些。例如，一个工作组可以进行自我组织，这样组员就可以知道彼此的工作情况，即使某个人缺席还可以移交任务。这个在采访中也许不会被提及，因为该组不会把这视为工作中整体的一部分。

Suchman（Suchman 1987）用深入实际方法来研究办公室工作，他发现实际的工作场景具有丰富的内涵，与简单的被办公室自动化假定的模型相比要复杂和动态的多。假设的工作模型和真实工作的不同是造成这些办公系统没有对生产率产生重要影响的最重要原因。Crabtree（2003）从那以后讨论了更广的研究领域，并大体上描述了深入实际在系统设计中的用法。

深入实际对发现以下两种类型的需求特别有效：

1.需求来自人们实际的工作方式而非过程定义中所要求的工作方式。举例来说，空中交通管制员可能关掉飞机冲突警报系统，该警报系统能检测飞机是否在交叉航线上。而按正常控制流程指定此警报系统是应该使用的。他们故意把飞机置于冲突航道中短暂时间，这有助于管理空域。他们设计控制策略，用来确保飞机在问题发生之前已经离开，却发现冲突警报分散了他们工作的注意力。

2.需求来源于合作和对别人活动的了解。举例来说，空中交通管制员可能通过对其他管制员工作的了解来预知将要飞入他们控制区域的飞机数量，然后他们按此修改控制策略。因此，一个自动化的 ATC 系统应该允许某一区域的管制员能看到相邻区域的工作状况。

深入实际方法可以和原型法结合使用，见图 4-10。深入实际法能告知开发原型，使原型开发中所需的精炼循环数减少。此外，原型法通过识别问题和疑问并和深入实际的人员一起讨论这些问题和疑问来执行深入实际法。他（或她）应该在系统研究的下个阶段寻找问题的答案（Sommerville，等 1993）。

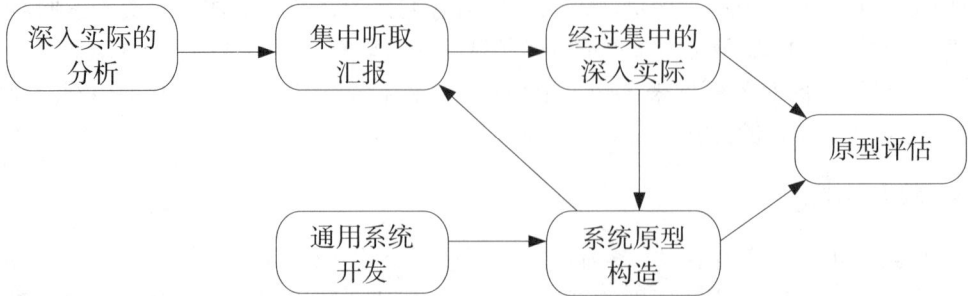

图 4-10　需求分析的深入实际方法和原型法

　　深入实际研究能暴露关键过程的细节，这些细节时常被其他需求获取技术所遗漏。然而，因为它集中在最终用户身上，所以这个方法不总是适合发现机构或领域的需求。它不能够总是识别出系统应该添加的新特征。因而，深入实际不是一个完全的需求获取方法，它应该和其他方法结合使用，如用例分析。

> **需求复查**
>
> 　　需求复查是个过程，一组来自系统客户和系统开发方面的人员详细地阅读需求文档并检查其中的错误、异常和不一致性。一旦检查出任何问题并记录下来，接着客户就需要和开发人员协商如何解决所发现的问题。
>
> 　　　　http://www.SoftwareEngineering-9.com/Web/Requirements/Reviews.html

4.5　需求管理

　　大型软件系统的需求总是在变化的。原因之一是通常要开发这些系统来满足棘手的问题，这些问题不可能被完全定义。因为问题没有被完全定义，所以软件需求注定是不完全的。在软件过程中，信息持有者对问题的理解是在不断变化的（图 4-11），因而系统需求必须要相应地反映这些对问题观点的改变。

　　一个系统一旦被安装并被正式使用，就会不可避免地产生新的需求。对于用户和系统客户来说，很难预料新系统将会对他们的业务过程和工作方法产生什么影响。一旦最终用户对系统有了经验，他们就会发现新的需求或更重要的需求。出现不可避免的变更的原因有以下几个：

　　1.系统业务和技术环境在安装之后总是在发生变化。 新的硬件可能被引进，系统与其他系统的接口是必需的，业务优先次序可能会改变（并伴随着所要求的系统支持的变化），新的立法和规章制度的实行使得系统必须做相应的调整。

　　2.系统购买者和系统最终用户很少是同一人。系统客户可能因为机构原因或预算约束对系统提出一些需求，而这些需求可能和最终用户需求冲突；而且在交付之后，如果系统要满足目标要求，就必须加入新的功能。

　　3.大型系统通常拥有不同的用户群。不同的用户有不同的需求和优先次序，这些可能是冲突的或是矛盾的，最终的系统需求不可避免地要在他们之间进行折中。随着经验的积累，对不同用户支持上的这种平衡需要改变。

需求管理是一个对系统需求变更了解和控制的过程。我们需要跟踪各个需求并维护有依赖关系的需求之间的联系，这样我们就能够评估需求变更的影响。我们需要建立一个形式化的过程来形成变更建议，并将它们与系统需求联系起来。一旦形成了需求文档的草稿版本，需求管理的形式化过程就应该开始。然而，我们也应该开始规划在需求获取过程中如何管理需求变更。

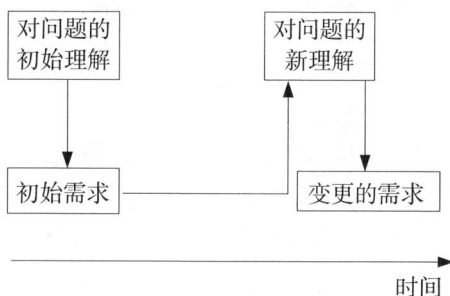

图 4-11　需求进化

4.5.1　需求管理规划

规划是需求管理过程中第一个重要阶段。规划阶段要确定需求管理所需的细节水平。在需求管理阶段，必须决定以下内容：

1.需求识别。每个需求要有一个唯一的标识，以便可以被其他需求交叉索引，同时，可以用到可追溯的评估中。

2.变更管理过程。这是一组对变更带来的影响和成本进行评估的活动。这在紧接的一节中将对此做更详细的讨论。

3.可追溯策略。这些策略定义了需求之间的关系以及需求和系统设计之间的关系，这些关系是要被记录下来的，对此要给出记录的维护方法。

4.工具支持。需求管理涉及对大量需求信息的加工，可以使用的工具范围很广，从专家需求管理系统到电子表格和简单的数据库系统。

需求管理需要一些自动化手段的支持，在规划阶段要对使用的软件工具做出选择。需要用工具支持的有以下几方面：

1.需求存储。需求的存储应该是安全的、可管理的，在需求工程过程中的每个人对此都是可以访问的。

2.变更管理。变更管理（图 4-12）的过程若是由有效的工具来支持将变得很简单。

3.可追溯性管理。依照上面的讨论，对可追溯性的工具支持能发现相关的需求。一些使用自然语言处理技术的工具能发现需求之间可能的关联。

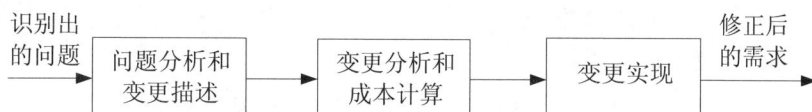

图 4-12　需求变更管理

对于小型系统，可能不必使用专业化的需求管理工具。需求管理过程用字处理器中的工具、电子表格和微机数据库就能支持。然而，对比较大的系统，更多专业化工具的支持是必需的。

> **需求的可追溯性**
>
> 你需要跟踪需求、它们的来源以及系统设计之间的关系，这样你就能分析所提议的变更请求的原因以及变更会对系统其他部分造成的影响。你需要有追踪变更是如何在系统中扩散的能力。为什么？
>
> http://www.SoftwareEngineering-9.com/Web/Requirements/ReqTraceability.html

4.5.2 需求变更管理

需求变更管理（图 4-12）应该应用到需求文档，被确认之后对系统需求的所有变更提议。变更管理是极其关键的，因为你需要决定是否实现一个新需求所带来的利益相对于实现它所需要的付出是合理的。在变更管理中使用形式化过程的好处是所有的变更提议都被一致地处理，而且对需求文档的变更是在一种可控的方式下进行的。

一个变更管理过程有 3 个基本阶段。

1.问题分析和变更描述

该过程始于一个识别出来的需求问题或是一份详尽的变更提议。在这个阶段，要对问题或变更提议进行分析以检查它的有效性。分析结果反馈给变更请求者，请求者进而产生一个更加详尽的需求变更提议或是取消该变更请求。

2.变更分析和成本计算

使用可追溯性信息和系统需求的一般知识对被提议的变更所产生的影响进行评估。变更的成本估算包括对需求文档的修改，而且在适当的时候，还包括系统设计和实现。一旦分析完成，就有了对此需求变更是否执行的决策意见。

3.变更实现

必要的话，需求文档以及系统设计和实现都要做修改。要对需求文档进行组织，使得变更不会带来大量文字的重写和重组。与程序类似，文档的可追溯性是通过最小化外部引用和尽量使之模块化来实现的。这样，就可以修改和代替个别部分而不会影响文档的其他部分。

如果必须要立即实现一个新需求，总是有先对系统做变更然后再回头修改需求文档的想法，应该尽力避免这种情况，因为这几乎不可避免地导致需求描述和系统实现不同步。一旦系统变更完成，很容易忘记变更需求文档或忘记向需求文档里添加信息，只有相应的文档信息得到更新才能保证与实现是一致的。

人们设计了敏捷开发过程，如极限编程，以应对在开发过程中变更需求。在这些过程中，当某个用户提出一个需求变更时，并不通过一个形式化的变更管理过程，而是用户必须对变更设置优先权。如果它有一个很高的优先权的话，我们就要决定下个迭代所规划的哪些系统特征应该被取代。

※ 本章小结

本章介绍了构建一个软件系统在需求分析方面需要做的主要工作。其中包括：系统的功能介绍及定义运行时和实现时的约束；功能需求及非功能需求的内容，功能需求是有关系统一定要提供的服务或者是必须执行的计算的描述，非功能需求约束所开发的系统和所采用的开发过程，它们可能是产品需求、机构需求或者是外部需求，这些需求与系统的总体特性相关，且作用于系统整体；软件需求文档的具体撰写过程，需求文档是经过认可的系统需求描述，应为系统客户及软件开发者使用；需求的获取方法；需求管理是管理和控制需求变更的过程。

※ 思考与练习

1.找出对基于计算机的系统的4种可能要定义的需求，并简要地描述。

2.在一票务系统的部分需求描述中有下面一段，请找出其中的二义语句和遗漏的地方：

自动票务系统能够发售火车票。用户选择他们的目的地并输入信用卡以及个人身份证号。火车票就输出了，同时相应费用从信用卡划出。当用户按下开始按钮，关于可能的目的地菜单就显示出来了，同时有让用户选择目的地的消息给用户。一旦选择了目的地，系统就请求用户输入他们的信用卡，检验信用卡的有效性，然后请求用户输入个人身份证号。在信用交易得到有效性验证以后，系统就开始出票了。

3.使用在本章中给出的结构化方法重写上述的描述，以一些适当的方式解决被识别的二义性。

4.为上面提到的票务系统写出一组非功能需求，指定对它预期的可靠性和反应时间。

5.使用这里建议的标准方式的自然语言技术，为下面的功能写用户需求：

（1）一个无人值守的汽油（燃料）泵系统，包括一个信用卡读卡机。客户刷卡后指定所要的数量，燃料开始传输，费用从客户账户划出。

（2）银行自动柜员机中的现金分发功能。

（3）字处理器中的拼写检查和改正功能。

6.对于负责提取系统需求描述的工程人员，如何搞清功能需求和非功能需求之间的关系？给出你的建议。

7.利用你关于使用自动取款机的知识，设计一组用例，用来作为理解自动取款机系统需求的基础。

第5章 数据建模

※ 学习目标

本章的目标是介绍数据建模的概念，并重点介绍了基于类的建模方式、技术，本章将要了解以下内容：

◆理解数据建模的概念，包括数据对象、数据属性、关系等。

◆理解基于类的建模相关概念、分析该模型的元素以及指导规则。

介绍统一建模语言（UML）中定义的一些图表类型，以及如何在系统建模中使用这些图。

5.1 数据建模概念

如果软件需求包括建立、扩展需求，或者具有数据库的接口，或者必须构建和操作复杂的数据结构，软件团队可以选择建立一个数据模型作为全部需求建模的一部分。软件工程师或分析师需要定义在系统内处理的所有数据对象，数据对象之间的关联以及其他与此相关的信息。实体关系图（ERD）描述了这些问题并提供了在一个应用项目中输入、存储、转换和产生的所有数据对象。

5.1.1 数据对象

数据对象是必须由软件理解的复合信息表示的。复合信息是指具有若干不同特征或属性的事物。因此，"宽度"（单个的值）不是有效的数据对象，但是"维度"（包括宽度、高度和深度）可以被定义为一个对象。

数据对象可能是外部实体（如产生或使用信息的任何东西），事物（如报告或显示），偶发事件（如电话呼叫）或事件（如警报），角色（如销售人员），组织单位（如财务部），地点（如仓库）或结构（例如文件）。例如，一个人或一部车可以被认为是数据对象，在某种意义上它们可以用一组属性来定义。数据对象描述包括了数据对象及其所有属性。

数据对象只封装数据——在数据对象中没有操作数据的引用。因此，数据可以表示为如表5-1所示的一张表，表头反映了对象的属性。在这个例子中，car是通过生产商、车型、标识号、车体类型、颜色和车主定义的。该表的主体表示了数据对象的特定实例。

例如，Chevy Corvette 牌的车是数据对象 car 的一个实例。

表 5-1　数据对象的表格表示

Make	Model	ID#	Body type	Color	Owner
Lexus	LS400	AB123…	Sedan	White	RSP
Chevy	Corvette	X456…	Sports	Red	CCD
BMW	750iL	XZ765…	Coupe	White	LJL
Ford	Taurus	Q12A45…	Sedan	Blue	BLF

5.1.2　数据属性

数据属性定义了数据对象的性质，可以具有三种不同的特性之一。它们可以用来：①为数据对象的实例命名；②描述这个实例；③建立对另一个表中的另一个实例的引用。另外，必须把一个或多个属性定义为标识符。也就是说，当我们要找到数据对象的一个实例时，标识符属性成为一个"键"。在某些情况下，标识符的值是唯一的，但不是必需的。在数据对象汽车的例子中，标识号可以作为一个合理的标识符。

通过对问题环境的理解可以恰当地确定特定数据对象的一组属性。汽车的属性可以很好地用于汽车运输部门的应用系统，但这些属性对于汽车制造公司来说是无用的，汽车公司需要制造中的控制软件。在后一种情况下，汽车的属性可能也包括标识号、车体类型和颜色，但为了使汽车在制造中的控制环境下成为一个有用的对象，必须增加许多其他的属性（如内部代码、驱动系统类型、车内包装设计师、传动类型）。

数据对象和面向对象的类——他们是同一个东西吗？

当讨论数据对象时会出现一个常见的问题：数据对象和面向对象的类是同一个东西吗？答案是否定的。

数据对象定义了一个复合的数据项，也就是说合并一组独立的数据项（属性）并为数据项集合命名（数据对象名）。

一个面向对象类封装了数据属性，并对这些属性所定义数据的操作（方法）进行合并。另外，类的定义暗示了一个全面的基础设施，该基础设施是面向对象软件工程方法的一部分。类之间通过消息通信，它可以按层次关系组织，并为某个类的一个实例这样的对象提供继承特性。

数据对象可以以多种不同的方式与另一个数据对象连接。考虑一下两个数据对象：person 和 car，这些对象可以使用图 5-1（a）所示的简单标记表示。在 person 和 car 之间可以建立联系，因为这两个对象之间是相关的。但这个关系是什么呢？为确定答案，我们必须理解在将要构建的软件环境中人（在这里是指车主）和车的角色。我们可以用一组"对象/关系对"来定义相互的关系，例如：

（1）拥有车的人。

（2）汽车驾车投保人。

关系"拥有"和"驾车投保"定义了 person 和 car 之间的相关连接。图 5-1（b）以图形方式说明了这些对象/关系对，图 5-1（b）标注的箭头提供了关联方向的重要信息，这一方向信息通常可以减少歧义或误解。

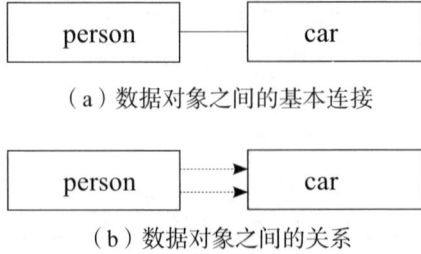

（a）数据对象之间的基本连接

（b）数据对象之间的关系

图 5-1　数据对象间的关联关系

实体-关系图

　　对象/关系对是数据模型的基石，可以使用实体-关系图(ERD)图形化地表示这些对象/关系对。ERD最初是由 Peter Chen［Che77］为关系数据库系统设计提出的，并由其他人进行了扩展。ERD标识了一组基本元素：数据对象、属性、关系以及各种类型的指示符。使用ERD的主要目的是表示数据对象及其关系。

　　已经介绍过基本的ERD符号，用带标记的矩形表示数据对象，用带标记的线连接对象表示关系。在ERD的某些变形中，连接线包含一个带有关系标记的菱形。使用各种指示基数和模态的特殊符号来建立数据对象和关系的连接。关于数据建模和实体关系图的更多信息，感兴趣的读者可以参考[Hob06]或[Sim05]。

数据建模

　　目的：数据建模工具为软件工程师提供表现数据对象、数据对象的特点和数据对象的关系的能力，主要用于大型数据库应用系统和其他信息系统项目。数据建模工具以自动化的方式创建全面的实体-关系图、数据对象字典以及相关模型。

　　机制：该类型的工具帮助用户描述数据对象及其关系。在某些情况下，工具使用ERD符号；在另一些情况下，工具使用其他一些原理为关系建模。该类工具往往用来作数据库设计，还可通过为公共数据库管理系统（DBMS)生成数据库模式，帮助创建数据库模型。

　　代表性工具：

　　AllFusion ERWin, 由 Computer Associates(www3.ca.com) 开发，辅助设计数据库的数据对象、恰当的结构和关键元素。

　　ER/Studio, 由 Embarcadero Software(www.embarcadero.com) 开发，支持实体-关系建模。

　　Oracle Designer, 由 Oracle Systems(www.oracle.com) 开发，为业务处理、数据实体和关系建模，并转化成可以生成完整应用系统和数据库的设计。

　　Visible Analyst, 由 Visible Systems(www.visible.com) 开发，支持包括数据建模在内的各种分析建模功能。

5.2　基于类的建模

基于类建模表示了系统操作的对象、应用于对象间能有效控制的操作（也称为方法或服务）、这些对象间（某种层级）的关系以及已定义类之间的协作。基于类的分析模型的元素包括类和对象、属性、操作、类的职责协作者（CRC）模型、协作图和包。下面几小节中将提供一系列有助于识别和表示这些元素的非正式指导原则。

5.2.1　识别分析类

如果环顾房间，就可以发现一组容易识别、分类和定义（就属性和操作而言）的物理对象。但当你"环顾"软件应用的问题空间时，了解类（和对象）就没有那么容易了。

通过检查需求模型开发的使用场景，对系统开发的用例进行"语法解析"，我们可以开始进行类的识别。带有下划线的每个名词或名词词组可以确定为类，并将这些名词输入到一个简单的表中，标注出同义词。如果要求某个类（名词）实现一个解决方案，那么这个类就是解决方案空间的一部分；否则，如果只要求某个类描述一个解决方案，那么这个类就是问题空间的一部分。

不过一旦分离出所有的名词，我们该寻找什么？分析类表现为如下方式之一：

外部实体（如其他系统、设备、人员），产生或使用基于计算机系统的信息。

事物（如报告、显示、字母、信号），问题信息域的一部分。

偶发事件或事件（例如，所有权转移或完成机器人的一组移动动作），在系统操作环境内发生。

角色（如经理、工程师、销售人员），由和系统交互的人员扮演。

组织单元（如部门、组、团队），和某个应用系统相关。

场地（如制造车间或码头），建立问题的环境和系统的整体功能。

结构（如传感器、四轮交通工具、计算机），定义了对象的类或与对象相关的类。

这种分类只是文献中已提出的大量分类之一。例如，Budd（Bud96）建议了一种类的分类法，包括数据产生者（源点）和数据使用者（汇点）、数据管理者、查看或观察者类以及帮助类。

还需要特别注意的是，什么不能是类或对象。通常，决不应该使用"命令过程式的名称"为类命名（Cas89）。例如，如果医疗图像系统的软件开发人员使用名字"Invert Image"其至用"Image Inversion"定义对象，就可能犯下一个小小的错误。从软件获得的 Image 当然可能是一个类（这是信息域中的一部分），图像的翻转是适用于该对象的一个操作，很可能将翻转定义为对于对象 Image 的一个操作，但是不可能定义单独的类来暗示"图像翻转"。如 Cashman［Cas89］所言："面向对象的目的是封装，但仍保持独立的数据以及对数据的操作。"

为了说明在建模的早期阶段如何定义分析类，考虑对 Safe Home 安全功能的"处理叙述"进行语法分析（对第一次出现的名词加下划线，第一次出现的动词采用斜体）。

Safe Home 安全功能可以帮助房主在安装时配置安全系统，监控所有链接到安全系统的传感器，通过互联网、计算机或控制面板和房主交互信息。

在安装过程中，用Safe Home个人计算机设计和配置系统，为每个传感器分配一个编号和类型，用主密码控制启动和关闭系统,而且当传感器事件发生时会拨打输入的电话号码。

当识别出一个传感器事件时，软件激活装在系统上可发声的警报，由总房东在系统配置活动中指定的延迟时间后，软件拨打监测服务的电话号码，并提供位置信息，报告检测到的事件性质。电话号码将每隔20s重拨一次，直至电话接通。房主通过控制面板、个人计算机或浏览器这些统称为接口的媒介来接收安全信息。接口在控制面板、计算机或浏览器窗口中显示提示信息和系统状态信息。房主采用如下形式进行交互活动…… 抽取这些名词，可以获得如表5-2所示的一些潜在类。

表5-2　潜在类和一般分类

潜在类	一般分类
房主	角色或外部实体
传感器	外部实体
控制面板	外部实体
安装	事件
系统（别名安全系统）	事物
编号，类型	不是对象，是传感器的属性
主密码	事物
电话号码	事物
传感器事件	事件
发声警报	外部实体
监测服务	组织单元或外部实体

这个表应不断完善，直到已经考虑到了处理叙述中所有的名词。注意，我们称列表中的每一输入项为潜在的对象，在进行最终决定之前还必须对它们每一项深思熟虑。

Coad和Yourdon［Coa911］建议了6个选择特征，在分析模型中分析师考虑每个潜在类是否应该使用如下这些特征：

1.保留信息。只有记录潜在类的信息才能保证系统正常工作，在这种分析过程中的潜在类是有用的。

2.所需服务。潜在类必须具有一组可确认的操作，这组操作能用某种方式改变类的属性值。

3.多个属性。在需求分析过程中，焦点应在于"主"信息。事实上，只有一个属性的类可能在设计中有用，但是在分析活动阶段，最好把它作为另一个类的某个属性。

4.公共属性。可以为潜在类定义一组属性，这些属性适用于类的所有实例。

5.公共操作。可以为潜在类定义一组操作，这些操作适用于类的所有实例。

6.必要需求。在问题空间中出现的外部实体和任何系统解决方案运行时所必需的生产或消费信息，几乎都被定义为需求模型中的类。

考虑包含在需求模型中的合法类，潜在类应全部（或几乎全部）满足这些特征。判定潜在类是否包含在分析模型中多少有点主观，而且后面的评估可能会舍弃或恢复某个类。然而，基于类建模的首要步骤就是定义类，因此必须进行决策（即使是主观的）。以此为指导，根据上述选择特征进行了筛选，分析师列出SafeHome潜在类，如表5-3所示。

表 5-3 SafeHome 潜在类

潜在类	适用的特征编号
房主	拒绝：6 适用但是 1、2 不符合
传感器	接受：所有都适用
控制面板	接受：所有都适用
安装	拒绝
系统（别名安全系统）	接受：所有都适用
编号，类型	拒绝：3 不符合，这是传感器的属性
主密码	拒绝：3 不符合
电话号码	拒绝：3 不符合
传感器事件	接受：所有都适用
发声警报	接受：2、3、4、5、6 适用
监测服务	拒绝：6 适用但是 1、2 不符合

5.2.2 描述属性

属性描述了已经选择包含在需求模型中的类。实质上，属性是定义类并澄清类在问题空间的环境下意味着什么。例如，如果我们建立一个系统跟踪职业棒球手的统计信息，类 Player 的属性与用于职业棒球手的养老系统中的属性是截然不同的。前者，属性是与名字、位置、平均击球次数、担任防守百分比、从业年限、比赛次数等相关的；后者，某些属性具有相同的含义，另外一些属性将被替换（或引起争议），如平均工资、充分享受优惠权后的信用、所选的养老计划、邮件地址等。

为了给分析类开发一个有意义的属性集合，软件工程师应该研究用例并选择那些合理"属于"类的"事物"。此外，每个类都应回答如下问题：什么数据项（组合项和/或者基本项）能够在当前问题环境内完整地定义这个类？

为了说明这个问题，考虑为 SafeHome 定义 System 类。房主可以配置安全功能以反映传感器信息、报警响应信息、激活或者关闭信息、识别信息等。我们可以用如下方式表现这些组合数据项：

识别信息=系统编号+确认电话号码+系统状态

报警应答信息=延迟时间+电话号码

激活或者关闭信息=主密码+允许重试次数+临时密码

等式右边的每一个数据项可以进一步地精化到基础级，但是考虑到我们的目标，可以为 System 类组成一个合理的属性列表（图 5-2 中的阴影部分）

传感器是整个 SafeHome 系统的一部分，但是并没有列出如图 5-2 中的数据项或属性。已经定义 Sensor 为类，多个 Sensor 对象将和 System 类关联。通常，如果有超过一个项和某个类相关联，就应避免把这个项定义为属性。

System
SystemID
VerificationPhoneNumber
systemStatus
delayTime
telephoneNumber
masterPassword
temporaryPassword
numberTries
program()
display()
reset()
query()
arm()
disarm()

图 5-2 System 类的类图

5.2.3 定义操作

操作定义了某个对象的行为。尽管存在很多不同类型的操作，但通常可以粗略地划分为4种类型：①以某种方式操作数据（如添加、删除、重新格式化、选择）；②执行计算的操作；③请求某个对象的状态的操作；④监视某个对象发生某个控制事件的操作。这些功能通过在属性和/或相关属性（5.2.5节）上的操作实现。因此，操作必须"理解"为类的属性和相关属性的性质。

在第一次迭代要导出一组分析类的操作时，可以再次研究处理叙述（或用例）并合理地选择属于该类的操作。为了实现这个目标，可以再次研究语法解析并分离动词。这些动词中的一部分将是合法的操作并能够很容易地连接到某个特定类。例如，从本章前面提出的SafeHome处理叙述中可以看到，"为传感器分配编号和类型"、"主密码用于激活和解除系统"，这些短语表明了一些事物：

（1）assign（　）操作和Sensor类相关联。

（2）program（　）操作应用于System类。

（3）arm（　）和disarm（　）应用于System类。

再进一步的研究，program（　）操作很可能被划分为一些配置系统所需的更具体的子操作。例如program（　）隐含着电话号码、配置系统特性（如创建传感器表、输入报警特征值）和输入密码。但是我们暂时把program（　）指定为一个单独的操作。

类模型举例：

［场景］Ed的小房间，开始进行需求建模

［人物］Jamie、Vinod和Ed,SafeHome软件工程团队的成员。

［对话］

［Ed已经从ACS-DCV（本章前面SafeHome框中已有介绍）的用例模板中做了提取类方面的工作，并向他的同事展示了已经提取的类。］

Ed:那么当房主希望选择一个摄像机的时候，他或她可能从一个平面设计图中进行选择。我已经定义了一个FloorPlan类，见图5-3。

Jamie：那么FloorPlan这个类把墙、门、窗和摄像机都组织在一起。这就是那些标记线的意义，是吗?

Ed:是的，它们被称作"关联"，一个类根据我在图中所表示的关联关系和另一个类相关联（在5.2.5节中讨论关联）。

Vinod：那么实际的平面设计图是由墙构成的，并包含摄像机和放置在那些墙中的传感器。平面设计图如何知道在哪里放置那些对象?

false:

Ed：平面设计图不知道，但是其他类知道。例如查看属性WallSegment，该属性用于构建墙，墙段（WallSegment）具有起点坐标和终点坐标，其他由draw（　）操作完成。

Jamie：这些也适用于门窗。看起来摄像机有一些额外的属性。

Ed：是的，我要求它们提供转动信息和缩放信息。

Vinod：我有个问题，为什么摄像机有ID编号而其他的没有呢? 我注意到有个属性叫nextWall。WallSegment如何知道什么是下一堵墙?

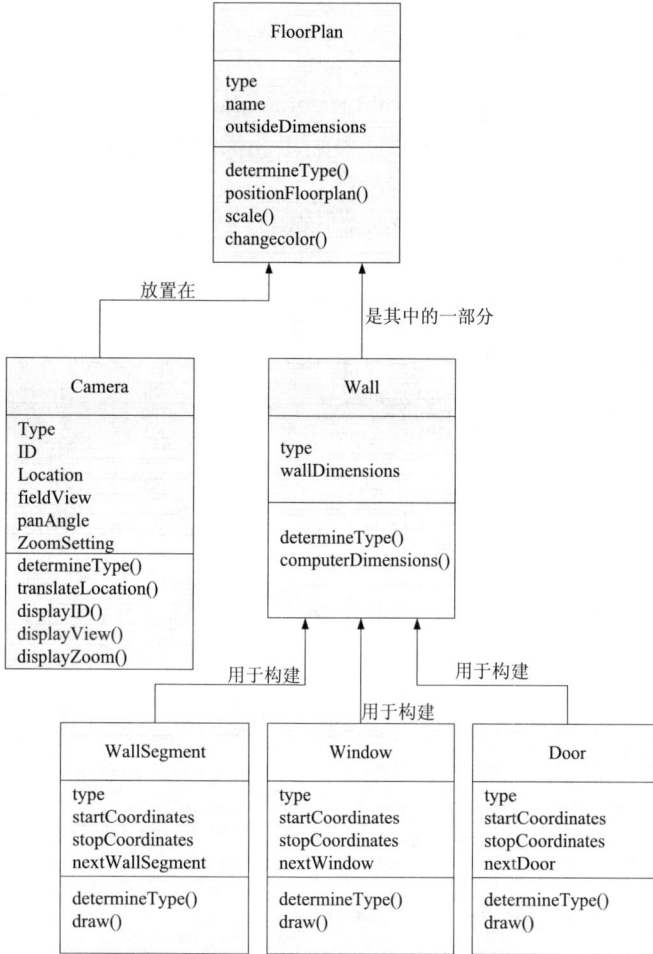

图 5-3 FloorPlan 类的类图

Ed：好问题，但正如他们所说，那是由设计决定的，所以我将推迟这个问题，直到……

Jamie：让我休息一下……我打赌你已经想出办法了。

Ed（羞怯地笑了笑）：确实，当我们得到设计时，我要采用列表结构来建模。如果你坚信分析和设计是分离的，那么我安排的详细程度等级就有疑问了。

Jamie：对我而言看上去非常好，只是我还有一些问题。

（Jamie问了一些问题，因此做了一些小的修改。）

Vinod：你有每个对象的CRC卡吗？如果有，我们应该进行角色演练，以确保没有任何遗漏。

Ed：我不太清楚如何做。

Vinod：这不难，而且确实有用，我给你演示一下。

另外，对于语法分析，分析师能通过考虑对象间所发生的通信获得对其他的操作更为深入的了解。对象通过传递信息与另一个对象通信，在继续对操作进行说明之前，探测到了更翔实的信息。

5.2.4 类-职责-协作者建模

类-职责-协作者（class-responsibility-collaborator, CRC）建模［Wir90］提供了一个简单方法，可以识别和组织与系统或产品需求相关的类。Ambler［Amb95］用以下文字解释了CRC建模：

CRC模型实际上是表示类的标准索引卡片的集合。这些卡片分三部分，顶部写类名，卡片主体左侧部分列出类的职责，右侧部分列出类的协作者。

事实上，CRC模型可以使用真的或虚拟的索引卡，意图是开发有组织表示的类，职责是和类相关的属性和操作。简单地说，职责就是"类所知道或能做的任何事"［Amb95］。协作者是提供完成某个职责所需要信息的类。通常，协作意味着信息请求或某个动作请求。

FloorPlan类的一个简单CRC索引卡如图5-4所示。CRC卡上所列出的职责只是初步的，可以添加或修改。在职责栏右边的Wall和Camera是需要协作的类。

图5-4　CRC类型索引卡

1.类

类的分类可以通过以下分类方式进行扩展：

（1）实体类，也称作模型或业务类，是从问题说明中直接提取出来的（如FloorPlan和Sensor）。这些类一般代表保存在数据库中和贯穿应用程序（除非被明确删除）的事物。

（2）边界类，用于创建用户可见的和在使用软件时交互的接口（如交互屏幕或打印的报表）。实体类包含对用户来说很重要的信息，但是并不显示这些信息。设计边界类的职责是管理实体对象对用户的表示方式。例如，一个称作Camera Window的边界类负责显示SafeHome系统监视摄像机的输出。

（3）控制类自始至终管理"工作单元"［UML03］。也就是说，设计控制类可以管理①实体类的创建或更新；②当边界类从实体对象获取信息后的实例化；③对象集合间的复杂通信；④对象间或用户和应用系统间交换数据的确认。通常，直到设计开始时才开始考虑控制类。

2.职责

在5.2.2节和5.2.3节中已经说明了识别职责（属性和操作）的基本原则。Wirfs-Brock和她的同事在给类分配职责时建议了以下5个指导原则：

（1）智能系统应分布在所有类中以求最佳地满足问题的需求。每个应用系统都包含一定程度的智能，也就是系统内含有它所知道的以及所能完成的。智能在类中可以有多种分布方式。建模时可以把"不灵巧（Dumb）"类（几乎没有职责的类）作为一些"灵巧"类（有很多职责的类）的从属。尽管该方法使得系统中的控制流简单易懂，但同时有如下缺点：把所有的智能集中在少数类，使得变更更为困难；将会需要更多的类，因此需要更多的开发工作。

如果智能系统更平均地分布在应用系统的所有类中，每个对象只了解和执行一些事情（通常是适度集中），并提高系统的内聚性，这将提高软件的可维护性，并减少变更的副作用影响。

为了确定是否恰当地分布智能系统，应该评估每个CRC模型索引卡上标记的职责，以确定某个类是否应该具有超长的职责列表。如果有这种情况就表明智能太集中。此外，每个类的职责应表现在同一抽象层上。例如，在聚合类checkingAccount操作列表中评审人员注意到两项职责：账户余额和已结算的支票。第一个操作的职责意味着复杂的算术和逻辑过程；第二个操作的职责是指简单的办事员活动。既然这两个操作不是相同的抽象级别，已结算的支票就应该被放在CheckEntry的职责中，因为这是由聚合类checkingAccount压缩得到的一个类。

（2）每个职责的说明应尽可能具有普遍性。这条指导原则意味着应在类的层级结构的上层保持职责（属性和操作）的通用性（因为它们更有一般性，将适用于所有的子类）。

（3）信息和与之相关的行为应放在同一个类中。这实现了面向对象原则中的封装，数据和操作数据的处理应包装在一个内聚单元中。

（4）某个事物的信息应局限于一个类中而不要分布在多个类中。通常应由一个单独的类负责保存和操作某特定类型的信息。通常这个职责不应由多个类分担。如果信息是分布的，软件将变得更加难以维护，测试也会面临更多挑战。

（5）适合时，职责应由相关类共享。很多情况下，各种相关对象必须在同一时间展示同样的行为。例如，考虑一个视频游戏，必须显示如下类：Player、PlayerBody、PlayerArms、PlayerLegs和PlayerHead。每个类都有各自的属性（如position、orientation、color和speed），并且所有的这些属性都必须在用户操纵游戏杆时更新和显示。因此，每个对象必须共享职责update（）和display（）。Player知道在什么时候发生了某些变化并且需要update（）操作。它和其他对象协作获得新的位置或方向，但是每个对象控制各自的显示。

关于协作，类有一种或两种方法实现其职责：①类可以使用其自身的操作控制各自的属性，从而实现特定的职责；或者②一个类可以和其他类协作。Wirfs-Brock和她的同事［Wir90］如下定义协作：

协作是以客户职责实现的角度表现从客户到服务器的请求。协作是客户和服务器之间契约的具体实现……如果为了实现某个职责需要发送任何消息给另一个对象，我们就说这个对象和其他对象有协作。单独的协作是单向流，即表示从客户到服务器的请求。从客户的角度看，每个协作都和服务器的某个特定职责实现相关。

要识别协作可以通过确认类本身是否能够实现自身的每个职责。如果不能实现每个职责，那么就需要和其他类交互，因此就要有协作。

例如，考虑SafeHome的安全功能。作为活动流程的一部分，ControlPanel对象必须确定是否启动所有的传感器，定义名为determine-sensor-status（）的职责。如果传感器是开启的，ControlPanel必须设置属性status为"未准备好"。传感器信息可以从每个Sensor对象获取，因此只有当ControlPanel和Sensor协作时才能实现determine-sensor-status（）职责。

为帮助识别协作者，分析师可以检查类之间三种不同的通用关系：①is-part-of（是……一部分）关系；②has-knowledge-of（有……的知识）关系；③depends-upon（依赖……）关系。在下面的段落中将简单地分别说明这三种通用关系。

属于某个聚合类一部分的所有类可通过is-part-of关系和聚合类连接。考虑前面提到的视频游戏中所定义的类，PlayerBody是Player的一部分，PlayerArms、PlayerLegs和PlayerHead也类似。在UML中，使用如图5-5所示的聚合方式表示这些关系。

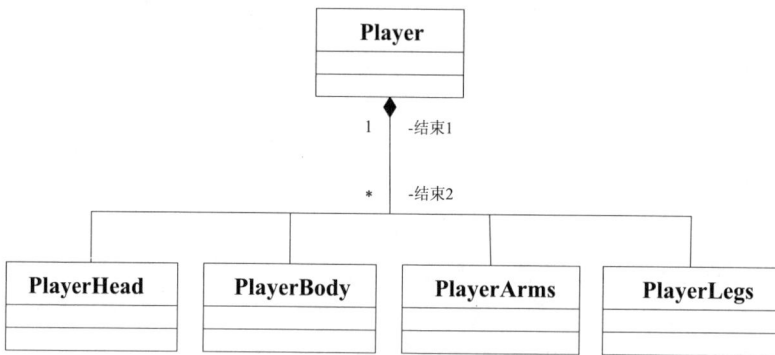

图5-5　复合聚合类

当一个类必须从另一个类中获取信息时，就建立了has-knowledge-of关系。前面所说的determine-sensor-status（）职责就是has-knowledge-of的一个例子。

depends-upon关系意味着两个类之间具有has-knowledge-of不能实现的依赖关系。例如，PlayerHead通常必须连接到PlayerBody（除非视频游戏特别异常），然而每个对象并没有其他对象的直接信息。PlayerHead对象的center-position属性由PlayerBody中心位置确定，该信息通过第三方对象Player获得，即PlayerBody需要Player。因此，PlayerHead依赖PlayerBody。

所有情况下，把协作类的名称记录在CRC模型索引卡上，紧靠在协作的职责旁边。因此，索引卡包含一个职责列表以及相关的能够实现这些职责的协作（图5-4）。

当开发出一个完整的CRC模型时，利益相关者可以使用以下方法评审模型：

1.所有参加（CRC模型）评审的人员拿到一部分CRC模型索引卡，拆分协作卡片（也就是说，每个评审员不得有两张存在协作关系的卡片）。

2.分类管理所有的用例场景（以及相关的用例图）。

3.评审组长细致地阅读用例。当评审组长看到一个已命名的对象时，给拥有相应类索引卡的人员一个令牌。例如，SafeHome的一个用例包含如下描述：

房主观察SafeHome控制面板以确定系统是否已经准备接收输入。如果系统没有准备好，房主必须手动关闭窗户（门），以便指示器呈现就绪状态。（指示器未就绪意味着某个传感器是开启的，也就是说，某个门或窗户是打开的。）

当评审组长看到用例说明中的"控制面板",就把令牌传给拥有ControlPanel索引卡的人员。"暗示着某个传感器是开启的"语句需要索引卡包含确认该暗示的职责＋［由determine-sensor-status（ ）实现该职责］。靠近索引卡职责的是协作者Sensor,然后令牌传给Sensor对象。

4.当令牌传递时,Sensor卡的拥有者需要描述卡上记录的职责。评审组确定（一个或多个）职责是否满足用例需求。

5.如果记录在索引卡上的职责和协作不能满足用例,就需要修改卡片。修改可能包括定义新类（和相关的CRC索引卡）,或者在已有的卡上说明新的或修改的职责、协作。

该过程持续进行直到用例编写结束。当评审完所有的用例,将继续进行需求建模。

举例:CRC模型

［场景］Ed的办公室,刚开始需求建模。

［人物］Vinod和Ed,SafeHome软件工程团队成员。

［对话］

（Vinod已经决定通过一个例子向Ed展示如何开发CRC卡。）

Vinod:在你着手于监视功能而Jamie忙着安全功能的时候,我在准备住宅管理功能。

Ed:情况怎样?市场营销人员的想法总是在变化。

Vinod:这是整个功能的第一版用例……我们已经改进了一点,它应该能提供一个整体视图。

用例:SafeHome住宅管理功能。

说明:我们希望通过个人计算机上的住宅管理接口或互联网连接,来控制有无线接口控制器的电子设备。系统应该让我能够打开或关闭指定的灯,控制连接到无线接口的设备,设置取暖和空调系统达到预定的温度。为此,我希望从房屋平面图上选择设备。每个设备必须在平面图上标识出来。作为可选的特性,我希望控制所有的视听设备——音响设备、电视、DVD、数字录音机等。

通过一个选择就能够针对各种情况设置整个房屋,第一个选择项是"在家",第二个是"不在家",第三个是"彻夜不归",第四个是"长期外出"。所有这些情况都适用于所有设备的设置。在彻夜不归和长期外出时,系统将以随机的间隔时间开灯和关灯（以造成有人在家的错觉）,并控制取暖和空调系统。我应能够通过有适当密码保护的互联网撤销这些设置……

Ed:那些负责硬件的伙计已经设计出所有的无线接口了吗?

Vinod（微笑）:他们正在忙这个,据说没有问题。不管怎样,我从住宅管理中提取了一批类,我们可以用一个做例子。就以HomeManagementInterface类为例吧!

Ed:好……那么职责是什么……类及协作者们的属性和操作是那些职责所指向的类。

Vinod:我想你还不了解CRC。

Ed:可能有点,但还是继续吧。

Vinod:这就是我给出的HomeManagementInterface的类定义。

属性:

optionsPanel——在按钮上提供信息,用户可以使用这些信息选择功能。

situationPanel——在按钮上提供信息,用户可以使用这些信息选择环境。

floorPan——类似于监视对象，但这个用来显示设备。

deviceIcons——图标上的信息，代表灯、家用电器、HVAC等。

devicePanels——模拟家用电器或设备控制面板，允许控制。

操作：

displayControl（），selectControl（），displaySituation（），selectSituation（），accessFloorplan（），selectDeviceIcon（），displayDevicePanel（），accessDevicePanel（）……

类：HomeManagementInterface

职责	协作者
displayControl	OptionsPanel（类）
selectControl	OptionsPanel（类）
displaySituation	SituationPanel（类）
selectSituation	SituationPanel（类）
accessFloorplan	FloorPlan（类）
……	

这样，当调用accessFloorplan（）操作时，将和FloorPlan对象协作，类似我们为监视开发的对象。等一下，我这里有它的说明（他们查看图5-3）。

Vinod：确实如此。如果我们希望评审整个类模型，可以从这个索引卡开始，然后到协作者的索引卡，再到协作者的协作者的索引卡，依此类推。

Ed:这真是个发现遗漏和错误的好方法。

Vinod：的确如此。

5.2.5 关联和依赖

在很多例子中，两个分析类以某种方式相互联系着，就如同彼此相互联系的两个数据对象（5.1.3节）。在UML中，这些联系被称作关联（accociations）。参考图5-3，通过识别FloorPlan和另外两个类Camera和Wall之间的一组关联，确定FloorPlan类。类Wall和三个构成墙的类WallSegment，Window和Door相关联。

在某些情况下，关联可以更进一步地指出多样性。参考图5-3，一个Wall对象可以由一个或多个WallSegment对象构成。此外，Wall对象可能包含0或多个Window对象以及0或多个Door对象。这些多样性限制如图5-6所示，其中使用1或多个"1..*"表示，0或多个使用"0..*"表示。在UML中，星号表示范围无上界。

在很多事例中，两个分析类之间存在客户-服务器关系。这种情况下，客户类以某种方式依赖于服务器类并且建立了依赖关系。依赖是由一个构造型（stereotype）定义的。在UML中，构造型是一个"可扩展机制"［Arl02］，允许软件工程师定义特殊的建模元素，这些建模元素的语义是由用户自定义的。在UML中，构造型由一对尖括号表示（如《stereotype》）。

下面举例说明SafeHome监视系统中的简单依赖关系。一个Camera对象（本例中的服务器类）向一个DisplayWindow对象（本例中的客户类）提供视频图像。这两个对象之间的关系不是简单的关联，而是存在着依赖关系。在监视用例中（没有列出来），建模者知道必须提供特定的密码才能查看指定摄像机的位置。其实现的一种方法是让Camera请求密码，然后在获得DisplayWindow的允许后显示视频。这可以由图 5-7 表示，其中《access》意味着通过特定的密码控制使用摄像机的输出。

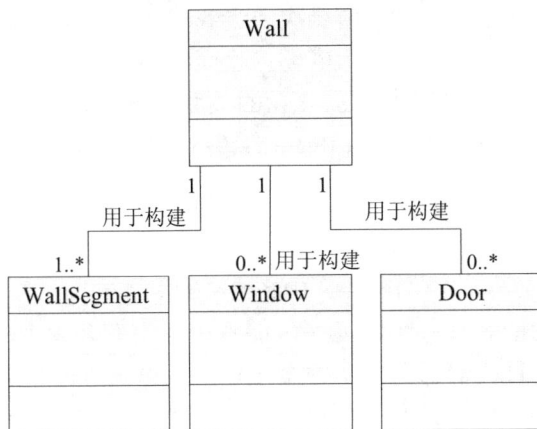

图 5-6 多样性

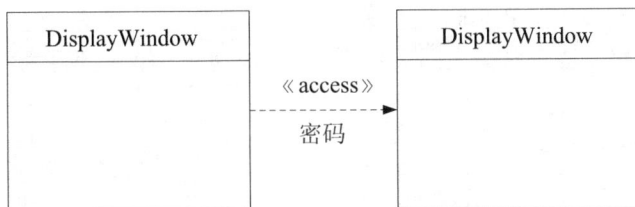

图 5-7 依赖

5.3 结 构 模 型

软件的结构模型表示的是系统的构成，表示为组件构成系统以及组件之间的关系。有的结构模型是静态模型，表示系统设计的结构；有的是动态模型，表示系统执行时的构成。这两者是不同的。系统的动态结构是交互线程的集合，与描述系统组成部分的静态模型有很大的不同。

我们建立结构模型以讨论和设计系统体系结构。系统的体系结构的设计是软件工程中的一个非常重要的问题。当建立体系结构模型时，UML组件包和部署图都可能用到。在本节，主要讲述类图在软件体系中对象类的静态结构建模方面的应用。

5.3.1 类图

当开发面向对象的系统模型时，我们用类图来表示系统中的类和这些类之间的关联。不严格地说，对象类可以认为是某种系统对象的一般定义。所谓关联就是类与类之间的链接，表示类与类之间具有的某种关系。因此，每一个类都必须包含与它有联系的类的一些信息。

在软件工程过程的前期阶段，当你要开发模型时，我们用对象来表示现实世界的事物，比如病人、处方、医生等。在系统实现阶段，我们总是需要定义额外的实现对象，他们用来提供所需要的系统功能。在这里，强调的是对现实世界中的对象的建模，以反映一部分需求或前期软件设计过程。

UML中的类图可表示为不同的细节层次。当我们要建立模型时，第一步通常是观察世界，确定重要对象，然后将它们表示成类。最简单的方法是将类名写入方框中，还可以简单地用直线将两个类连接起来表示存在的关联。比如，图5-8就是一个简单的类图，该类图中有两个类Patient和Patient Record，并且这两个类之间存在关联。

图5-8 UML类和关联

图5-8说明了类图的另外一个特征——能够表示出有多少个对象参与这种关联中。在这个例子中，关联的每一端都标识了一个"1"，意思是这两个类的对象之间是1对1的关系，也就是说，一个病人只有一项记录，而一项记录也只能存储一个病人的信息。在下面的例子中会看到，还有很多其他可能的关系，我们可以定义对象的具体数目，也可以像图5-9中所示的那样，用"*"表示联系中所涉及的对象的数目不确定。

图5-9所建类图表明类Patient的对象还和许多其他类有联系。这个例子表明我们可以对联系命名以便给读者一些类之间关系类型的提示。UML也允许为参与关联的对象指派角色。

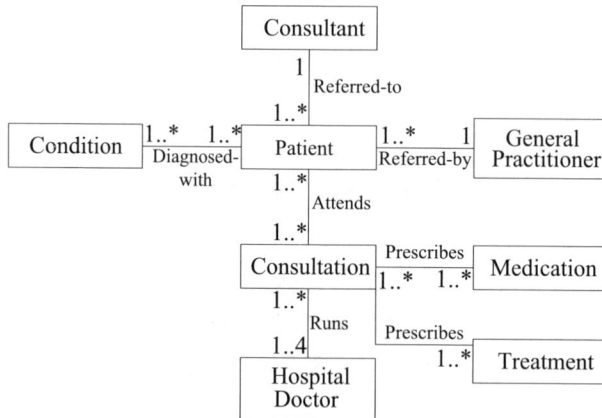

图5-9 MHC-PMS中的类和关联

在这个细节层次上的类图看起来像是语义数据模型。语义数据模型在数据库设计时使用，它们表示数据实体、与它们相关的属性，以及实体之间的关系。这种建模的方法是在20世纪70年代由P.P. Chen（1976）第一次提出来的。此后发生了几次变化（Codd 1979；Hammer, McLeod 1981；Hull, King 1987），但基本格式都是一样的。

UML中并没有包括一套专门的符号系统服务于数据库建模，这是因为它假设所采用的过程是面向对象的开发过程，并且使用对象以及它们之间的关联为数据建模。然而，我们可以使用UML表示语义数据模型。我们可以把语义数据模型中的实体看作是简化（不含有操作）了的对象类，把属性看作是对象类的属性，把关系看作是对象类间的命名的关联。

在表示类与类之间的关联时，用尽可能最简单的方法表示这些类可能会给我们带来很大的便利。只要我们增加所定义的类的细节，就会增加他们的属性（对象的特性）和操作（从对象中可请求的东西）信息。比如，一个Patient对象如果含有属性Address，那么我们就要添加一个Change Address操作，这可以在病人变换地址时调用。UML是通过扩展表示类的简单矩形的方式来表示类的属性和操作的。图 5-10 给了一个示例：

（1）对象类的类名位于最上端。

（2）类的属性位于中间部分，其中属性名是必须有的，属性类型不做强制要求。

（3）与对象类中的操作位于矩形的下部。

Consultation
Doctors
Date
Time
Clinic
Reason
Medication Prescribed
Treatment Prescribed
Voice Notes
Transcript
...
New () Prescribe () RecordNotes () Transcribe () ...

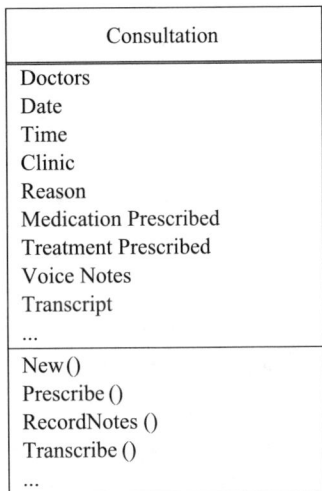

图 5-10　Consultation 类

图 5-10 给出了类Consultation可能涉及的属性和操作。在此例中，假定用录音整理来记录咨询的详细情形。开处方时，相关医生必须使用开处方方法Prescribe（）来生成电子处方。

5.3.2　泛化

泛化是一项常用技术，我们用这种技术来管理复杂性。我们并不是去学习我们所经历的每一个实体的所有细节特性，而是用更一般的类（如动物、汽车、房子等）来表示它们，然后研究这些类的性质。这样就允许我们推断这些类的成员具有某些共同的特征。我们可以针对类的所有成员给出一般性的描述。

在系统建模中，检查系统中的类，看看它们是否还有继续泛化的空间，这通常是有用的。这意味着共同的信息仅被保持在一个位置。这是很好的设计习惯，因为当发生变更时，我们就不必观察系统中的所有类，看它们是否受到变更的影响。在面向对象语言中，比如JAVA，泛化是使用内嵌在语言中的类继承机制来实现的。

UML 中有专门的关联类型来表示泛化，如图 5-11 中所表示的。泛化用指向上面更一般的类的箭头表示。这表明一般的从业者和住院医生可被泛化为医生。总共有 3 种类型的住院医生（hospital doctor）：刚从医学院毕业的，工作中还必须被监督的实习医生；工作上不需要监督并且是会诊队伍的主要成员的注册医师；还有会诊医生，他们是对所做决定负全责的高级医师。

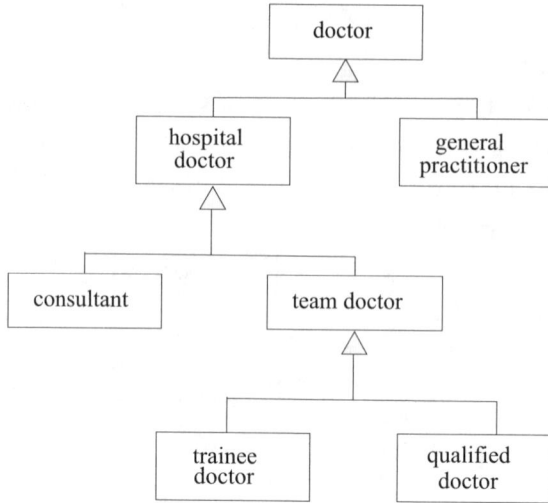

图 5-11　泛化层次结构

在泛化关系中，更高层次上的类中的属性和操作也是较低层次上的类的属性和操作。简而言之，低层次的类是子类，它继承了它们的超类的属性和操作，这些低层次的类然后添加其他专门属性和操作。例如，所有的医生都有一个名字和电话号码，所有住院医生都有一个工号和部门，但一般从业者不具有这些属性，因为他们是独立工作的。但是他们有一个从业诊所名和地址，如图 5-12 所示。图 5-12 表示的是医生泛化层次的一部分，其中对类扩充了类属性。与医生类相关联的操作是为了注册和注销 MHC-PMS 中的医生。

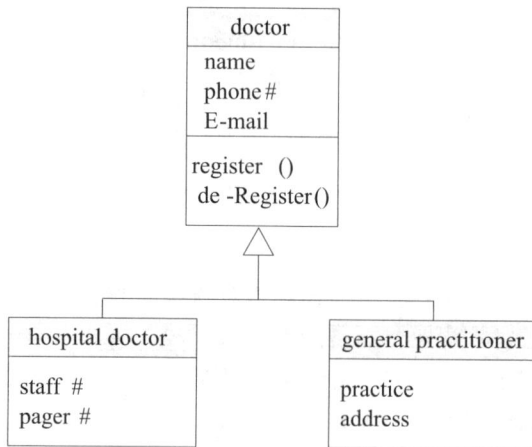

图 5-12　添加了细节的泛化层次结构

5.3.3　聚合

现实世界中的对象通常是由不同部分组成。比如，上课用的学习包可能由书、幻灯片、测试题以及深度阅读建议组成。有时，在系统模型中，我们需要表示这种关系。UML 提供了一种叫做聚合的特殊类型的关联。它意味着一个对象（相当于全体）可以由其他对象（相当于部分）组成。为了表示这种关系，我们用与类相邻的菱形表示全体，如图 5-13 所示。图 5-13 表示一条病人记录由 patient 和一个不确定的 consultant 组成。

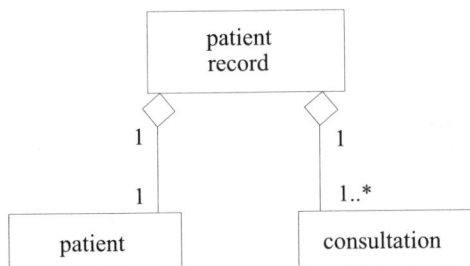

图 5-13　聚合关联

※ 本章小结

数据建模常用于描述了软件构建或操作的信息空间。数据建模由所代表的数据对象开始，这些数据对象必须由软件所理解的信息组成。每个数据对象的属性得到识别，数据对象间的关系得到描述。

为了识别分析类，基于类的建模使用从基于场景和面向流的建模元素中导出信息。可以使用语法分析从文本叙述中提取候选类、属性和操作，并制定了用于定义类的标准。CRC 索引卡可以用于定义类之间的联系。此外，可以使用各种 UML 建模方法定义类之间的层次、关系、关联、聚合和依赖。使用一种分析包方式进行分类和分组，从而在某种意义上为大型系统提供了更好的管理。

※ 思考与练习

1.构建如下系统中的一个：

a.你所在大学基于网络的课程注册系统。

b.一个计算机商店的基于 Web 的订单处理系统。

c.一个小企业的简单发票系统。

d.内置于电磁灶或微波炉的互联网食谱。

选择你感兴趣的系统开发一套实体关系图并说明数据对象、关系和属性。

2.某个大城市的公共工程部决定开发基于 Web 的跟踪和修补路面坑洼系统（PHTRS）。说明如下：市民可以登录 Web 站点报告路面坑洼的地点和严重程度。当上报路面坑洼时，它被记入"跟踪和修补路面坑洼系统"，分配一个标识号，保存如下信息：街道地址、大小（比例从 1 ～ 10）、位置（中央、路边等）、地区（由街道地址确定）以及修补优先级（由坑洼大小确定）。工作订单数据和每个坑洼有关联，数据包含坑洼位置和大小、维修组标识号、维修组内人员数量、分配的设备、修复耗时、坑洼状态（正在处理中、已修复、临时修复、未修复）、使用的填充材料数量以及修复成本（从修复耗时、人员数量、材料和使用的设备计算）。最后，生成损失文件以便保存该坑洼所造成的损失报告信息，并包含公民的姓名、地址、电话号码、损失类型、损失金额。PHTRS 是基于在线系统，可交互地进行所有的查询。

a.为 PHTRS 系统画出 UML 用例图，你必须对用户和系统的交互方式做一些假设。

b.为 PHTRS 系统开发一个类模型。

第6章 过程建模

※ 学习目标

通过本章学习，要求掌握：

◆逻辑过程建模。

◆按照特定的规则绘制数据流图，形成准确的、结构良好的过程模型。

◆将数据流图分解为低层次的图形。

◆平衡高层和低层数据流图。

◆4种类型的数据流图之间的区别，即当前的物理流程图、当前的逻辑流程图、新的物理流程图、新的逻辑流程图。

◆使用数据流图作为工具，支持信息系统的分析。

第4章介绍系统分析员收集必要信息的各种方法和怎样确定信息系统需求，本章的核心是描述如何对信息系统需求采用规范化方法进行表达。数据流图对数据如何流过系统、数据流之间的关系、数据如何储存等内容进行建模。数据流图也显示了变更或者转换数据的过程。因为数据流图关注的是过程之间的数据流动，所以被称为过程模型。

6.1 过程建模概述

逻辑模型是描述系统是什么和做什么的非技术性的图形化表示，也称为概念模型或者业务模型。逻辑模型消除了由于实现方式而导致的偏见，降低了由于过于关注细节而丢失业务需求的风险，使得我们可以用非技术性的或较少技术性的语言与最终用户进行沟通。过程（process）也称为处理，加工，变换等。过程建模是围绕数据的处理建立模型的一种技术，它记录系统的"过程"和由系统的"过程"实现的逻辑、策略和程序。

6.2 数据流图

6.2.1 数据流程图的概念和作用

数据流图（data flow diagram, DFD）是过程建模的一种工具，用于分析、描述信息系统的数据转换和流动状况，显示系统内所有的基本成分及其相互联系的概况和细节。数据流图概括描述系统的内部逻辑，是理解表达用户需求、与用户沟通交流的工具，是新系统逻辑模型的最重要组成部分。

6.2.2 数据流程图的基本符号

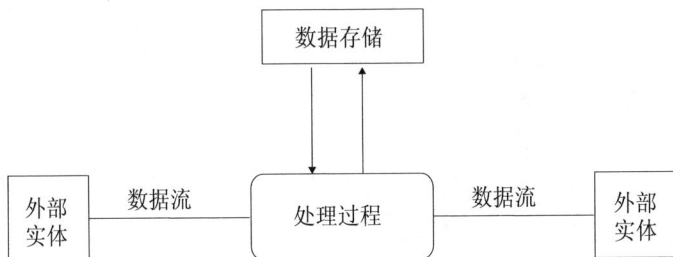

图 6-1 数据流程图的基本符号

数据流程图由 4 个部分组成：外部实体、处理过程、数据存储、系统中的数据流。如图 6-1 所示。

1. 外部实体

外部实体是与系统交互的外部的人员、组织部门、其他系统或者其他组织，也称为源点/终点。外部实体中支持系统数据输入的实体称为源点，支持系统数据输出的实体称为终点。它说明了外部数据的来源和去处，指明了系统的边界。

外部实体通常是以下几种形式：办公室，部门；外部组织；另一个企业或者信息系统；系统的最终用户或者管理人员等。

外部实体的表示方法如图 6-1 中所示，通常外部实体在数据流程图中用方形框表示，框中写上外部实体名称。为了避免在数据流图上出现数据流的线条交叉，同一个外部实体允许在一张图上出现多次。

2. 过程

在信息系统中，过程是指对输入数据流或条件做出响应的工作，即对数据进行处理或者变换，因此也称为处理或者转换。系统中的过程大致可以划分为三类：一是功能过程，是一套和企业相关的正在进行的活动，功能没有开始和结束。二是事件过程，功能由响应事件的过程组成，事件必须作为一个完整的逻辑单位工作，也被称为事务，接受输入而触发其执行，对输入做出响应后，事件结束。三是基本过程，是指为了完成一个事件的响应所需要的离散的、详细的活动或任务。每一种过程又包括数据输入、数据处理和数据输出三个部分。系统本身也可以看作是一个过程。

在数据流程图中，过程用带圆角的长方形表示，有时也采用圆形进行表示，如图 6-1 中所示。

3. 数据流

数据流是一个过程的数据输入或数据输出，是流动中的数据。数据流是模拟数据在系统中传递过程的工具。数据流也用于表示在文件或数据库中创建、读取、删除或修改数据。数据流可以汇合，组合数据流是由其他数据流构成的数据流。数据流也可以分叉，分支的数据流是分成多个数据流的数据流，指示了一个数据流的所有或者部分到不同的目的地的路径。数据流用来表示数据流值，但不能用来改变数据值。

在数据流程图中用一个水平箭头或垂直箭头表示，箭头指出数据的流动方向，箭线旁注明数据流名。数据流图中有时也会出现控制流,控制流表示触发一个过程的条件或非数据事件,用虚线箭头表示。

4. 数据存储

数据存储是表示数据保存的地方,用来存储数据。系统过程从数据存储中提取数据,也将处理后的数据返回数据存储。与数据流不同的是数据存储本身不产生任何操作,它仅仅响应了存储和访问数据的要求。

如果数据流是运动中的数据,数据存储就是静止的数据,存储的数据一般以文件和数据库形式存在于系统中,它存储了所有实体的实例。数据存储一般是以下内容之一:个人或小组、地点、对象、事件、概念等。

在数据流图中数据存储用右边开口的长方条表示,在长方条内写上数据存储名字。为了区别和引用方便,左端加一小格,再标上一个标识,用字母D和数字组成。为避免数据流交叉,允许在一张数据流图中重复出现相同的数据存储。

6.2.3 数据流图的绘制

在对复杂软件系统进行描述时,难以在一张图中描述所有的细节,导致绘图工作庞大而复杂,而且也难以理解。通常采用分层的方法将一个流程图分解成几个流程图来分别表示。数据流程图的构造方法和指导思想是:自上而下,逐步细化;直观清晰,简单明了。

如图6-2所示,一套分层的数据流图由顶层、0层、中间层和底层的数据流图所组成。顶层图说明了系统的边界,即系统的输入和输出的数据流,顶层图只有一个处理,即被开发的系统。0层图将顶层图的系统分解为若干子系统。描绘系统内部时,一般将层号从0开始编号。中间层流图则表示对上层父图的细化。它的每一处理都可以继续细化,形成子图。底图由一些不必再分解的处理组成,这些处理称为基本处理。在顶图和底图之间是中间层。上层图称为下层图的"父"图,下层图称为上层图的"子"图。

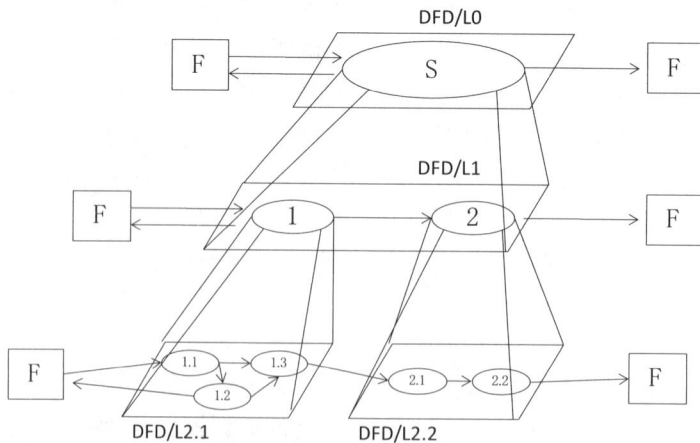

图6-2 分层数据流程图

1. 顶层图

下面以某食品订单系统为例,进行说明。饭店使用信息系统取得客户订单,并把订单输入到厨房,监控所出售的食品和库存,并为经理生成报告。据此可以确定该信息系统的高层视图，称为顶层图，也称为环境图（context diagram），如图 6-3 所示。

由于环境图重点描述系统与外部环境的边界，因此在该图中只包含一个过程，4 个数据流和 3 个外部实体，没有数据存储。这个唯一的过程标志为 0，代表整个系统；所有环境图都只有一个过程，外部实体代表了系统的环境边界。因为系统的数据存储概念上是属于过程内部的，所以数据存储不出现在环境图中。

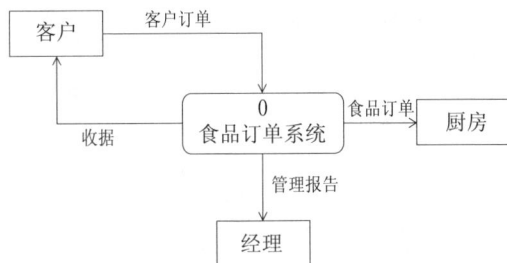

图 6-3　食品订餐系统的环境图

2.0 层数据流图

接下来对食品订单系统进行分解，可以分解为 4 个主要过程，如图 6-4 所示。该图称为 0 层数据流图（level-0 diagram），它代表了系统中最高层的主要过程。每个过程都有一个号码，其末尾是 0（主要对 DFD 的高层号码进行响应）。注意外部实体在环境图和在该图中是相同的，如客户、厨房、经理。

第一个过程是"接收并转换客户订单"，标记为 1.0，其结果是产生 4 个数据流：①食品订单传送给厨房；②客户订单转换成一系列销售的产品；③客户订单转换成库存数据；④为客户产生收据。其中，数据流①和④分别流向外部实体，不再细化。而其他两个数据流则需要跟踪。数据流"已销售食品"流入到过程 2.0"更新已销售文件"，该过程的输出标记为"格式化的销售文件"，该输出更新了标记为"已销售文件"的数据存储。"每日食品销量"作为过程 4.0"产生管理报告"的输入。过程 1.0 产生的另一个数据流"库存数据"，作为过程 3.0"更新库存文件"的输入，该过程更新了"库存文件"存储。"每日库存消耗量"再作为过程 4.0 的输入。流出过程 4.0 的数据流"管理报告"，进入到外部实体"经理"。

图 6-4 也显示了数据流的一些特点。以数据流"库存数据"为例，从图中可知，过程 1.0 产生这个数据流，过程 3.0 对其进行接收。然而，该图并未显示数据流是何时产生的、它产生的频率又如何、或者传输的数据量是多少。因此，DFD 隐藏了许多描述系统的物理特征。然而，我们知道是过程 3.0 需要这个数据流且过程 1.0 产生该数据流。此外，数据流"库存数据"也意味着无论何时过程 1.0 产生该数据流，过程 3.0 都必须准备接收它。因此，过程 1.0 和过程 3.0 是相互绑定的。相比之下，考虑过程 2.0 和过程 4.0 之间的关联，从过程 2.0 的输出"格式化的销售文件"，放置在数据存储"已销售文件"中，当后来过程 4.0 需要这些数据时，它从该存储那里读取"每日食品销量"。在这种情况下，过程 2.0 和过程 4.0 通过在它们之间设置缓冲进行解耦，缓冲也是一种数据存储。现在，这两个过程可以根据它们自己的节奏进行，过程 4.0 不需要在任何时候都接收输入。同时，"已销售文件"成为其他过程可以调用数据的数据存储。

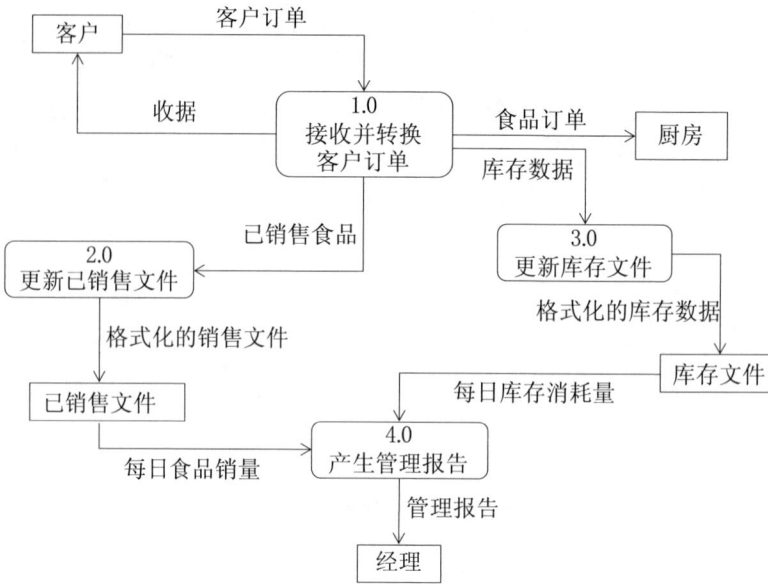

图 6-4　食品订餐系统的 0 层图

6.2.4　数据流图规则

在绘制数据流图时，需要遵循的规则如表 6-1 所示。

表 6-1　控制数据流图的规则

命名规则

- 数据流程图中每一个元素都要命名，恰当的命名有助于数据流程图的阅读与理解。
- 每个元素所取的名字要能反映该元素的属性，避免用空洞的名字，要具体的含义。
- 每个元素的名字都能唯一地标识该元素。
- 如果发现难以为某个数据流或过程命名时，往往是因为数据流图分解不当，可重新分解

过程

- 没有过程只有输出：不可能凭空产生数据。如果一个对象只有输出，则一定是外部实体。
- 没有过程只有输入：如果一个对象只有输入，那么它一定是外部实体。
- 过程的输入要足以产生相应的输出，不允许输入与输出之间毫无关联。
- 过程的输入应有别于输出。即输入过程的数据流应在过程中发生变换，产生新的数据流，而不是简单的数据传送。
- 一个过程采用动词短语标记

数据存储

- 数据不能直接从一个数据存储流入到另一个数据存储，数据必须由过程移动。
- 数据不能直接从一个外部实体流到一个数据存储。来自外部实体数据必须由过程接收，由该过程移动数据并存放到数据存储中。
- 数据不能直接从一个数据存储到一个外部实体，数据必须由过程移动。
- 数据存储采用名词短语标记

外部实体

- 数据不能直接从外部实体到外部实体。如果数据与系统相关的话，数据必须由过程移动，否则数据流不显示在 DFD 上。
- 外部实体采用名词短语标记

数据流

- 一个数据流在标记符之间只能单向流动。可以用在过程和数据存储之间的双向流动来表示，在数据更新之前读取数据。然而，后者通常由两个独立的箭头表示，因为这两个过程发生在不同的时间。
- 数据流的分支意味着来自共同地点的同样数据流到多个不同过程，数据存储，或者外部实体（通常指同样数据的不同版本流到不同地点）。
- 数据流的汇合意味着来自多个不同过程、数据存储，或者外部实体的同样数据到共同地点。
- 数据流不能够直接流回它流出的同一过程，必须至少有另一个过程处理数据流，产生一些其他数据流，并将原始的数据流返回到开始的过程。
- 流入数据存储的数据流意味着更新（删除或更改）。
- 流出数据存储的数据流意味着检索或使用。
- 数据流采用名词短语标记。只要同一个箭头的所有数据流一起以包的形式流动，那么多个数据流名词短语可以出现在单个箭头上

在数据流图中常见的过程错误如图 6-5 所示。

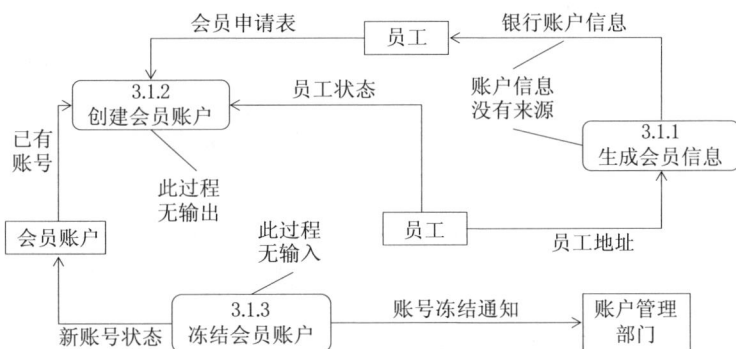

图 6-5　常见的过程错误

常见的数据存储错误如图 6-6 所示。

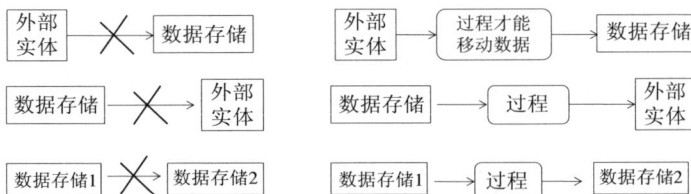

图 6-6　常见的数据存储错误

常见的外部实体错误如图 6-7 所示。

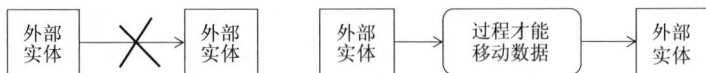

图 6-7　常见的外部实体错误

常见的数据流图错误如图 6-8 所示。

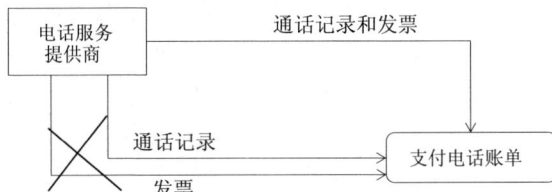

图 6-8　常见的数据流图错误

6.2.5 数据流图的分解

从一个系统到 4 个组成过程的行动称为功能分解。功能分解（functional decomposition）是将系统描述或视角分解成为越来越细化的详细过程。在食品订单系统中，首先从高层环境图开始，经过更多思考之后，可以将这个大系统划分为 4 个过程。每个过程可以包括几个子过程，每个子过程还可以继续分解成为更小的单元。分解一直进行到子过程已经无法再进一步分解为止，最低层次的 DFD 称为基本 DFD（primitive DFD）。

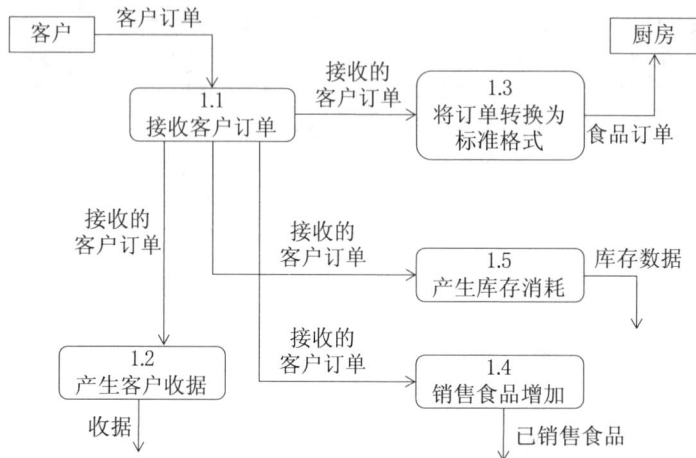

图 6-9 食品订单系统的过程 1.0 的分解

以食品订单系统为例，对 0 层数据流图做进一步分解。图 6-4 所示的第一个过程，称为"接收并转换客户订单"，该过程需要执行以下任务：

（1）接收客户订单。

（2）将输入的订单转换成为对厨房系统有用的形式。

（3）将订单转换成为一个客户的打印收据。

（4）将订单转换成为产品销售数据。

（5）将订单转换成为库存数据。

因此，将该过程分解成为 5 个逻辑上独立的功能，如图 6-9 所示。

注意，图 6-9 中 5 个过程的每一个都被标记成为 1.0 的子过程，如过程 1.1、过程 1.2 等，每个过程和数据流都进行命名。由于环境图和 0 层图已经显示了外部实体，所以这时可以不再显示外部实体。图 6-9 所示的数据流图称为 1 层图。如果以同样的方式决定分解过程 2.0、过程 3.0 或过程 4.0，则创建的 DFD 也是 1 层图。总之，n 层图（level-n diagram）是从 0 层图经 n 次分解而产生的。

过程 2.0 和过程 3.0 执行类似的功能，它们都是用数据输入更新数据存储的。因为更新数据存储是一个单个的逻辑功能，这些过程都不需要进一步分解。然而，可以将过程 4.0"产生管理报告"，分解成为至少三个子过程："访问已售数据和库存数据"、"累计食品和库存数据"、"准备管理报告"。过程 4.0 的分解如图 6-10 所示。

每个 1 层、2 层或 n 层 DFD 代表了 $n-1$ 层 DFD 中的一个过程；每个 DFD 应该是独立的一页。

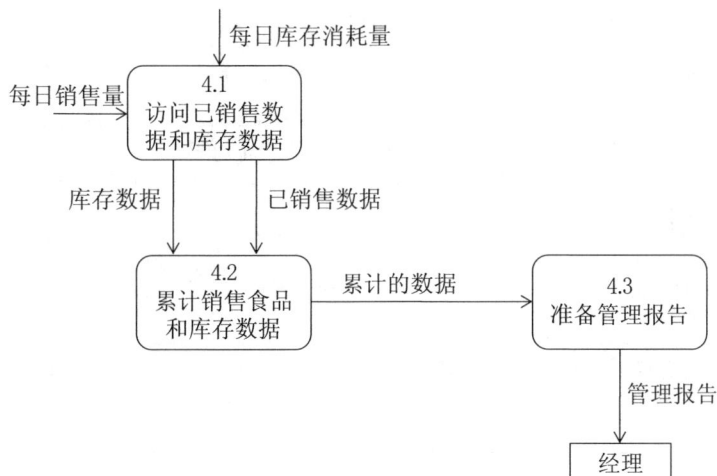

图 6-10　食品订单系统过程 4.0 的分解

一般情况下，一个DFD所包含的过程不要超过 7 个，因为太多的过程会使图形变得拥挤并且难于理解。从命名上来看，过程也应该清楚且简洁。通常，过程名称采用行为动词，如接收、计算、转换、产生或生产。过程名称通常和许多计算机编程语言中使用的动词相同。示例过程名称包括合并、分类、阅读、写和打印等。过程名称应该能够以简单的词汇捕获过程的必要行动，又能充分描述过程的行动，以便阅读名称的所有人都能很好理解该过程做什么。

6.2.6　数据流图的平衡

在对DFD进行分解时，必须将输入和输出保留到下一层分解的过程中。这种输入和输出的保留称为平衡。子图是父图中过程的详细描述，因而子图的输入、输出数据流应该与父图中过程的输入输出数据流相一致。

回顾食品订单系统中的环境图。注意到系统中有一个输入，客户订单，起于外部实体——客户。注意这里存在三种输出：客户收据、厨房食品订单和管理报告。再看食品订单系统的 0 层图，注意到系统环境图中显示的同一个输入以及同样的三个输出也出现在 0 层图中，而且，没有来自系统外部新的输入和输出，所有数据存储和流入和流出它们的数据流都在系统内部。因此，可以认为环境图和 0 层是平衡的。观察过程 1.0 和过程 4.0 的分解，也保留了同样的输入和输出。

根据平衡原则和尽可能保持简洁的目标，可以衍生 4 项规则，归纳如表 6-2 所示。

6.3　过程逻辑

数据流图是确定过程很有效的工具，它直观地描述了系统中数据的流动和数据的变化，但是它不能够显示过程内部的逻辑，最终需要在一个数据流图上说明基本过程的详细指令。需要注意的是，数据流图和程序设计中的程序流程图是不同的，数据流图关心的是企业业务系统中的数据处理过程的客观过程，并不关心未来电子化处理的过程；数据流图中流动的只是数据，并没有控制过程，但在程序流程图当中，必须有控制逻辑。

表 6-2　管理和控制数据流图的高级规则

• 某一层的组合数据流可以在下一层分解成为子数据流，但是要确保没有添加新的数据，并且组合数据流的所有数据都要在子流程中考虑到
• 某个过程的输入必须足以产生过程的输出（包括放在数据存储中的数据）。因此，所有输出必须都是由过程产生的，而且输入中的所有数据都要移动到另一个过程或者到过程外的一个数据存储，或者到显示该过程分解的更加详细的 DFD
• 在最底层的 DFD 中，为了表示在例外情况下传输的数据，可以添加新的数据流；这些数据流通常代表了错误信息（例如，"客户不知道；你想创建一个新的客户吗？"）或者确认通知（例如，"你要删除该记录吗？"）
• 为了避免让数据流线相互交叉，可以在 DFD 上重复数据存储或者外部实体，可以使用额外的符号来表明重复的符号，（例如，把数据存储的中间垂直线绘制成双线，或者在外部实体 / 外部实体方框的角落绘制斜线等）

由于程序代码对于用户而言不易理解，而通常的自然语言描述不精确而不利于程序员使用，因此，需要结合自然英语和编程逻辑工具。

过程逻辑的表述方法主要有以下三种：结构化语言、决策表和决策树。

6.3.1　结构化语言

结构化语言是一种语言语法，用于说明过程逻辑，它是在自然语言基础上发展起来的一种规范化的语言表达方式，用于阐明DFD中过程的内容，可以看作是自然英语语言和结构化程序设计语法的结合。

结构化语言是在自然语言基础上加了一些限定，使用有限的词汇和语句来描述处理逻辑。其结构分内外两层：外层用来描述控制结构，采用顺序、选择、循环三种基本结构；内层一般采用祈使语句的自然语言短语。结构化语言使用数据字典中的名词和有限的自定义词，动词含义要具体，还可使用一些简单的算术运算和逻辑运算符号，用结构化语言任何过程逻辑都可以表达为顺序、选择、循环三种结构。

（1）顺序结构中的祈使语句应包含一个动词及一个宾语，表示要进行的处理（包括输入、输出及运算等）。

（2）判断结构有两种表示形式，可与决策树、决策表的表达方式相对应。

（3）循环结构是指在条件成立时，重复执行某处理，直到条件不成立时为止。

结构化语言的表示方法如表 6-3 所示。

结构化语言过程描述的格式模仿了程序语言中使用的格式，尤其是识别过程。这是结构化语言的"结构化部分"，使其更容易将过程描述转换成程序语言。同时它也保留了英语中的动词和名词短语，使得对计算机程序一无所知的人也能了解执行各种过程所包含的步骤。结构化语言可作为分析员与用户的沟通技术。

6.3.2　决策表

结构化语言可用于表示信息系统过程中包含的逻辑，但有时过程逻辑十分复杂。如果包含各种不同条件，这些条件的组合表明要采取哪些行动，那么结构化语言就不足以表示这样一个复杂选择背后的逻辑。并不是结构化语言不能够表示复杂逻辑，而是当逻辑越发复杂时，结构化语言将变得难以理解和证实。当逻辑复杂时，图形比结构化语句更加清楚。

表 6-3 结构化语言的表示方法

结构	举例	结构	举例

顺序	[ ]
	[ ]
		Do-Until
		循环
			DO
			读取库存记录
			 BEGIN IF
			  IF 库存数量 < 最低订货量
			  THEN 产生新订单
			  ELSE 不执行
			END IF
			UNTIL End-of-file

选择	BEGIN IF IF 库存数量 < 最低订购数量 THEN 产生新订单 ELSE 不执行 END IF		

多重
选择
	READ 库存数量
	SELECT CASE
	CASE1（库存数量 > 最低订货量）
	 不执行
	CASE2（库存数量 = 最低订货量）
	 不执行
	CASE3（库存数量 < 最低订货量）
	 产生新订单
	CASE4（库存短缺）
	 产生紧急订单
	END CASE
		Do-While
		循环
			读取库存记录
			WHILE NOT End-of-file DO
			 BEGIN IF
			  IF 库存数量 < 最低订货量
			  THEN 产生新订单
			  ELSE 不执行
			END IF
			END DO

决策表（decision table）又称判断表，是一种表格状的图形工具，适用于描述处理判断条件较多，各条件又相互组合，有多种决策方案的情况。所有可能的选择以及选择所依赖的条件都采用表格的形式，如表 6-4 所示。

表 6-4 工资系统完整的决策表

	条件 / 行动	规则					
		1	2	3	4	5	6
条件段	雇员类型	5		5		5	
	工作时间	<40	<40	40	40	>40	>40
行动段	支付基本工资	×		×		×	
	计算小时工资		×		×		×
	计算加班时间						×
	产生缺席报告		×				

上述决策表对一个一般工资系统的逻辑进行建模。决策表有三个部分：条件段（condition stubs）、行动段（action stubs）和规则（rules）。条件段包含所建模的各种条

件。在表 5-8 中有两个条件段，分别是"雇员类型"和"工作时间"。"雇员类型"有两个值："S"，代表薪金制雇员，"H"代表小时。"工作时间"有三个值，"小于 40"，"正好 40"，"大于 40"。行动段包含条件段中值的组合产生的所有行动路线。表中 4 种可能的行动路线有"支付基本工资""计算小时工资""计算加班时间"和"产生缺席报告"。不是所有的行动都由所有条件的组合驱动，而是特定的条件组合驱动特定的行动。将条件与行动联系起来的部分就是规则。

1. 规则合并

决策表能把什么条件下系统应做什么动作准确地表示出来，同时能发现需求不完整的地方，如某些条件组合下缺少应采取的动作。也能发现冗余的动作，可将条件合并。合并方法如图 6-11 所示。

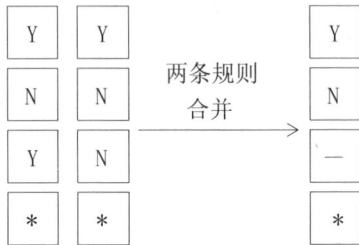

图 6-11 规则合并的方法

以表 6-4 为例，从第一列所指的条件值开始阅读，雇员类型是"S"或薪金制雇员，工作小时数小于 40。当这两个条件同时出现时，工资系统按照基本工资支付。下一列值为"H"并且"<40"，意味着小时工的工作小于 40h。在这种情况下，工资系统计算每小时工资并在缺席报告中产生一个条目。规则 3 处理当薪金制雇员恰好工作 40h 的情况，系统支付基本工资，和规则 1 一样。对于恰好工作 40h 的小时工，规则 4 计算小时工资。规则 5 为超过 40h 的薪金制雇员支付基本工资，规则 5 与规则 1、规则 3 采取同样的行动，并且控制薪金制雇员的行为。工作时间不影响规则 1、3、5 的输出。对于这些规则，工作时间是无关条件（indifferent condition），表现在它的值并不影响所采取的行动。规则 6 计算每小时支付以及工作超过 40h 的小时工人的超时数。

由于规则 1、3、5 是无关条件，可以通过将规则 1、3、5 浓缩成为一个规则，来减少规则的数量，如表 6-5 所示。无关条件用"-"表示。开始时用 6 个规则建立决策表，现在可以用更简单的表格采用 4 个规则传递同样的信息。

表 6-5　工资系统削减后的决策表

条件段	条件 / 行动路线	规则			
		1	2	4	6
行动段	雇员类型	5			
	工作时间	—	<40	40	>40
	支付基本工资	×			
	计算小时工资		×	×	×
	计算加班时间				×
	产生缺席报告		×		

2.构造决策表的基本步骤

构造决策表的基本步骤归纳如下：

（1）命名条件以及每个条件所取的值。确定与问题相关的所有条件，然后确定每个条件所采用的值。在某些条件下，值是简单的"是"或"否"（称作有限的条目）。对于其他条件，例如表6-5的条件，条件可以有更多的值（称作扩展条目）。

（2）命名所有可能出现的行动。创建决策表的目的是，确定给定的条件下适合的行动路线。

（3）列出所有可能的规则。创建决策表之初应该考虑所有的规则。每个可能的条件组合都要进行表示，以防忽略了某种可能。虽然有些规则是冗余的或者是无意义的，但这些决定在列出所有规则之后才能确定。为确定规则的数目，采用某个条件的值的数目乘以其他每个条件值的数目。在表6-4所示案例中有两个条件，一个条件有两个值，另一个条件有三个值，所以采用 2×3，即生成6个规则。如果添加第三个包含3个值的条件，则需要 $2 \times 3 \times 3$，即生成18个规则。

（4）在创建表时，替换第一个条件的值，正如对表6-5所示的雇员类型所采取的措施一样。对第二个条件，取第一个值，重复第一个条件的所有值，然后取第二个值，仍然重复第一个条件的所有值，等等。对于两种雇员类型的两个值"S"和"H"，分别重复"<40"，然后重复"40"，然后再"＞40"。

（5）为每个规则定义行动。既然已经识别了所有可能的规则，要为每个规则提供一个行动。在本例中，可以推测每个行动应该是什么，这些行动是否具有意义。如果行动无意义的话，在表中的行动段创建一个"不可能"的行动，以便跟踪不可能的行动。如果不能够识别在哪种情况下系统应该做什么，那么要为特殊规则的行动段标注问题标记。

（6）简化决策表。制作决策表应尽可能简单，要删除产生不可能行动的规则。对于系统行动尚不明确之处应咨询客户，或决定采取某个行动，或删除该行动。查看规则的模式，合并无关条件。在本例中将规则数由6个缩减为4个。

决策表能够采用表的形式传达信息，而不是以线性的、顺序的格式，因此可用于建模相对复杂的过程逻辑。决策表也有助于检查逻辑的完整性、一致性和冗余性。

6.3.3　决策树

决策树又称作判定树，是一种树状的图形工具，适合描述处理中有多种策略，要根据若干条件的判定来确定所采用策略的情况。左端方框为树根表示决策结点；由决策结点引出的直线，形似树枝，称为条件枝，每条树枝代表一个条件；中间的圆圈称为条件结点；右端的实心椭圆表示决策结果。决策树中条件结点以及每个结点所引出条件的数量依具体问题而定。下面将上述反映工资系统逻辑的决策表改用决策树进行表示，如图6-12所示。

图6-12采用决策树表示表6-5中的决策逻辑。

6.3.4　结构化语言、决策表和决策树的选择

结构化语言、决策表和决策树各有优缺点，在建模过程逻辑时，根据用户偏好和逻辑建模的实际情况进行分析和选择。三种描述工具各自的适用性如下：

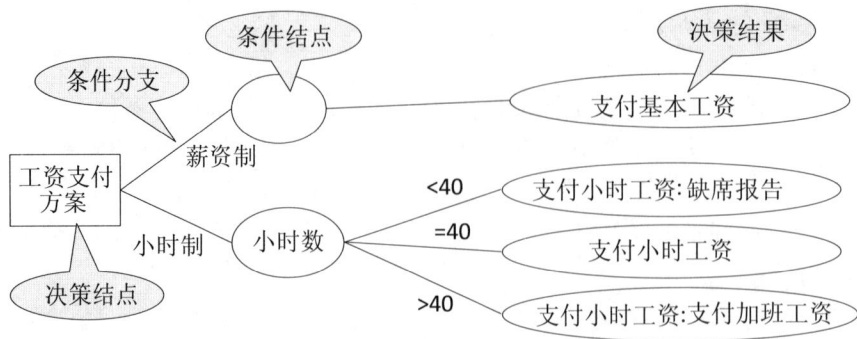

图 6-12 决策树示例

（1）顺序和循环动作，适用于结构化语言。

（2）多个条件复杂组合，适用于决策表和决策树。

（3）决策树比决策表直观；决策表进行逻辑验证更加严格。一般用决策表作底稿，在它的基础上产生决策树。

6.4 数据字典

数据分析的任务，是将数据流图中所出现的各组成部分的内容、特征用数据字典的形式做出明确的定义和说明。数据字典是定义和说明数据流程图中每个成分的工具。

数据字典的作用是对数据流图中的所有成分，包括数据项、数据结构、数据流、数据存储、处理功能、外部项等的逻辑内容与特征予以详细说明。数据字典是以后系统设计、系统实施与维护的重要依据。

生成数据字典的方法有两种：由手工方式生成和由计算机辅助生成。手工编写的优点是具有较大灵活性与适应性，但手工编写效率低，且编辑困难，容易出现疏漏和错误，对数据字典的检验、维护、查询、统计、分析都不方便。计算机辅助编写数据字典是将数据字典有关的数据输入计算机，存储在数据字典库中。计算机辅助生成的数据字典具有查询、维护、统计、分析等功能。

数据字典中的数据主要包括两类，一类是动态数据（可在系统内外流动的数据）；另一类是静态数据（不参与流动的数据存储）。数据字典中主要对以下数据内容创建字典：

（1）数据项。

（2）数据结构。

（3）数据流。

（4）数据存储。

（5）过程。

6.4.1 数据项

数据项也称作数据元素，是"不可再分"的数据单位，是数据的最小组成单位。数据项的字典如表 6-6 所示。

表 6-6　数据项字典内容

数据项字典	
数据项名称、别名及简述：给数据项取名时，按"顾名思义"的原则，反映该数据项的含义，易于他人理解、记忆 数据项的类型 数据项的长度：指数据项所包含的字符或数字的位数 取值的范围和取值的含义	
数据项举例：	
数据项名称	货物编号
别名	G_No,Goods_No
简述	本公司的所有货物的编号
类型	字符串
长度	10
取值/含义	第1位：进口/国产 2～4位：类别 5～7位：规格 8～10位：品名编号

6.4.2　数据结构

描述数据项之间的关系可由数据与数据结构组成。构成一个数据流的数据属性被组织成数据结构。数据结构是数据属性的特定排列，它定义了一个数据流的一个实例。

数据流可以描述为以下几种类型的数据结构：一个序列或者一组依次出现的数据属性；从一组属性中选择一个或多个属性；一个或多个属性的重复。数据结构的表示符号如表 6-7 所示。

表 6-7　数据结构的表示符号

符　号	含　义	举例及说明
=	被定义为	
+	与	X=a+b，表示 X 由 a 和 b 组成
［…|…］	或	X=［a|b］表示 X 由 a 或 b 组成
{…}	重复	X={a} 表示 X 由 0 个或多个 a 组成
m{…}n 或 {…}nm	重复	X=2{a}5 或 X= {a}52 表示 X 中最少出现 2 次 a，最多出现 5 次 a，5、2 为重复次数的上下限
（…）	可选	X=（a）表示 a 可在 X 中出现，也可不出现
"…"	基本数据元素	X= "a"，表示 X 是取值为字符 a 的数据元素
..	连接符	X=1..9，表示 X 可取 1~9 中任意一个值

数据结构举例：

F1：航班信息文件 ={ 航空公司名称 + 航班号 + 起点 + 终点 + 日期 + 起飞时间 + 降落时间 }

航空公司名称 =2{ 字母 }4

航班号 =3{ 十进制数字 }3

字母 = "A" .. "Z"

十进制数字＝"0".."9"

起点＝终点＝1{汉字}10

起飞时间＝降落时间＝时＋分

时＝"00".."23"

分＝"00".."59"

日期＝年＋月＋日

年＝［2000|2001|2002|2004］

月＝"01".."12"

日＝"01".."31"

数据属性的值用数据类型和域来定义。

Data type 数据类型：是可以存储在一个属性中的一类数据。例如 character, integers, real numbers, dates, pictures 等。

Domain 域：是属性的合法值。

6.4.3 数据流

数据流是由一个或一组固定的数据项组成的。在数据流图中，数据以数据流的形式进行传输。数据流字典内容如表 6-8 所示。

表 6-8　数据流字典的内容

数据流字典	
数据流名称、别名及简述 数据流的来源：可能是外部实体、过程或者是数据存储 数据流的去向：可能是外部实体、过程或者是数据存储 数据流的组成：若干个数据结构 数据流的流通量：单位时间内的传输次数	
数据流字典举例：	
数据流编号	F03-23
数据流名称	领料单
简述	车间/科室开除的领取物料的表格
数据流来源	车间/科室
数据流去向	发料部门（仓库）
数据流组成	日期＋领料部门＋物料编号＋物料名称＋领取数量＋单价＋金额＋领料人＋审批人＋发料人
数据流流量	10 份/h
高峰流量	20 份/h（9：00～11：00）

6.4.4 过程字典

过程字典针对数据流程图中最底层的过程逻辑，用来说明 DFD 中基本过程的过程逻辑。过程数据字典内容如表 6-9 所示。

表 6–9　过程数据字典的内容

过程数据字典

过程名
编号
简述：对过程逻辑的简明描述，使人了解这个过程逻辑是做什么用的
触发条件
优先级
输入输出
过程逻辑：描述该过程"做什么"，即描述如何把输入数据流变换为输出数据流的过程规则，常用的描述方法是结构化语言、判定表及判定树

过程数据字典举例：

过程名	确定能否供货
过程编号	1.2
简述	
触发条件	接收到合格的订单时
优先级	普通
输入	合格订单
输出	可供货订单、缺货订单
过程逻辑	READ 库存记录 　IF 订单项目的数量 < 该项目库存量的临界值 　THEN 可供货处理 　ELSE 此订单缺货，登记，待进货后再处理 END IF

6.4.5　数据存储

数据存储是数据结构停留或保存的场所。数据存储字典的内容如表 6–10 所示。

表 6–10　数据存储字典内容

数据存储字典

数据存储的名称、别名及其简述
流入、流出的数据流：流入的数据流指出其来源，流出的数据流指出其去向
数据存储的组成：包含的数据项或数据结构
组织方式
查询要求等

数据存储举例：

数据存储名称	销售历史
别名	无
简述	公司从月初到目前为止所有配件的销售量
流入的数据流	"顾客的发货单"，来源是"产生发货单"过程逻辑
流出的数据流	"销售量"，去向是"产生销售报表"过程逻辑
数据存储的组成	配件编号＋日期＋销售量
组织方式	以配件编号为关键字建立索引
查询要求	能立即查询

6.5 案例分析——百货商店业务管理信息系统过程建模

某百货商店是一个商业销售组织，该商店的主要业务是从批发商或制造厂商处进货，然后再向顾客销售。按照有关规定，该百货商店在每月需向税务机关交纳一定的税款。该百货商店的全部数据处理都由人工操作。由于经营的商品品种丰富，每天营业额很大，因此业务人员的工作量十分艰巨。

最近，因百货商店大楼翻建后，营业面积扩大，从而经营品种、范围和数据处理的工作量大大增加，需要建立一个计算机管理信息系统，以减轻工作人员的劳动强度，提高业务管理水平，适应新的发展。

现行系统在商店经理的领导下，设有销售科、采购科和财务科。销售科的任务是：接收顾客的订货单，并进行校验，将不符合要求的订货单退还给顾客。如果是合格的订货单且仓库有存货，那么就给顾客开发货票，通知顾客到财务科交货款，并修改因顾客购买而改变的库存数据。如果是合格的订货单但是缺货，那么先留底，然后向采购科发出缺货单。当采购科购买到货后，核对到货单和缺货单，再给顾客开出发货票。

采购科的任务是：将销售科提供的缺货单进行汇总，根据汇总情况和各厂商供货情况，向有关厂商发出订购单。当供货厂商发来供货单时，对照留底的订购单加以核对。如果正确则建立进货账和应付款账，向销售科发到货通知单并修改库存记录；如果供货单与留底订购单不符，则把供货单退还给供货厂商。

财务科（会计科）的任务是：接到顾客的货款时，给顾客开出收据及发票，通知销售科付货；根据税务局发来的税单建立付款账，并付税款；根据供货厂商发来的付款通知单和采购科记录的应付款明细账，建立付款明细账，同时向供货厂商付购货款。无论是收款还是付款之后，都要修改商店的财务总账。财务科在完成以上日常账务工作的同时，还要定期编制各种报表向经理汇报，以供经理了解有关情况并据此制定下阶段的业务计划。

该商场管理层希望通过开发一个管理信息系统实现整个百货商店业务信息流程的计算机管理。销售子系统的订货单处理、缺货处理全部由计算机完成，增加自动登记新顾客数据的功能；货物售出后，自动建立售货历史记录和修改库存记录。采购子系统的缺货单汇总、缺货货物统计和编发订货单由计算机完成，核对订货单和修改库存也用计算机进行。会计子系统的全部数据汇总计算工作由计算机自动完成，报表的编制、打印也由计算机完成。

1. 信息系统需求分析

根据管理层的业务规划对信息系统的需求进行归纳，确定信息系统的主要功能如下：

（1）实现登记、整理数据，处理核对顾客订货单。

（2）向经理提供各种业务统计报表。

（3）提供各级查询。

（4）销售、采购、会计各部门的业务数据处理实现自动化。

2. 信息系统需求结构化

百货商店业务管理系统的顶层数据流程图如图 6-13 所示，该图表示了百货商店业务信息处理系统与外部实体之间的信息输入、输出关系，即标定了系统与外界的界面。顶层数据流程图的第一级分解如图6-14所示，该图实际上是把图6-13中"百货商店业务处理"框进行细化，初步分解为销售处理、采购处理和会计处理三个子系统。在功能分解的同时，得到了相应的数据存储（如销售记录、应收款、货物库存、进货账、应付款账）和数据流（订单、发货单、缺货单、付款单等）。上述三个子系统的数据流程图（即二级分解）分别如图6-15、图6-16和图6-17所示。

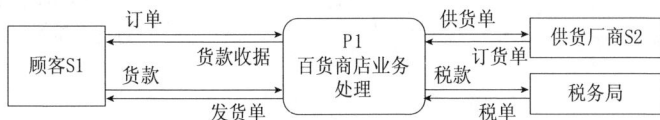

图6-13 新系统顶层数据流

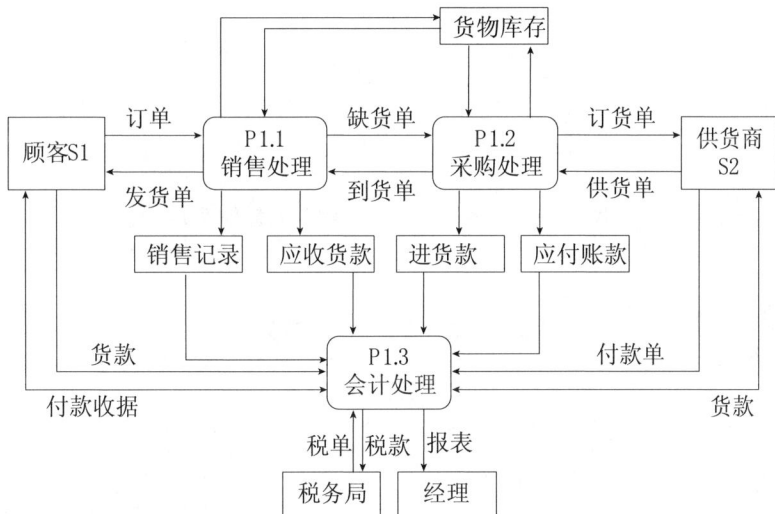

图6-14 系统数据流程图一级分解

图6-15是销售处理流程，实际上是把"销售处理"（图6-14中的P1.1框）进行细化。从图6-15中知道系统的外部环境是"顾客"。首先，由顾客（S1）提出订货单（F1），然后商店从货名文件中得到货名信息（F5），从顾客文件中得到顾客信息（F47）。如果顾客是老主顾，则商店对订单（F1）、货名信息（F5）、顾客信息（F47）进行编辑处理（P1.1.1），从而生成编辑后的订单（F4）。如果是新主顾，除了进行上述处理外，要生成新顾客信息（F2），并将新顾客信息进行录入（P1.1.2），然后存入顾客文件。图6-15中的其他数据流和处理以及图6-16和图6-17，读者均可以自行随着箭头走一遍，以加深理解。

3.系统概况

百货商店业务管理信息系统的概况如表6-11所示，该表反映了新系统的输入、处理、数据存储和输出的概况。其中带"*"号的表示由计算机处理的项目，其余处理由人工进行。

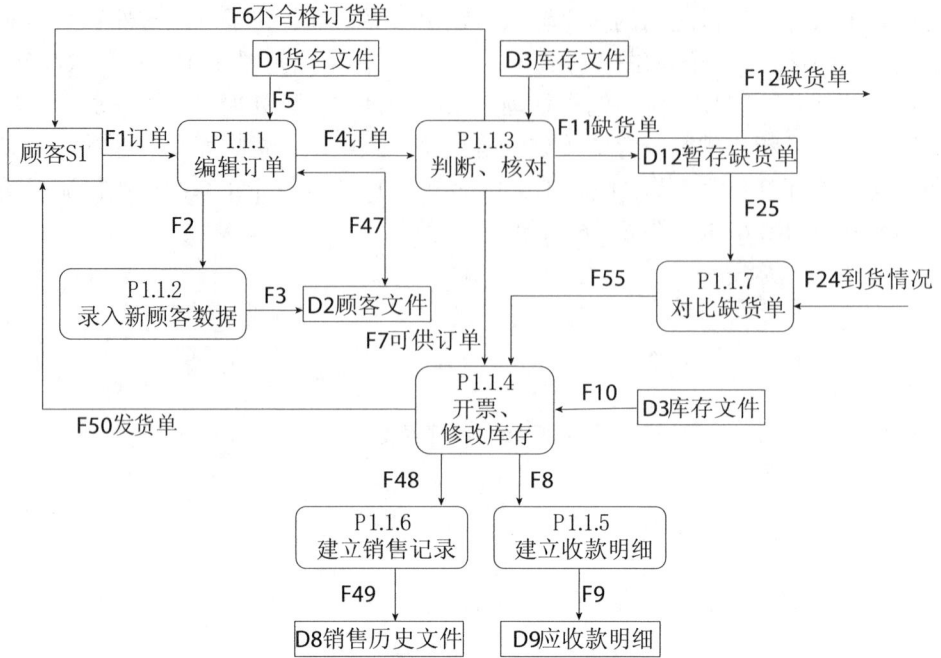

图 6-15　二级数据流程（P1.1 销售处理）

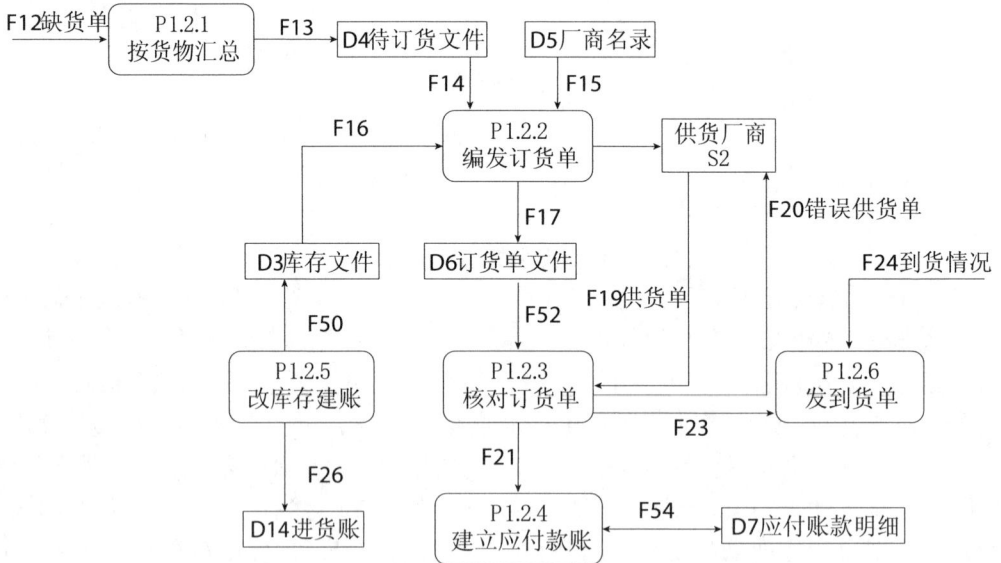

图 6-16　二级数据流程（P1.2 采购处理）

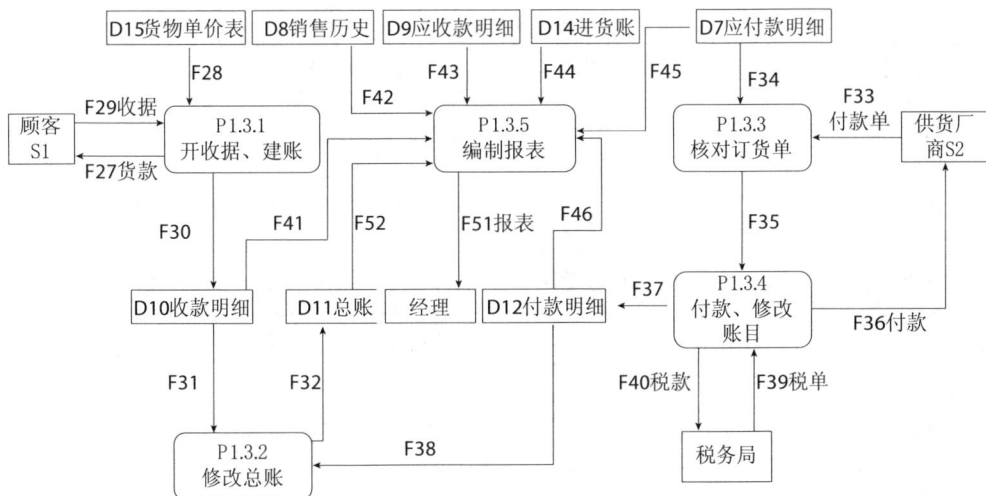

图 6-17　二级数据流程（P1.3 会计处理）

表 6-11　百货商店业务管理信息系统的概况表

输入： 顾客订货单（顾客） 供货单（供货厂商） 付款单（供货厂商） 货物（供货厂商） 税单（税务局）	处理： * 编辑订单并处理顾客数据 检验核对订单 对合格的可供货订单开票供货，修改库存 * 建立销售历史文件和应付款明细账 * 自动统计缺货单 编发订货单 接收核对供货单，建进货账，发到货单 * 编制应付款明细账 接收顾客货款，开发票、收据 * 自动统计计算各项账目 * 自动编制各项统计报表
数据存储： 货物文件 顾客数据文件 库存记录文件 待订货物文件 厂商名录文件 订货单文件 应付款明细账 销售历史文件 应收款明细账 收款明细账 总账文件 付款明细账 暂存缺货单文件 进货账目文件 货物单价文件	
	输出： 发货票（顾客） 货物（顾客） 采购订单（供货厂商） 货款（供货厂商） 税款（税务局） 各种统计报表（经理） 不合格订单（顾客）

4. 数据字典

数据字典用于进一步定义和描述所有数据项，包括数据流字典（表 6-12），数据存储字典（表 6-13），数据处理字典（表 6-14）三类。

表 6-12 为数据流字典清单，此处仅对 F1 作如下解释，数据流 F1（图 6-15）是顾客 S1 提出的订单，它的去向是编辑处理 P1.1.1，在 F1 中包含如下信息：订单标识、顾客细节（如顾客姓名、顾客地址、电话、电传等）、货物细节（如货物名称、货物产地、货物数量等）。F2，F3，…，F7 均代表数据流名，其来源、去向以及该数据流所含内容见表 6-12。

表 6-12　数据流字典清单（部分）

编号	名称	来源	去向	所含数据结构	说明
F1	订单	S1 顾客	P1.1.1 编辑处理	订单标识、顾客细节、货物细节	
F2	顾客数据	P1.1.1 编辑订单	P1.1.2 登录新顾客数据	订单标识、顾客细节	用于登录顾客数据
F3	顾客数据	P1.1.2	D2 顾客文件	订单标识、顾客细节	用于建立顾客数据
F4	订单	P1.1.1	P1.1.3 判断、核对	订单标识、顾客细节、货物细节	用于判断核对
F5	货物情况	D1 货名文件	P1.1.1 编辑订货单	标识、顾客细节、货物细节	用于编辑订单
F6	不合格订单	P1.1.3 判断、核对	S1 顾客	订单标识、顾客细节、货物细节、不合格原因	退还顾客
F7	可供订单	P1.1.3	P1.1.3 开票、修改库存	标识、顾客细节、货物细节	用于供货

表 6-13　数据存储字典清单（部分）

编号	名称	输入数据流	输出数据流	内容	说明
D1	货名文件		F5	货物名称、标识	用于编辑订货
D2	顾客文件	F3	F47	标识、顾客细节	用于编辑订货
D3	库存文件	F50	P1.1.3 F10	标识、货物细节、库存量	用于记录货物数量和发订单
D4	待订货物文件	F13	F14	标识、顾客细节、缺货总量	用于编发订单、记录缺货

表 6-14　数据处理字典清单（部分）

编号	名称	输入	处理逻辑概况	输出	说明
P1.1.1	编辑顾客订单	F1 订单 F47 顾客情况 货名文件	根据订单和顾客情况，判断新老客户，并编辑成合适的订单	F4 订单 F2 新客户数据	
P1.1.2	登录新顾客 数据	F2 新顾客数据	读入新客户的细节，写入顾客文件中去	F3 新顾客情况	登记
P1.1.3	判断、核对	F4 订单	检验顾客订单，分成不合格、可供、缺货三种情况处理	F6 不合格订单 F7 可供订单 F11 缺货订单	检验订单属于哪一类，便于以后分别处理

　　表 6-13 为数据存储字典清单，均以 D 表示。此处仅对 D9 进行解释，其余类推。D9（图 6-15）为应账款明细账，它是用来记录销售收入（应收款）的库文件。通过 P1.1.5（建立收款明细账）的处理将数据流 F9 写入 D9（应收款明细账）。D9 包含如下信息：标识货名、数量、顾客名、应收款、日期。从图 6-17 中 D9 的输出数据流为 F43 到 P1.3.5编制报表处理），其内容包含标识、货名、数量、顾客、应收款、日期。

表6-14为数据处理字典清单，它对数据流图中的所有处理功能做出说明。此处仅以P1.1.1（编辑订单）为例（图6-15）、商店根据订单（F1）、顾客情况（F47），判断是新老主顾编辑成合适的订单（F4），同时，对于新主顾，从P1.1.1输出新顾客数据（F2），再登记新顾客数据处理（P1.1.2）。凡是图6-15中方框都代表处理，以P为代表。在数据字典处理清单中（表6-18）均有详细说明，表6-14只是一部分。依此类推。

表6-15列出的数据字典中的部分条目，并给出数据描述的部分内容。它是对数据流图中各个存储文件中记录的字段予以逐个定义，规定其类型、长度和各个字段的作用。例如，订单数据，它由订单号、顾客号、顾客名、顾客电话、货物编号、货物名、货物数量、订单标志、厂商编号等（表6-15）均给以定义（类型、长度、说明），这里列出的只是各数据元素的一部分。

表6-15 订单数据描述（部分）

数据编号	名称	类型	长度	说 明	备 注
F-01	订单号	整型	6	订单编号	
F-02	顾客号	整型	6		
F-03	顾客名	字符型	4	顾客姓名	
F-04	顾客电话	整型	8	用于缺货到货时通知	
F-05	货物编号	整型	4		
F-06	货物名	字符型	8		
F-07	货物数量	整型	3	记录货物数量	
F-08	订单标志	字符型	1	标志是可供、不合格、缺货	
F-09	厂商名	整型	12	记录供货厂商姓名	
F-10	厂商编号	整型	6		

※ 本章小结

结构化分析是面向数据流开展需求分析工作的一种有效方法。结构化分析采用的主要工具是数据流图，一般采用自顶向下、逐层分解的演绎分析法来定义系统的需求，即先把分析对象抽象成一个系统，然后自顶向下的逐层分解，将复杂的系统分解成简单的、能够清楚地被理解和表达的若干个子系统。过程逻辑可以采用结构化语言、判定树、判定表等工具来表示。采用数据字典对流程图中的各要素进行说明，包括数据流字典、数据存储字典、数据处理字典、数据项字典等。

※ 思考与练习

1.请根据下列陈述的处理逻辑分别用结构化语言、决策表和决策树表示。

邮寄包裹收费标准如下：若收件地点在1000km以内，普通件每千克2元，挂号件每千克3元。若收件地点在1000km以外，普通件每千克2.5元，挂号件每千克3.5元；若重量大于30kg，超重部分每千克加收0.5元。请绘制确定收费决策表、决策树（重量用W表示）。

2.请根据下列陈述绘制数据流图，并建立数据流、数据存储、数据项的数据字典。

工资管理系统的数据处理过程如下：首先是"填制工资表"：根据人事变动单、考勤表两个输入单据，经过处理输出形成工资卡片文件；然后是"汇总工资"：从工资卡片输入数据，按部门汇总后形成工资汇总表文件；最后"发放工资"：过程单元从工资卡片文件打印出工资条。

3. 以下数据流图包含大学课程注册系统的环境图和 0 层 DFD（图 6-18 和图 6-19）。识别并解释在这些图中存在的违反规则和指南的情况。

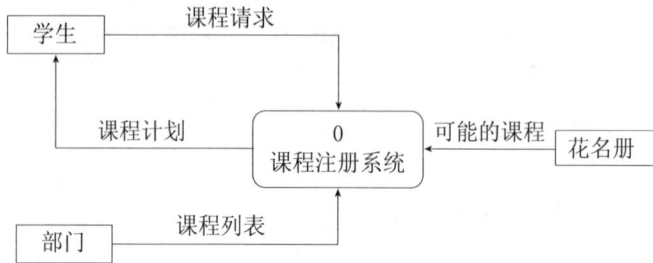

图 6-18　大学课程注册系统环境图

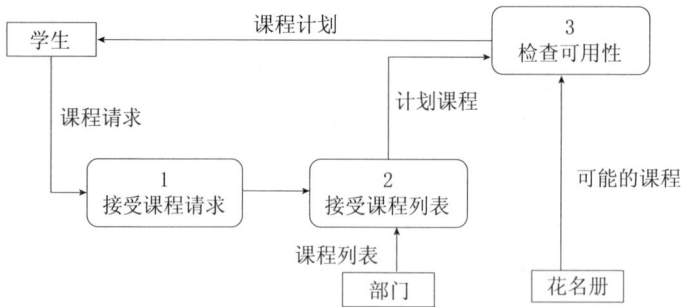

图 6-19　大学课程注册系统 0 层图

4. 某图书馆外文采购室有两个组：订书组和验收、登记组，分别负责书籍订购和进书验收业务。订书组的主要业务是根据供书单位的订书目录选择要订的图书，且以前订过的图书不再订购，最后打印订单，每月将订书情况进行统计，统计结果交给图书馆领导。验收、登记组的业务是根据供书单位提供的发票和图书及订单验收已到图书，并进行进书的查重检查。如果某些图书已进，就转让出去或另行处理，对不重的书登记到图书总账，将书转到编目室，每月进行进书统计，报馆领导。请根据上述描述，画出数据流程图、数据字典。

5. 请画出某学院购置设备的数据流程图。流程如下：由需购置设备的部门填写申购表格，将此表格送交设备科，设备科填写预算表格送财务处，财务处核对后，将资金返回设备科，设备科利用资金购买设备，购得设备送需购设备的部门，将收据送财务处。

6. 根据下列所述员工招聘系统，从顶层图开始，分层绘制 DFD，并尽可能详尽地描述必要的细节，对陈述不完整部分可以提供补充解释。

某家工程公司拥有大约 500 名各类工程师。公司保留所有员工的记录，包括他们的技能、分派的项目、工作的部门等。新员工的招聘主要依据应用表格中的数据以及招聘经理面试时的评估意见。有意向的人员可以在任何时候提交求职申请。工程经理通知人事经理什么时候某个职位开放，并列出胜任该职位的必要特征。人事经理把开放职位的特征和大批申请者的资格进行比较，然后安排主管开放职位的经理与三个最佳候选人进行面谈。在接收到经理对每个人面谈的评估之后，人事经理根据候选人求职申请的评估以及该职位的特征做出招聘决定，并将决定向应聘者和经理通报。被拒绝的申请人的求职申请保留 1 年，之后对求职申请进行清理。当工程师被雇用之后要签署不泄密协议，该协议和其他有关该员工的信息一起存档。

7.根据下列有关医院药房系统的陈述，绘制顶层图和 0 层图，对陈述不完整部分可以提供补充解释。

某医院的药房系统负责完成为医院的所有患者开医学处方，并把这些药发到负责患者看护的护理站的任务。由医生开具处方并送到药房。药房技术人员查看每个处方并将其送到合适的药站。必须将合成（实地制作）的药方送到实验站，商用的药方送到安全站点，麻醉药处方送到安全站点。在每一站，药剂师审查每个订单，检查患者文档确定药方的适合性，如果处方属于安全剂量而且不会对患者文档的其他药品和过敏药产生副作用，则填单。如果药剂师不填单，要联系处方医生对该情况进行讨论。在这种情况下，可能最后会填单，或者医生根据讨论结果开具其他处方。一旦填单之后，处方标签产生，列出患者的姓名、药品类型和剂量、到期时间、任何特殊的医嘱。标签贴在药的容器上，订单送到合适的护理站。患者的许可号、药品类型和分发量、处方成本等发送到收款部门。

8.根据下列有关政府采购的陈述，绘制环境图和 0 层图，对陈述不完整部分可以提供补充解释。

某公司 ABC 向政府机构出售计算机设备。每当政府机构需要从 ABC 购买设备时，它就依照以前和公司商议过的标准合同发布购买订单。ABC 针对不同的政府机构持有几种标准合同。当 ABC 的签约办公室接收订单后，在采购订单上的合同号就被输入到合同数据库中。使用数据库中的信息，签约办公室审查合同条款和条件，并确定购买订单是否有效。 如果合同没有到期，订购的设备类型列在最初的合同上，而且设备总成本没有超过预先确定的期限，则采购订单是有效的。如果采购订单无效，签约办公室就把采购订单发回至请求机构，并附信声明为什么不能够填单，然后将该信存档。如果采购订单是有效的，签约办公室就将采购订单号输入到合同数据库中，并突出标记该订单。然后采购订单被送至订单履行部门。这里要检查所订购的每个货品的库存情况。如果有任何一种产品缺货，则订单履行部门创建一份报告，列出没有货的产品，并将其附在采购订单上。所有采购订单都转到仓库，在那里有货的物品从架上取出来并运输给客户。仓库在采购订单上附上运输账单。列出所运的货品，并将其送到签约办公室。如果所有货品都运了了，签约办公室关闭数据库中采购订单记录的突出标记。采购订单、运输账单、异常报告（如果附上的话）在签约办公室存档。

9.根据下列有关保险索赔财务系统的陈述，绘制数据流图，对陈述不完整部分可以提供补充解释。

某健康保险公司的索赔条件如下：当投保人用完基本的保险金，公司雇员将通过另一个保单偿付索赔。投保人必须提交一份"健康保险赔偿说明"（EOHCB）和一份主要健康保险赔付已支付的证明。所有"索赔"请求均邮寄到处理索赔的相关部门。

首先，由进行筛选索赔工作的办事员对"索赔"进行排序，该办事员退回所有不包含在（EOHCB）中的索赔请求。这些退回的"索赔"作为"未决索赔"而被创建、预约和按日期存储。每周这位办事员删除一次所有超过 45 天的索赔请求，并致信投保人，通知这件事情已经结束。对包含 EOHCB 的索赔请求按照索赔类型进行排序，对包含一个"EOHCB 索引号"的请求与一个从"预约索赔"文件中去除的表格相匹配。在每天结束前，所有这些索赔均被传送到预约处理部门。

在预约处理部门，办事员筛选出有错漏数据的 EOHCB。如果可能就完成表格，否则将索赔复制一份退回给投保人，并附上一封所要漏掉的数据的信。原始的 EOHCB 被放在"预约索赔"文件中，一个"未决索赔"也被发送到进行筛选索赔工作的办事员那里。为了便于归档，每个完成的索赔都被分配一个索赔编号，并被微缩拍照以及进行分类整理。

另一位办事员检查"基本赔付"文件中是否包含"基本健康保险赔付证明"，如果不包含则向投保人发一封信索要证明文件。EOHCB 被放到"未决证明文件"中，如果索赔在此文件中保存超过 14 天，就会被自动清除（发一封信给索赔已被清除的投保人）。

如果证明文件存在，另一位办事员从"保单"文件中提出保险客户的保单记录。在 EOHCB 中记录该保单和行动代码，并对保单重新归档。每天结束前，所有预处理的索赔均被传送到信息系统。

第7章 信息系统设计

※ 学习目标

◆设计方法

◆设计原则

◆面向对象的设计

7.1 设计方法

在开发过程的这一刻，我们对客户问题的解决方案已经有了抽象描述，并以软件体系结构设计的形式表现出来。同样地，我们已经有一个把设计分解成软件单元和为系统分配功能性需求的计划。体系结构也指明了约束单元间如何协作的协议，并且精确地确定了每个单元的接口。不仅如此，体系结构设计过程还解决并且文档化了所有已知的关于当前构件的数据共享、协调和同步问题。当然，当我们对独立的软件单元设计有了更多了解时，我们的一些决策会改变。但此时，系统的设计已经足够完整，我们已能够把各个单元的设计当成独立的任务来对待。

实际上，体系结构设计阶段的末期和模块级别设计阶段的初期没有严格界限。很多软件架构师认为，直到系统所有原子模块和接口都被详细指定了，体系结构设计才算完成。但是，出于项目管理的目的，把需要考虑整个系统的设计任务和只关乎个体软件单元的设计任务分开是有利的，因为后者可以被分解成不同的工作任务来分配给独立的设计团队。因此，在体系结构设计阶段，如果我们能越是严格地把工作限制在只确定主要的软件单元和接口的范围内，我们就越能使剩下的设计工作并行化。本章关注于如何具体设计一个已经很好地定义了的体系结构单元，如何把该单元分解成组成模块。

再强调一遍，软件体系结构设计决策类似于准备一顿餐会的决策：餐会的正式程度、客人的数量、菜肴的数量、烹饪的主题（比如，意大利式的或墨西哥式的），或许还有主要的配料（比如，主食中是猪肉还是羊肉，食用哪个季节的蔬菜）。这些决策帮助我们确定我们可能要做的菜的范围，和体系结构设计的决策的地位一样，它们是整顿餐会的计划和准备的基础，它们在烹饪过程中是不能轻易改变的。在设计中仍然还存在很多未解决的问题：比如，准备哪些具体的菜肴，肉和蔬菜的烹饪方法，补充的配料和调味品。这些次要决策更倾向适用于指定的菜肴而不是整顿餐会。它们可以被独立地制作，或委托给其他的厨师。但是次要决策仍然需要重要的知识和专门技能，这样最终的菜肴才能美味可口，并在约定的时间内准备就绪。

尽管有很多菜谱和指导视频来教你如何从配料着手完成一顿晚餐，但是我们没有相应的"设计菜谱"来指导你如何从软件单元的规格说明走到它的模块设计。很多设计方法提倡自顶向下的设计，递归地把设计单元分解成更小的构成单元。但事实上，设计人员会交替使用自顶向下、自底向上、由外到内的设计方法，有时会集中关注于设计中不太明了的部分，而有时会详细充实设计中他们已经很熟稔的部分。Krasner、Curtis 和 Iscoe 研究了 19 个项目中设计人员的习惯（Krasner, Curtis, Iscoe 1987），他们指出，当设计人员对解决方法和含义能够充分了解时，他们往往在抽象的设计层次间时上时下地进行设计，这个研究结论也得到了其他证据的认可。举个例子，一个设计团队可能在开始阶段使用自顶向下或者由外到内的方法，以关注系统的输入和期望的输出；还有另一种选择，即首先探究设计中最难、最不明确的一部分，因为隐蔽问题所引发的异常可能会迫使整个设计做出改变，所以这种方法也是有意义的。如果我们使用敏捷开发的方法，我们将按垂直切片的方式推进开发过程，每次我们都迭代地设计和完成各个功能子集。在任何时候，设计团队若发现某现成的设计方案可能会适用，团队即可转向自底向上的设计方法，尝试使用和调整已有的方案去解决该部分设计。为了简化过度复杂的方案，或者出于某特殊性能的考虑而对设计进行优化，会周期性地重审和修改设计决策，我们将这种活动称为重构（refactoring）。

通往最终解决方案过程本身并不如我们制作的文档重要，文档能帮助其他开发人员理解它。这种理解不仅对实现该设计的程序员是很重要的，并且对将来要修改它的维护人员、测试人员、确认设计是否能够满足需要的评审人员（reviewer）以及编写描述系统工作的用户手册的专门人员都是非常关键的。一种达到这种理解的方法叫做"伪造合理的设计过程"（faking the rational design process）：编写反映自顶向下的设计过程的设计文档，即使这并不是实际设计过程中使用的方法（Parnas, Clements 1986）。

7.2 设计原则

有了清晰的需求和高层的系统体系结构设计，我们就可着手向设计中添加更多的细节。体系结构设计可以表达为体系结构风格，每种风格提供了如何把系统分解成各个主要构件的建议。体系结构风格解决了关于通信、同步和数据共享的一般性问题，但是，一旦我们关注把各独立构件和软件单元分解成模块，我们必须表明不再一般性的功能和性质。相对来说，它是我们的设计所特有的，因此不太可能会有现成的方案可以借鉴。

设计原则是指把系统功能和行为分解成模块的指导方针。它从两种角度明确了我们应该使用的标准：系统分解，以及确定在模块中将要提供哪些信息（和隐蔽哪些信息、设计原则在进行创新性设计时十分有用。此外，它们还有其他用武之地，特别是在设计公约、设计模式和体系结构风格的设计建议基础的形成过程中。因此，为了合理有效地使用风格和模式，我们必须理解和欣赏它们所隐含的原则，否则，当定义、修改和拓展模式与风格时，我们极有可能违背了该公约或模式使用和提倡某个原则的初衷。

根据所搜集的经验和观察结果，我们给新的设计建议进行了"编码"，因此本书的软件设计原则有所增加。譬如，Davis 提出了 201 条软件开发原则（Davis 1995），其中许多原则是与设计相关联的。在本书中，我们从 6 个领域的原则来对我们的讨论进行约束：模块化（modularity）、接口（interface）、信息隐藏（information hiding）、增量开发（incremental development）、抽象（abstraction）和通用性（generality）。

这其中的每个领域似乎都已经受住了时间的考验，并且在风格和方法学上都彼此独立。融合使用这些原则有助于我们创造出高效、健壮的设计。

7.2.1　模块化

模块化（modularity），也称作关注点分离（separation of concern），是一种把系统中各不相关的部分进行分离的原则，以便于各部分能够独立研究（Dijkstra 1982）。关注点（concern）可以是功能、数据、特征、任务、性质或者我们想要定义或详细理解的需求以及设计的任何部分。为了实现模块化设计，我们通过辨析系统不相关的关注点来分解系统，并且把它们放置于各自的模块中。如果该原则运用得当，每个模块都有自己的唯一目的，并且相对独立于其他模块。使用这种方法，每个模块的理解和开发将会更加简单。同时，模块独立也将使得故障的定位和系统的修改更加简单（因为对于每一个故障，可疑的模块会减少，且一个模块的变动所影响的其他模块会减少）。

为了确定一个设计是否很好地分离了关注点，我们使用两个概念来度量模块的独立程度：耦合度和内聚度（Yourdon, Constantine 1978）。

1.耦合度

当两个模块之间有大量依赖关系时，我们就说这两个模块是紧密耦合的（tightly coupled）。松散耦合的（loosely coupled）模块之间具有某种程度的依赖性，但是它们之间的相互连接比较弱。非耦合的（uncoupled）模块之间没有任何相互连接，它们之间是完全独立的，如图7-1所示。

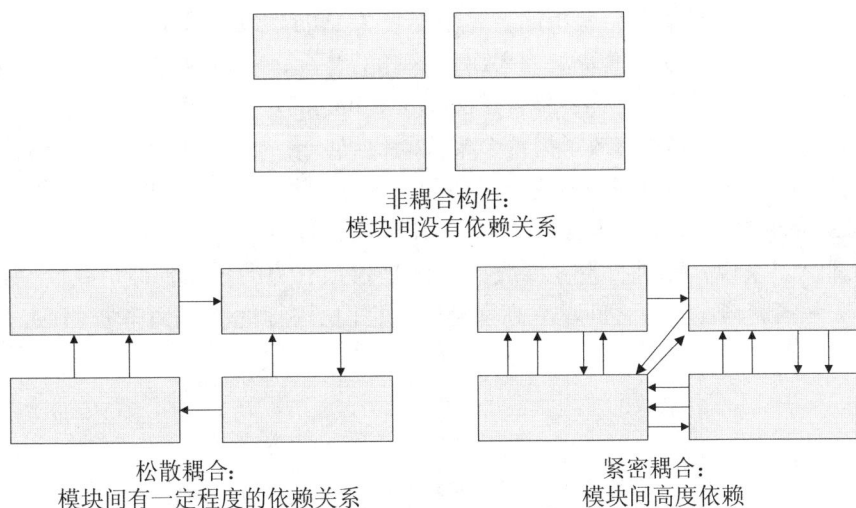

非耦合构件：
模块间没有依赖关系

松散耦合：　　　　　　　　　　　　　紧密耦合：
模块间有一定程度的依赖关系　　　　模块间高度依赖

图 7-1　模块间的关系

模块之间的依赖方式有很多种：

（1）一个模块引用另一个模块。模块A可能会调用模块B的操作，因此，模块A为了完成其功能或处理，依赖于模块B。

（2）一个模块传递给另一个模块的数据量。模块A可能会传递参数、数组的内容或者数据块给模块 B。

（3）某个模块控制其他模块的数量。模块 A 可能会将一个控制标记传给 B。标记的值会告诉模块 B 某些资源或子系统的状态，调用哪个进程，或者是否需要调用某个进程。

因此，如图 7-2 所示，我们可以根据依赖关系的范围（从完全依赖到完全独立）来测量耦合度。

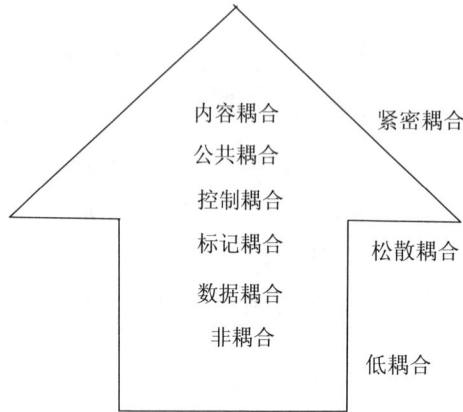

内容耦合　　　　紧密耦合
公共耦合
控制耦合
标记耦合　　　　松散耦合
数据耦合
非耦合　　　　　低耦合

图 7-2　耦合的类型

实际上，一个系统不可能建立在完全非耦合的模块上。就像一张桌子和几把椅子一样，尽管是互相独立的，但也可以组成一套餐厅用具。因此，上下文环境可能会间接地耦合那些似乎是非耦合的模块。例如，如果一个功能中止另一个功能的执行，那么这两个不相关的功能就会进行交互（比如，授权认证功能会禁止非授权用户取得受保护的服务），因此，没有必要使模块完全独立，只要尽可能地减少模块之间的耦合度即可。

某些类型的耦合与其他类型相比，是不尽如人意的。最不希望发生的情况是，一个模块实际上修改了另外一个模块。如果出现这样的情况，被修改的模块就完全依赖于修改它的那个模块，我们称之为内容耦合（content coupling）。当一个模块修改了另外一个模块的内部数据项，一个模块修改了另一个模块的代码，或一个模块内的分支转移到另外一个模块中的时候，就可能出现内容耦合。在图 7-3 中，模块 B 产生并调用了模块 D（在诸如 LISP 和 Scheme 的程序设计语言中，这种情况是很可能出现的）。尽管从程序自我改良和程序动态学习来说，能进行自我修改的代码是很强有力的工具，但是我们也很清楚地看到它所带来的影响：模块之间具有高耦合度，它们不能独立地设计和被修改。

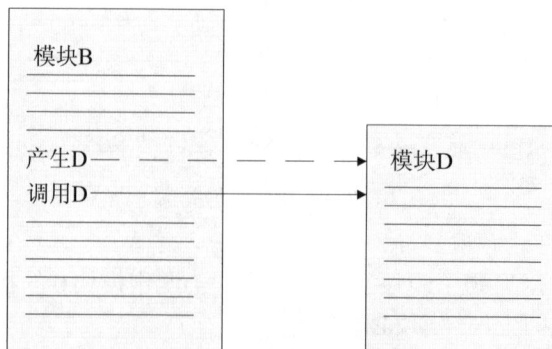

模块 B

产生 D
调用 D

模块 D

图 7-3　内容耦合的例子

通过对设计进行组织，使其从公共数据存储区来访问数据，我们可以在某种程度上减少耦合的数量。但是，依赖关系仍然存在，因为对公共数据的改变意味着需要通过反向跟踪所有访问过该数据的模块来评估该改变的影响。这种依赖关系称为公共耦合（common coupling）。就公共耦合而言，很难确定是哪个模块把某个变量设置成一个特定值的。图 7-4 给出了公共耦合是如何动作的。

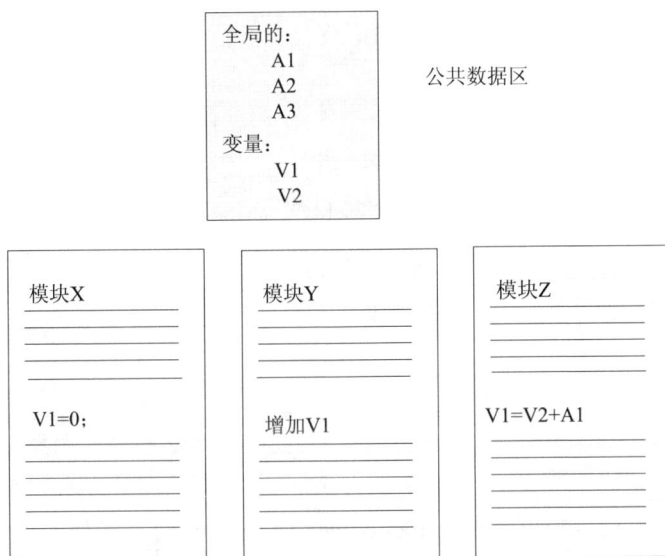

图 7-4　公共耦合的例子

当某个模块通过传递参数或返回代码来控制另外一个模块的活动时，我们就说这两个模块之间是控制耦合（control coupling）的。受控制的模块如果没接收到来自控制模块的指示，是不可能完成其功能的。控制耦合的设计有一个优点：可以使每个模块只完成一种功能或只执行一个进程。这种限制把从某个模块传送到另外一个模块所必需的控制信息量减到最少，并且把模块的接口简化成固定的、可识别的参数和返回值的集合。

如果使用一个复杂的数据结构来从一个模块到另一个模块传送信息，并且传递的是该数据结构本身，那么两个模块之间的耦合就是标记耦合（stamp coupling）。如果传送的只是数据值，不是结构数据，那么模块之间就是通过数据耦合（data coupling）连接的。标记耦合体现了模块之间更加复杂的接口，因为在标记耦合中，两个交互的模块之间的数据的格式和组织方式必须是匹配的。因此，数据耦合更简单，而且因数据表示的改变而出错的可能性很小。如果模块之间必须有耦合，那么数据耦合是最受欢迎的。它是跟踪数据并进行改变的简便方法。

面向对象设计中的模块通常有较低的耦合度，因为每个对象模块的定义都包含了它自己的数据和作用于这些数据上的操作。实际上，面向对象设计方法目标之一就是为了实现松散耦合。然而，基于对象进行的设计并不能保证在最终的设计结果中所有模块之间都有低耦合。例如，如果我们生成一个对象，这个对象存储了公共数据，通过访问它的方法，其他对象可以控制这些公共数据，这样，这些控制对象之间就形成了公共耦合。

与度量模块之间的相互依赖性相比，内聚度是指模块的内部元素（如数据、功能、内部模块）的"黏合"程度。一个模块的内聚度越高，模块内部的各部分之间的相互联系就越紧密，与总体目标就越相关。一个模块如果有多个总体目标，它的元素就会有多种变化方式或变化值。例如，一个模块同时包含了数据和例程，并用以来显示那些数据，这个模块可能会频繁更改且以不同的方式变更，因为每次使用这些数据时都需要使用改变这些值的新功能和显示这些值的新方法。我们的目的是尽可能地使模块高内聚，这样各个模块才能易于理解，减少更改。图 7-5 给出了几种类型的内聚。

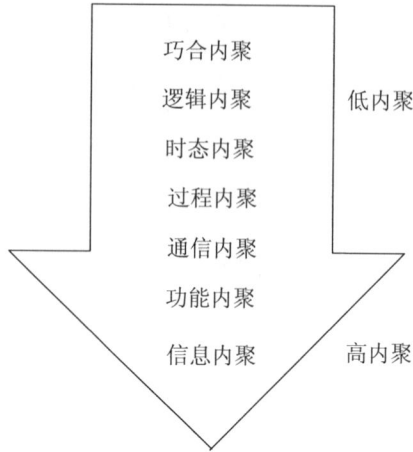

图 7-5　内聚的类型

　　内聚度最低的是巧合内聚（coincidental cohesion），这时，模块的各个部分互不相关。在这种情况下，只是由于为了方便或是偶然的原因，不相关的功能、进程或数据处于同一个模块中。例如，一个设计含有若干个内聚的模块，但是其他的系统功能都统统放在一个或多个杂项模块中，这种设计不是我们所期望的。

　　当一个模块中的各个部分只通过代码的逻辑结构相关联时，我们称这个模块具有逻辑内聚（logical cohesion）。如图 7-6 所示，考虑这样一个模板模块或过程，它根据接收的参数值不同而有不同的行为操作。尽管这些不同的操作体现了一定的内聚，它们之间会共享一些程序状态和代码结构，但是这种代码结构的内聚相对于数据、功能或目标的内聚是比较弱的。随着时间的增长，这些操作极有可能会有不同的变化，这些变化也可能包括一些新操作的加入，此时，模块将会变得非常难于理解和维护。

　　有时，设计被划分为几个用来表示不同执行状态的模块：初始化、读进输入、计算、打印输出和清除，这样的内聚是时态内聚（temporal cohesion），在这种模块中数据和功能仅仅因在一个任务中同时被使用而形成联系。这样的设计会造成代码的重复，因为会有多个模块对关键数据结构都有类似的操作。在这种情况下，对数据结构的改动会引起所有与之相关的模块的变动。在面向对象程序中，对象的构造函数和析构函数有助于避免初始化模块和清除模块中的时态内聚。

　　通常，必须按照某个确定的顺序执行一系列功能。例如，必须先输入数据，接着进行检查，然后操纵数据。如果模块中的功能组合在一起只是为了确保这个顺序，那么该模块就是过程内聚（procedurally cohesion）。过程内聚和时态内聚类似，但过程内聚有另外一个优点：其功能总是涉及相关的活动和针对相关的目标。然而，这样一种内聚只会出现在模块本身运用的上下文环境中。倘若不知道该模块的上下文环境，我们很难理解模块如何以及为什么会这样工作，也很难去修改此模块。

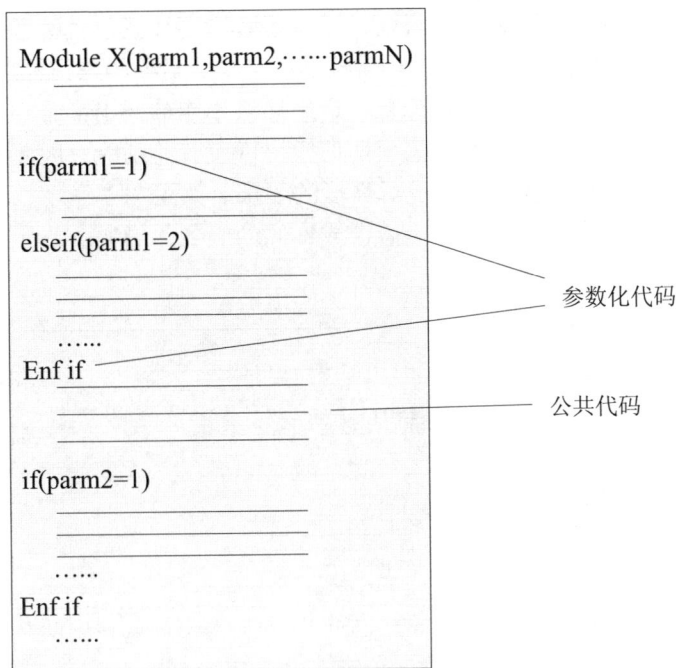

```
Module X(parm1,parm2,……parmN)
_____

if(parm1=1)
_____

elseif(parm1=2)
_____
……
Enf if

if(parm2=1)
_____
……
Enf if
……
```

参数化代码

公共代码

图 7-6　逻辑内聚的例子

或者，我们还可以将某些功能关联起来，因为它们是操作或生成同一个数据集的。例如，有时可以将不相关的数据一起取出，因为它们由同一个输入传感器搜集，或者通过一次磁盘访问就可以取到它们。这样围绕着数据集构造的模块是通信内聚的（communicationally cohesion）。解决通信内聚的对策是将各数据元素放到它本身的模块中去。

我们认为的理想的情况是功能内聚（functionall cohesion），它满足以下两个条件：在一个模块中包含了所有必需的元素，并且每一个处理元素对于执行单个功能来说都是必需的。某个功能内聚的模块不仅执行设计的功能，而且只执行该功能，不执行其他任何功能。

在功能内聚的基础上，将其调整为数据抽象化和基于对象的设计，这就是信息内聚（information cohesion）。它们的设计目的是相同的：只有当对象和动作有着一个共同且明确的目标时，才将它们放到一起。例如，如果每一个属性、方法或动作对于一个对象来讲都是必需的，那就说这个面向对象的设计模块是内聚的。面向对象系统通常有较高内聚的设计，因为每个模块中含有单一的，且可能是复杂的数据类型和所有对该数据类型的操作。

7.2.2　接口

在前面章节中我们看到，软件系统有一个外部边界和一个对应的接口，通过这个接口软件系统可以感知和控制它的环境。类似地，每个软件单元也有一个边界将它和系统的其余部分分开，以及一个接口来和其他软件单元进行交互。接口（interface）为系统其余部分定义了该软件单元提供的服务，以及如何获取这些服务。一个对象的接口是该对象所有公共操作以及这些操作的签名（signature）的集合，指定了操作名称、参数和可能的返回值。更全面地讲，依据服务或假设，接口还必须定义该单元所必需的信息，以能确保该单元能够正确工作。例如，在上述对象的接口中，对象的操作可能要使用程序库、调用外部服务，或者只有上下文环境符合一定条件时才能被调用，而一旦不满足或违背这些条件中的任何一个，操作将不能如预期那样提供应有的功能。因此，软件单元的接口描述了它向环境提供哪些服务，以及对环境的要求。如图 7-7 所示，一个软件单元可能有若干不同的接口来描述不同的环境需求或不同的服务。例如，单元所提供的服务取决于用户的权限。

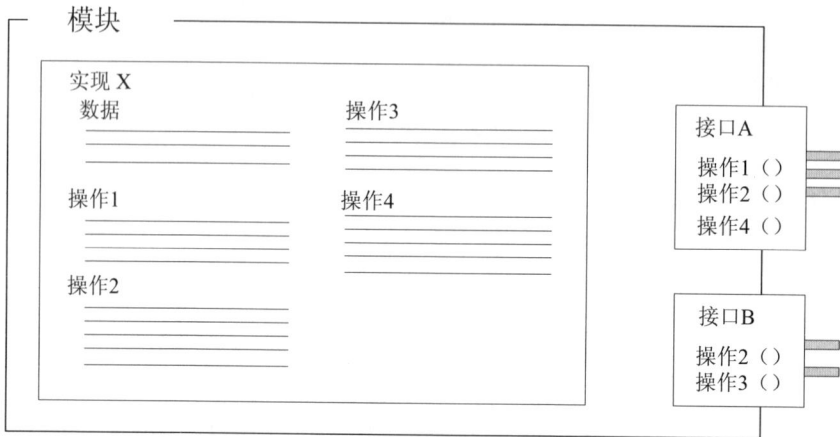

图 7-7　接口示例

接口是这样一种设计结构，它对其他开发人员封装和隐藏了软件单元的设计和实现细节。比如，我们定义堆栈对象 stack 和操作堆栈的方法 push 和 pop，而不是直接控制堆栈的变量，我们使用对象和方法而不是堆栈本身来改变堆栈的内容。我们还可以定义探头（probe）来向我们提供堆栈的信息（是空是满，栈顶元素是什么），而不需要对堆栈状态做任何改变。

软件单元接口的规格说明（specification）描述了软件单元外部可见的性质。正如需求规格说明从系统边界的角度描述系统行为一样，接口的规格说明的描述以单元的边界为依据对软件单元做出描述：该单元的访问函数、参数、返回值和异常。一个接口的规格说明需向其他系统开发人员传达正确应用该软件单元的所有信息，这些信息并不仅仅局限于单元的访问功能和它们的签名，还有以下几点。

（1）目标：我们为每个访问函数的功能性建立充分详细的文档，以帮助其他开发人员找出最符合他们需要的访问函数。

（2）前置条件：我们列出所有假设，又称为前置条件（precondition）（如输入参数的值、全局资源的状态，或者存在哪些程序库及软件单元），以帮助其他开发人员了解在何种情况下该软件单元才能正确工作。

（3）协议：协议的信息包括访问函数的调用顺序、两个构件交换信息的模式。比如，一个模块进行调用共享资源之前需要被授权允许。

（4）后置条件：我们将可见的影响称为后置条件（postcondition）。我们为每个访问函数的后置条件编写文档，包括返回值、引发的异常以及公共变量（如输出文件）的变化，这样，调用它的代码才能对函数的输出做适当的反应。

（5）质量属性：这里描述的质量属性（如性能、可靠性）是对开发人员和用户可见的。例如，我们软件的一名客户可能想知道是否已经为数据插入或检索优化了相关的内部数据结构。（一种操作的优化往往会降低其他操作的性能。）

理想的情况是，单元的接口规格说明精确定义了所有可接受的实现的集合。但实际中，该规格说明必须足够精确，才能保证任何满足规格说明的实现都是可接受的。例如，操作 Find 返回列表中一个元素的索引，这个操作的规格说明必须陈述相同元素多次在列表出现时会发生的情况（如，可以返回第一次出现的该元素的索引，或任一次出现该元素的索引），没有找到该元素或者列表为空时会发生什么，等等。另外，规格说明也不能过于严格以避免将一些可接受的实现排除在外。例如，操作 Find 的规格说明不应该指定操作必须返回第一次出现该元素的索引，因为任何一次都是可以的。

接口规格说明也使得其他开发人员不能深入了解和探究我们的设计决策。初看上去，允许其他开发人员在我们的软件设计的基础上优化他们的代码似乎是合理的，但是这种优化是软件单元之间的一种形式的耦合，它会降低软件的可维护性。如果一名开发人员要依赖于我们软件的实现方式来编写他的代码，那么他的代码和我们的代码之间的接口就已经改变了：他需要了解更多已有规格说明以外的信息。当我们想对软件做出改动来满足新的实现时，要么我们保持当前接口不变，要么其他开发人员改变他的代码。

软件单元的接口还暗示着耦合的本质含义。如果一个接口将访问限制在一系列可被调用的访问函数之内，那么它们之间就没有内容耦合。但如果其中一些访问函数有复杂的数据参数，那么可能会存在标记耦合。为了实现低耦合，我们想将单元的接口设计得尽可能地简单，同时我们也想将软件单元对于环境的假设和要求降至最低，来降低系统其他部分的改变会违背这些假设条件的可能性。

7.2.3　信息隐藏

信息隐藏（information hiding）（Parnas 1972）的目标是使得软件系统更加易于维护。它以系统分解为特征：每个软件单元都封装了一个将来可以改变的独立的设计决策，然后我们根据外部可见的性质，在接口和接口规格说明的帮助下描述各个软件单元。因此，这个原则的名称本身也反映了它的结果：单元的设计决策被隐藏了。

“设计决策”这种说法其实是很笼统的，它可以有很多指代，包括数据形式或数据操作、硬件设备或者其他需要和软件交互的构件、构件之间消息传递的协议，或者算法的选择。因为设计过程牵涉到软件很多方面的决策，所以最终的软件单元封装了各种类型的信息。

因为我们想封装可变的设计决策，所以我们必须保证接口本身不涉及设计中可变的部分。以排序算法的封装为例，排序模块可以将输入串排序成有序的输出串，然而该方法却引起了标记耦合（即单元间传递的数据被限制成了字符串）。如果数据格式的可变性是一个设计决策，那么数据格式不应该暴露在模块的接口中。一个更好的设计应该是把数据封装在单个的、独立的软件单元中，而排序模块可以输入和输出任何对象类型，并使用在数据单元接口中声明的访问函数，实现对对象的数据值检索和排序的功能。

通过遵循信息隐藏原则，一个设计将会被分解成很多小的模块，再者，这些模块可能具有了所有类型的耦合，比如：

（1）隐藏了数据表达形式的模块可能是信息内聚的；

（2）隐藏了算法的模块可能是功能内聚的；

（3）隐藏了任务执行顺序的模块可能是过程内聚的。

因为每个软件单元只隐藏了一个特定的设计决策，所以它们都具有高内聚度。即使是过程内聚，软件单元都隐藏了单个任务的设计。随之而来的结果是大量的模块，这使我们的操作看起来变得难以控制，但是我们会有方法在模块数量和信息隐藏之间做出权衡。在本章的后面，我们将会看到如何使用依赖图和抽象来管理大量的模块集合。

信息隐藏的一个很大的好处是使得软件单元具有低耦合度。每个单元的接口列出了该单元提供 的访问函数和需要使用的其他访问函数的集合。这个特征使得软件单元易于理解和维护，因为每个单元相对来说都是自包含的。如果我们能够正确地预测出随着时间的增长设计的哪些部分会有变化，那么随后的维护便会更容易，因为我们能够把变化的位置定位到特定的软件单元。

7.2.4 增量式开发

假定一个软件设计是由软件单元和它们的接口所组成的，我们可以使用单元之间的依赖关系来设计出一个增量式设计开发进度表。首先，我们指定单元间的使用关系（uses relation）（Parnas 1978b），它为各个软件单元和它依赖的单元之间建立关联。回顾我们关于耦合的讨论，两个软件单元A和B，它们不彼此调用也可能会互相依赖。例如，单元A依赖单元B构造一个数据结构，并存储在一个独立的单元C中，随后A再访问C。总的说来，如果软件单元A如它接口中描述的那样"需要一个正确的B"才能完成A的任务，那么我们说软件单元A"使用"软件单元B（Parnas 1978b）。因此，倘若只有单元B正确工作才能保证A也能正确工作，则单元A使用单元B。以上的讨论是假设我们能从单元的接口规格说明中得知系统的使用关系，而当接口规格说明不能完整地描述单元间的依赖关系时，我们需要对每个单元的实现计划有充分认识，才能知道它将使用哪些其他单元。

图7-8将系统的这种利用关系表述成使用图（uses graph），图中的节点代表软件单元，有向边从使用其他单元的软件单元出发（比如图中的A）指向被使用的单元（比如图中的B）。使用图可以帮助我们逐步确定更大的系统子集，对此我们可以增量地进行实现和测试。一个系统子集包括一些有用的子程序、它所使用的所有软件单元、那些软件单元所使用的所有软件单元，一直如此下去……"从概念上来讲，我们从使用图中拉出程序P1，然后看P1之上是哪些程序，这些程序就是我们要的子集"（Clements et al. 2003）。因此，我们的系统可以增量构建的程度取决于在早期我们发现的能够实现和 测试的小的系统子集的多少程度。

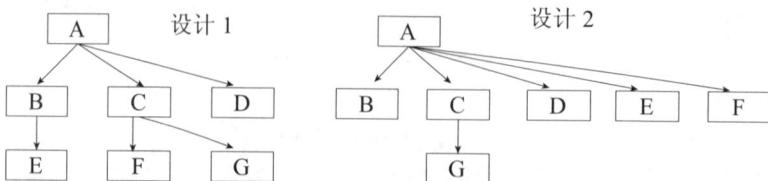

图 7-8　两种设计的使用图

从满足增量式开发的角度考虑，使用图也可以帮助我们确定可改善的设计范围。以图 7-8 为例，设计 1 和设计 2 分别是同一个系统的两种设计。我们用术语扇入（fan-in）指代使用某个软件单元的软件单元数量，用扇出（fan-out）指代某个软件单元使用其他软件单元的数量。这样，设计 1 中单元 A 的扇出为 3，在设计 2 中却为 5。一般来说，我们要控制有高扇出的软件单元的数量。高扇出往往表明该软件单元所做的太多，也许可以分解成更小更简单的单元。因此，设计 1 会比设计 2 更加合理，因为设计 1 的构件具有低扇出。另外，如果有多个单元执行相似的功能，譬如查找字符串，那么我们更倾向于把它们合并成单个的、有着更一般性的目标的单元，它可以代替原来单元中的任何一个。这样最终的单元就有了高扇入。我们设计一个系统的最终目的之一是创建一个有着高扇入、低扇出的软件单元。

再考虑另外一个例子，如使用图 7-9（a）所示，图中的每个循环指定了互相依赖的单元集合。这种情况不一定总是不利的。如果一个单元所针对的问题本身就是递归的，那么这种包含了彼此递归调用的设计就是非常有意义的。但是，循环太大会使得设计难以支持递增开发：除非循环的所有单元都已开发，否则没有一个单元可以被开发出来（即实现、测试和调试）。再者，我们不可以去建立一个只包含循环中部分单元协作的一部分系统。我们可以尝试使用夹层法（sandwiching）（Parnas 1978b）来消除循环。在夹层法中，循环中的一个单元被分解成两个单元，这样分解后的新单元中一个没有必须依赖的单元（如图 7-9（b）中的单元 B2），另一个也没有依赖它的单元（如图 7-9（b）中的单元 B1）。我们可以反复使用夹层法，解除高耦合单元间的相互依赖或者较长的循环链。图 7-9（c）显示了两次使用夹层法的结果，一次用于单元 A，一次用于单元 B，最终将一个依赖循环转换为两个更短的依赖链。当然，夹层法只有在单元的数据和功能可以被清晰地分离的情况下适用，但事实是，情况并不总是如此。

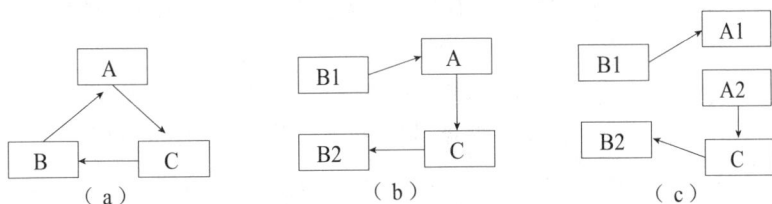

图 7-9　在使用图中使用夹层法消除循环

设计良好的使用图应具有树型结构或者是树型结构的森林。在这样的结构中，每棵子树都是系统的一部分，所以我们可以一次一个软件单元地增量开发我们的系统，每个完成的单元都是我们系统的部分实现。在开发过程中，每一次的增量都会越来越易于测试和修改，因为错误只可能出现在新代码中，而不是在已经过测试和验证的被调用单元中。此外，我们总有一个可运行的系统版本用来展示给客户。更多地，系统频繁且可见的进展也鼓舞了开发人员的士气（Brooks 1995）。和其他方法相比，增量式开发有着不可多得的优势，因为前者只有当每个单元都能工作时系统才能工作。

7.2.5　抽象

抽象是一种忽略一些细节来关注其他细节的模型或表示。而在定义中，关于模型中的哪部分细节被忽略是很模糊的，因为不同的目标会对应不同的抽象，会忽略不同的细节。因此，通过回顾我们已经建立起的抽象，理解抽象这个概念将会更加容易。

图 7-10 为一个经常使用的抽象图，在该图中系统被分解为各个子系统，每个子系统再被分解成更小的子系统，一直分解下去。其中，分解的顶层给我们提供了问题系统层次上的纵览，同时，对我们隐藏了那些可能会影响我们注意力的细节，有助于我们集中关注我们想要研究和理解的设计功能和特性。当我们观察低一层次的抽象时，我们会发现更多关于各软件单元的细节，它们牵涉到它的主要元素以及这些元素间的关系。各个抽象层次以这种方式隐藏了它的元素如何进一步分解的方法，而每个元素在接口规格说明中将被一一描述，这是另一种关注元素外部行为和避免元素内部设计细节被引用的抽象类型，这些细节将会在分解的下一个层次中显现出来。

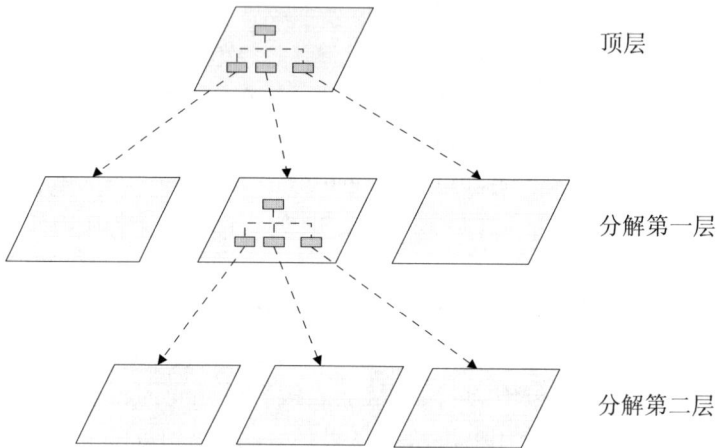

图 7-10　分解的层次

一个系统可能不仅仅只有一个分解方法，我们会创建若干种不同的分解来展示不同的结构。譬如，一种视图可能展示了不同运行进程以及它们内部的联系，另一种视图则展示了分解成代码单元的系统。每个视图都是一种抽象，它强调了系统结构设计的某个方面（如运行进程）而忽略了其他结构信息（如代码单元）和非结构细节。

虚拟机（virtual machina）也是常见的一种抽象类型，例如在层次体系结构中的情况。任一层次 i 都使用了它下一层次 $i-1$ 层所提供的服务，这样第 i 层便拥有了强大且可靠的服务，然后向它的上一层 $i+1$ 层提供该服务。回想实际中的层次体系结构，每一层只能访问紧邻它的下一层所提供的服务，而不能访问更低层的服务（当然也不能访问更高层的服务）。根据以上所述，层次 i 是将底层细节抽象化，仅向下一层展现它的服务的虚拟机。设计的指导原则是：层次 i 的服务是它下面各层次所提供的服务的加强，因此也取代了它们。

对于一个特定的模型，一个好的抽象的关键是决定哪些细节是不相关的，进而可以被忽略的。抽象的性质取决于开始时我们建立这个模型的初衷：我们想交互哪些信息，或者我们想展示哪个分析过程。

7.2.6　通用性

Wasserman 的软件工程原则之一是可利用性（reusability）：构造在将来软件产品中仍可使用的软件单元，旨在通过复用来分摊开发的成本。（分摊（amortization）是指，我们在计算软件单元的成本时，是考虑每次使用时的成本，而不是开发项目时的整个成本。）通用性（generality）是这样一种设计原则：在开发软件单元时，使它尽可能地成为通过的软件，来加强它在将来某个系统中能够被使用的可能性。我们通过增加软件单元使用的上下文环境的数量来开发更加通用的软件单元，下面是几条实现规则。

（1）将特定的上下文环境信息参数化：通过把软件单元所操作的数据参数化，我们可以开发出更加通用的软件。

（2）去除前置条件：去除前置条件，使软件在那些我们之前假设不可能发生的条件下工作。

（3）简化后置条件：把一个复杂的软件单元分解成若干个不同后置条件的单元，再将它们集中起来解决原来需要解决的问题，或者当只需其中一部分后置条件时单独使用。

例如，下面列出 4 个旨在提高通用性的过程接口：

PROCEDURE SUM : INTEGER;
POSTCONDITION : 返回 3 个全局变量的和

PROCEDURE SUM（a, b, c: INTEGER）: INTEGER;
POSTCONDITION : 返回参数的和

PROCEDURE SUM（a [ ]: INTEGER; len:INTEGER）: INTEGER
PRECONDITION : $0 <= len <= size\ of\ array\ a$
POSTCONDITION : 返回数据a中 1···len元素的和

PROCEDURE SUM（a [ ]: INTEGER）: INTEGER
POSTCONDITION : 返回数据a中元素的和

在第一个过程中，只有在全局变量的名字和过程体中使用的名字相匹配的时候，该过程才能正常进行。第二个过程不再需要知道求和的实际变量的名字，但将求和的变量严格限制为 3 个。第三个过程可以对任意个数的变量求和，但是代码要计算这些变量的个数。最后一个过程对它的数组参数中的所有元素求和。因此，过程越通用，我们越能够在一个新的上下文环境中使用它，只需改变它的输入参数而不是修改它的实现。

尽管我们希望总能够开发出可复用的单元，但有时候其他的设计目标会与该目标产生冲突。正因为软件工程关注的是特定上下文中的软件决策，所以它部分区别于计算机科学。也就是说，我们要对决策做出相应调整来适应特定用户的需要。系统的需求规格说明列出了特定的设计标准（如性能、效率），我们可以通过参照这些标准来优化设计和代码。然而，这种客户化定制往往降低了软件的通用性，这反映了我们必须在通用性（因而，还有可复用性）和客户化之间做出权衡，而我们也没有一般性的法则可以帮助我们平衡这两个相互冲突的目标，我们的选择将取决于环境、设计标准的重要程度，以及一个更通用软件版本的实用效果。

7.3 面向对象的设计

7.3.1 面向对象的设计概念

面向对象（object-oriented,OO）范型广泛应用于现代软件工程。附录2是为那些不熟悉面向对象概念（如类、对象、继承、消息和多态等）的读者提供的。

7.3.2 可替换性

使用继承，并不一定能够导致子类可以出现在父类所出现的地方。大多数面向对象的编程语言，允许子类对继承的方法进行覆载，而不去考虑其结果是否依然符合其父类的接口。因此，依赖于父类的客户端代码在传送一个子类实例时，可能不能正常工作。

考虑Stack的一个特化类型BoundedStack，它只能存放一定数量的元素。子类BoundedStack并不仅仅增加了用于记录栈的大小的属性，而且重写了当有元素进入一个状态为满的栈中时push（ ）方法的行为（例如，BoundedStack可能会忽略该请求，或者将栈底元素弹出为新元素留出空间）。在这种情况下，BoundedStack对象并不能完全取代Stack对象，因为当栈满的时候它们有不同的行为。

理想的情况是，子类必须保持其父类的行为，这样，客户端代码才能把它的实例也当成其父类的实例来同等对待。利斯科夫替换原则（Liskov substitutability principle）很好地描述了这一概念。 该原则是以它的发明人——面向对象编程和数据抽象的先驱Barbara Liskov命名的。根据该原则，当同时满足以下条件时，一个子类对于其父类就是可替换的（Liskov, Guttag 2001）。

（1）子类支持父类的所有方法，并且它们的签名是兼容的。也就是说，子类的方法的参数和返回 的类型对于父类方法的对应的参数和返回的类型，是可替代的，这样，对父类方法的任何调用也会被子类所接受。

（2）子类的方法必须满足父类方法的规格说明。这两个类的方法行为不一定要完全相同，但是子类必须不违反父类方法的前置条件以及后置条件。

• 前置条件规则：子类的前置条件必须和父类的前置条件相同或者弱于父类的前置条件，这样才能保证在父类可以成功工作的时候子类也能正常工作，我们将这种关系表示为

$$\text{Pre}_{parent} => \text{pre}_{sub}$$

• 后置条件规则：在父类方法支持后置条件的情况下，子类方法所做的和父类所做的一样多，甚至比父类的还多（也就是说，子类方法的后置条件能包括父类方法的后置条件）。

$$\text{Pre}_{parent} => (\text{post}_{sub} => \text{post}_{parent})$$

子类必须保留父类中声明了的所有性质。比如，在UML中，子类继承了父类所有特征以及和父类与其他类之间的关联。

如果以上规则中的任何一个不满足，那么向子类实例发送消息和向父类实例发送消息可能会得到不同的结果。在BoundedStack类的例子中，push（ ）不仅仅是扩展了父类的push（ ）方法的后置条件，而且它还有这一个和父类不同的后置条件。因此，

BoundedStack类的定义违反了后置条件规则，BoundedStack对象是不可以替换一般的Stack对象的。

我们考虑类PeekStack来做比较，它允许从栈中取数，而不是仅仅是只可以对栈顶元素进行操作。子类PeekStack只引进了一个新的方法peek（pos），它返回深度为pos的元素的值。因为PeekStack没有重写Stack类中的任何方法，而且新方法peek（）不改变对象的属性，所以它满足了所有可替换的条件。

利斯科夫替换原则的主要用途是确定在什么时候一个对象可以安全地被另一个对象所替换。如果我们在使用新的子类来扩展我们的设计和程序时，能遵循这个原则，那么我们就可以确信：现在代码可以不做修改地用于新的子类。虽然具有这些显著的好处，但在我们学习设计模式时，会碰到很多有用的模式和利斯科夫替换原则相抵触。就其他大部分设计原则而言，可替换性并不是一个强制性的规定，相反地，该原则作为指南使用，帮助我们决定什么时候不检查被扩展类的客户端模块，但又能保证它是安全的。任何时候只要我们遵循了这些原则，我们就可以简化扩展设计的总体任务。

7.3.3　德米特法则

虽然设计指导建议我们，在组合和继承之间应该优先选择组合，但是，这样得到的设计结果却又可能导致类之间形成大量的依赖关系。例如，只要一个类依赖另一个组合类以及它的构件类，这种情况就会发生。在销售事务例子中，我们再考虑一个新的类Bill类，它可以列出顾客一个月内所购买的商品清单。假设我们设计中的每个类仅仅提供控制自己属性的服务，为了打印出出售商品的列表，generateBill（）方法必须跟踪所有正确的Item对象：

For CustomerAccount c；

For CustomerAccount c 中的每个Sale c.s：

　　For Sale c.s 中的每个Item c.s.i：

　　　　c.s.i.printName（）；

　　　　c.s.i.printPrice（）；

在这样的设计当中，Bill类可以访问CustomerAccount、Sale和Item类，因此也直接依赖它们，我们必须知道这些类的接口，才能正确地调用正确的方法。更糟糕的是，无论何时只要它们其中任意一个有了变动，我们就必须重新检查generateBill（）的实现。

通过把组合类中作用在类构件上的每个方法都包含进来，我们可以降低它们的依赖程度。例如，在Sale类中增加一个printItemList（）方法，在CustomerAccount类中增加一个printSaleItems（）方法。在这个新的设计中：

l generateBill（）方法调用CustomerAccount中的printSaleItems（）；

l printSaleItems（）调用合适的Sale对象中的printItemList（）；

l printItemList（）调用合适的Item对象中的打印方法。

这种设计公约称为德米特法则（law of Demeter）（Lieberherr, Holland　1989），它是以一项研究项目Demeter命名的，它还有一个更广为人知的非正式的名字"不要和陌生人说话"的设计原则。这个设计公约的好处在于使用了组合类的客户代码仅仅需要知道组合本身，而不需要知道组合的构件。我们可以使用这两种设计导出的依赖图来说明它们之间的区别和类之间的依赖关系，参见图 7-11。 一般情况下，遵循德米特法则的设计具有更少的依赖关系，而类之间的依赖关系越少，软件故障往往也就越少（Basili，Briand，Melo 1995），软件也越易于修改（Liand Henry 1993）。

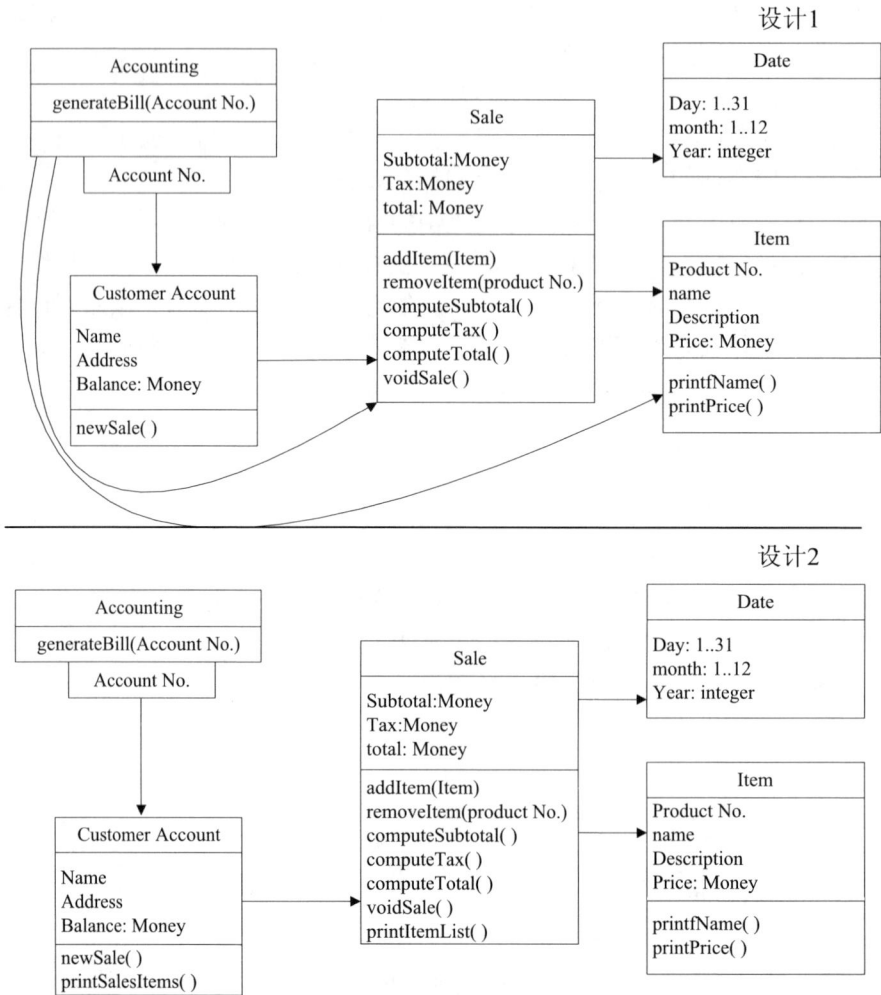

图 7-11 对比设计和依赖关系

另外，这种设计往往会使用包装类（wrapper class），以用来在不改变现有类的实现的前提下增加新功能。例如，我们可以通过和 Sale 类关联的包装类来增加 printItemList（）。尽管包装类使得向组合类中增加操作的任务变得轻松了，但同时也会使设计更加复杂以及降低运行时的性能。因此，在决定是否遵循德米特法则的时候，我们要在设计复杂度、开发时间、运行时性能、防止故障和易维护性之间进行权衡。

7.3.4 依赖倒置

依赖倒置是我们要讲的最后一个与面向对象设计相关的启发式方法。使用依赖倒置，可以把两个类之间的依赖连接方向进行倒置。比如，如果一个客户类依赖于某个服务器类，我们可运用依赖倒置来修改依赖关系，使得依赖关系反过来成为服务器类依赖于客户类。我们可以使用依赖倒置来消除类形成的依赖循环，正如本章前面我们看到的那样。

或者我们可以重新安排设计，使得每个类只依赖于更加稳定、不太可能会更改的类。

可以通过引入接口来实现依赖倒置。假设我们的设计中，客户类要使用服务器类的方法，如图 7-12（a）所示，客户依赖于服务器。依赖倒置的第一步是创建客户可以依赖的接口，这个接口应该包含用户期望从服务器中获得的所有方法的规格说明。我们修改客户类，使得它使用这个新接口而不是使用服务器类，然后我们将客户类和接口打包一个新的客户模块，结果如图 7-12（b）所示。第二步是为服务器类创建包装类（或者修改服务器类），包装类实现第一步中创建的接口，这一步应该会很容易，因为接口是和服务器类的方法规格说明相对应的，结果如图 7-12（c）所示。新增的依赖图中，包装类依赖新的客户包。在原来的设计中，一旦服务器类发生改变，我们都要重新检查和重新编译客户代码。而在新的设计中，客户代码和服务器代码都只依赖于新建的 ClientServerInterface 类，对于任意一方的代码的改变我们都不需要去检查和重新编译另一方的代码，因此这种设计更易于维护。

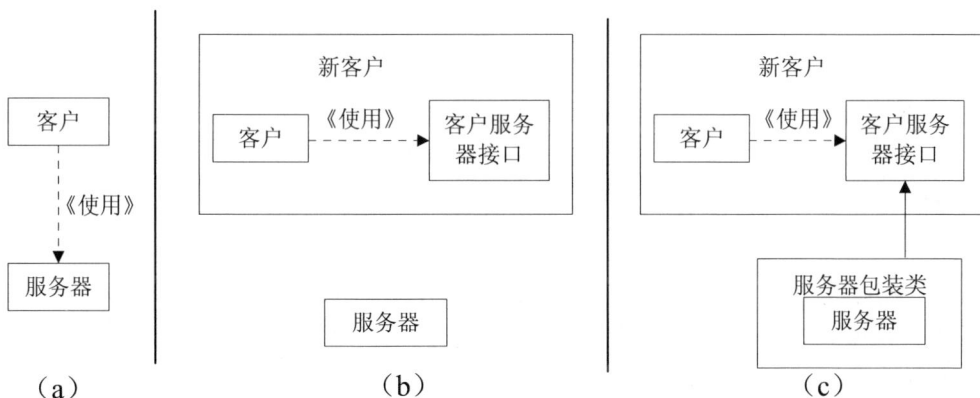

图 7-12 依赖倒置的 3 个步骤

7.4 设计中其他方面的考虑

除了展现出类与接口，要创建一个程序设计，我们还需要做一些事情。我们必须考虑一些在体系结构中没有描述的全局性问题。在这一节中，我们将探讨与数据管理、异常处理、用户界面和框架相关的事项。

7.4.1 数据管理

程序设计必须提出存储和恢复持久性对象的方法。数据管理考虑的就是与性能和空间相关的系统需求。根据我们对数据需求和相关约束的理解，我们必须列出对象及其操作的设计，完成这个任务共分 4 个步骤。

（1）确认数据、数据结构及它们之间的关系。

（2）设计管理数据结构及其互相关系的服务。

（3）找到工具，如数据库管理系统，来实现某些数据管理任务。

（4）设计类和类层次，来检查数据管理功能。

虽然面向对象的解决方案有时也会使用传统的文件或关系数据库，但是，它最容易与面向对象的数据库相契合。为了讲清楚其中的缘由，我们考虑皇家服务站的车辆维护和部件的跟踪，如图 7-13 所示。如果我们使用传统的文件，为了保证能执行系统所需要的任务，我们必须为每个类设置一个文件，然后为各文件之间的连接进行程序设计。而如果使用面向对象的数据库，我们的工作将会更加容易一点，因为类图的结构已经指明了我们需要定义的数据库关系。如图所示，我们必须为模型中的每一个类和每一个关联建立一张表。这样，面向对象数据库（或对象关系数据库）就为面向对象设计和最终的数据库表之间建立了紧密的对应关系。

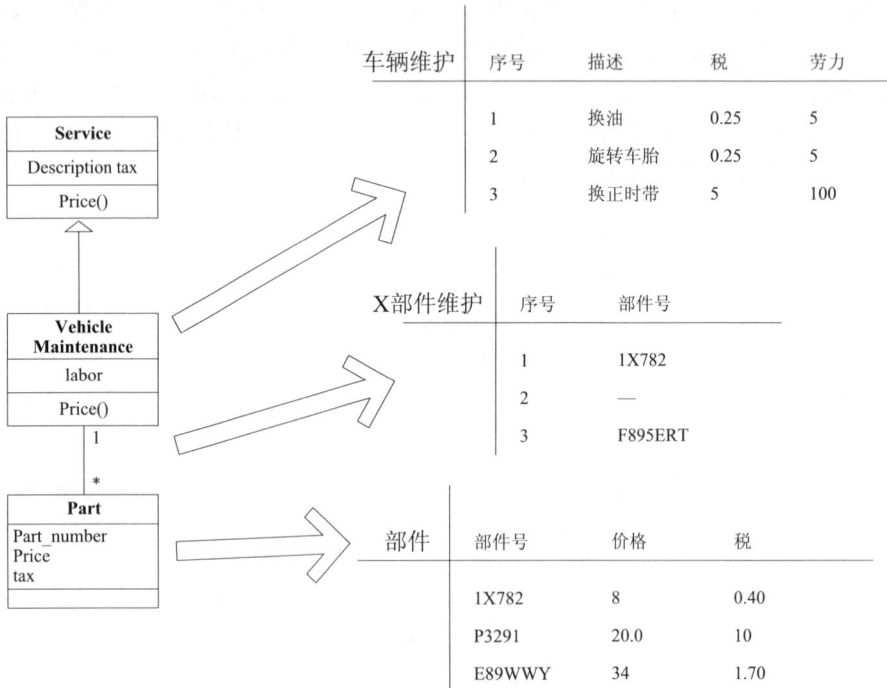

图 7-13　使用面向对象的数据库实现类

7.4.2　异常处理

在实践中，产业中大量已实现的代码都专注于输入验证、错误检查以及异常处理。因为把这些错误检查代码嵌入到正常的程序应用逻辑中，违背了功能性设计整体上的一致性，所以很多程序设计语言支持显式的异常处理结构，这有助于将错误检测和恢复与程序的主要功能分离开来。

（Meyer　1992a）提供了一个例子来展示如何把异常处理嵌入到设计当中。假设我们通过网络来发送一条消息，如果发送失败，我们希望能够重新发送，经过 100 次尝试之后则停止发送。可以通过以下方式把这个信息包括在设计中：

Attempt_transmission（message: STRING）raiser　TRANSMISSIONEXCEPTION

//Attempt to transmit message over a communication line using the low-level

//procedure unsafe_transmit, which may fail,triggering an exception.

//After 100 unsuccessful attempts, which may fail, triggering an exception

local

```
        failures: INTEGER
try
        unsafe_transmit（message）
rescue
        failures :=failures +1;
        if failures < 100 then
            retry
        else
            raise TRANSMISSIONEXCEPTION
        end
end
```

在上面的例子中，过程的正常行为全部都在try 子句中。此外，我们还有另一个选择，我们可以将安全的代码和不安全的代码分离开，只保护try-rescue结构中的不安全的代码。这种策略不仅使我们看清了设计中的哪个部分有潜在的不安全性，而且缩小了预期失效的范围。这样的结构允许我们在对应的rescue子句中提供更多的恢复方案。注意，恢复机制也可能会将一个新的异常带入到调用它的代码中。

异常有一个很有效的用途，那就是通过弱化模块的前置条件，从而增强程序的健壮性。考虑下面一个实现减法过程的接口：

Division（dividend, divisor: FLOAT）: FLOAT raises DIVIDEBZEROEXCEPTION
        ensure: if fivisor = 0 then raise DIVIDEBYZEROEXCEPTION,
                else result = dividedn / divisor

通过使用异常，我们可以设计没有前置条件的接口，如果我们没有使用异常，上面的接口将需要一个前置条件来表明该过程只有在除数非零的情况下才能正确工作。那么，我们必须依赖于调用代码不传送一个无效的除数。如果调用代码有疏忽的情况或者不能够正确执行检查，那么这样的方法有出现运行时错误的风险。通过使用异常，除法过程无需信赖调用代码，相反地，除法程序自己已检查除数的值，如果存在问题则给调用者发一个明显的警示（以抛出异常的形式）。然而，不是所有的前置条件都能这样容易地被检查的。例如，在执行二叉搜索之前检查列表是否已经正确排列好，这样做是不可能有效率的，因为检查过程会比使用二叉搜索所节省的时间更长；相反，在搜索期间，我们可以执行健全的检查来保证每个遇到的元素对于它前面遇到的元素而言都有正确的顺序。大体上来讲，异常处理是用来消除易检查的前置条件的最有效的方法。

7.4.3 框架

没有一种设计方法是能够适用于任何一种情况的。唯一一个对所有系统都适用的指导方针是：设计要考虑将来的变化。不管要构造的是什么系统，变化都可能在这时或那时发生。存在很多技巧与技术可以帮助我们使系统更加灵活和易于维护。例如，工具箱（toolkit）是一组互相关联的、可复用的类，它提供了定义良好的功能集。工具箱更像过程型语言中的子例程库，因此，我们可以使用工具箱的按钮和窗口来构造用户界面，而不是自己重新编写代码。

框架和模式也是设计辅助工具。和工具包不同的是，它们更专注于设计利用而不是代码复用。如同我们在本章前面看到的，模式是抽象体系结构元素的模板，可用来指导生成设计。每种模式都有随之定义的一个上下文和一个驱动原因。上下文解释了模式所适合的情形，驱动原因是上下文中某种程序上可以改变的元素。如果应用的情形和一个模式的驱动原因及上下文相匹配，那么这个模式就非常适合于这个应用。然而，如果它们限制了一个需要很灵活的设计，那么模式就不那么有用了。

框架（framework）是针对特定应用领域的大规模的可复用设计。例如，使用框架来构建图形编辑器、Web应用、以数据库为中心的系统、记账系统以及其他更多的系统。框架往往包含一个实际的代码库，它同样是可复用的。我们可以把框架看成部分完成的应用，只是它少了某些更低层的模块，针对特定的应用，我们可向框架中加入一些模块来使它成为完整的应用或对其进行特化。框架不像软件产品线，软件产品线是公司开发供自己使用的，框架往往和软件库及工具箱一样是公共可用的资源。软件库是更底层的软件单元，我们可以将它结合在我们的程序中；而软件框架往往是高层体系结构和模块，它的低层的细节需要我们填入。使用框架和工具箱使得非专家人员可以很容易地实现特定的代码以及提高最终代码的质量。

※ 本章小结

本章主要介绍了信息系统开发中的设计方法、设计原则和面向对象的设计方法。

思考与练习

1.请为每一类型的模块耦合举一个具体例子。

2.请为每一类型的模块内聚举一个具体例子。

3.请针对你参加过的任何一个项目，描述该系统的模块化程度如何？它体现了哪些类型的耦合？构件是内聚的吗？你能否对该系统进行重构，以增加构件的内聚度且减少构件间的耦合度？

4.一个系统是否能够完全"消去耦合度"？也就是说，能否降低耦合的程度，直到构件之间不存在任何耦合？为什么？

5.是否存在不能做到完全功能内聚的系统？为什么？

6.考虑下面的接口规格说明，对其中的每一对，说明一个接口是否可以替换另一个，并给出理由。

a.require: val值不在列表list中。

ensure:list列表中的所有值都加上val。

b.ensure: val值在列表list中，则列表list不做任何改变；否则列表list把所有值都加上val。

c.ensure: list列表中的所有值都加上val。

d.require: 列表list已排好序。

ensure:list列表中的所有值都加上val，列表list是排好序的。

7.面向对象的设计方法可以适用于开发任何系统吗？面向对象（OO）方法的优势是什么？它的缺点是什么？给出一个不适合使用OO方法作为开发策略的例子。

第8章 体系结构设计

※ 学习目标

本章主要介绍软件体系结构概念和体系结构的设计。

通过本章学习，要求掌握：

◆体系结构的基本概念和重要性。

◆在体系结构设计阶段对系统体系结构必须做出的决策。

◆体系结构的模式思想，能够在系统设计中复用的组织系统体系结构的方法。

◆了解经常在不同的应用系统类型中使用的体系结构模式。

8.1 体系结构的基本概念

Shaw 和 Garlan〔Sha96〕在他们划时代的著作中以如下方式讨论了软件的体结构：

从第一个程序被划分成模块开始，软件系统就有了体系结构。同时，程序员已经开始负责模块间的交互和模块装配的全局属性。从历史的观点看，体系结构隐含了不同的内容——实现的偶然事件或先前遗留系统。好的软件开发人员经常采用一个或者多个体系结构模式作为系统组织策略，但是他们只是非正式地使用这些模式，并且在最终系统中没有将这些模式清楚地体现出来。

今天，有效的软件体系结构及其明确地表示和设计已经成为软件工程领域的主导主题。

8.1.1 什么是体系结构

"系统的体系结构是一个关于系统形式和结构的综合框架，包括系统构件和构件的整合。"——Jerrold Grochow

软件体系结构必须对系统结构以及数据和过程构件相互协作的方式进行建模。

"体系结构忙中建，闲时悔。"——Barry Boehm

当你考虑建筑物的体系结构时，脑海中会出现很多不同的属性。在最简单的层面上，会考虑物理结构的整体形状。但在实际中，体系结构还包含更多的方面。它是各种不同建筑构件集成为一个有机整体的方式；是建筑融入所在环境并与相邻的其他建筑相互吻合的方式；是建筑满足既定目标和满足主人要求的程度；是对结构的一种美学观感（建筑的视觉效果），以及纹理、颜色和材料结合在一起创建外观和内部"居住环境"的方式；是很多微小的细节——灯具、地板类型、壁挂布置等的设计。总而言之，它是艺术。

但体系结构也可以是其他的东西。它是"数以千计的或大或小的决定"［Tyr05］。其中一些决定是设计初期做出的，并可能会对其他设计行为产生深刻的影响。另外一些决定一直推迟到后来才做出，因此消除了过分限制性的制约因素，而这些制约因素可能会导致拙劣的体系结构风格。

但是，什么是软件体系结构？ Bass、Clements 和 Kazman［Bas03］对于这个难懂的概念给出了如下的定义：

程序或计算系统的软件体系结构是指系统的一个或者多个结构，它包括软件构件、构件的外部可见属性以及它们之间的相互关系。

体系结构并非可运行的软件。确切地说，它是一种表达，使能够：①对设计在满足既定需求方面的有效性进行分析；②在设计变更相对容易的阶段，考虑体系结构可能的选择方案；③降低与软件构造相关的风险。

该定义强调了"软件构件"在任意体系结构表示中的作用。在体系结构设计环境中，软件构件可能会像程序模块或者面向对象的类那样简单，也可能扩充到包含数据库和能够完成客户机与服务器网络配置的"中间件"。构件的属性是理解构件之间如何相互作用的必要特征。在体系结构层次上，不会详细说明内部属性（如算法的细节）。构件之间的关系可以像从一个模块对另一个模块进行过程调用那样简单，也可以像数据库访问协议那样复杂。

软件工程界的一些成员（如［Kaz03］）对导出软件体系结构（称为"体系结构设计"）和导出软件设计这两种行为作了区分。一位评论者指出：

"体系结构"和"设计"这两个术语之间有明显的不同。设计是体系结构的一个实例，类似于对象是类的实例。例如，考虑"客户机－服务器"体系结构，我们可以使用 Java 平台（Java EE）或者 Microsoft 平台（.NET 框架），选择基于该体系结构的多种不同的实现方式设计一个以网络为中心的软件系统。可见，对于同一个体系结构，可能会产生多种基于该体系结构的设计。因此，不能把"体系结构"和"设计"混为一谈。

尽管软件设计是特定软件体系结构的实例，但元素和结构作为体系结构的一部分，仍是每个设计的根本，这些设计是从特定的体系结构演化产生出来的。设计开始于体系结构的深思熟虑。

8.1.2 体系结构为什么重要

在一本关于软件体系结构的书中，Bass 和他的同事［Bas03］给出了软件结构之所以重要的 3 个关键原因：

（1）软件体系结构的表示有助于对计算机系统开发感兴趣的各方（利益相关者）开展交流。

（2）体系结构突出了早期的设计决策，这些决策对随后所有的软件工程工作有深远的影响，同时对系统作为一个可运行实体的最后成功有重要作用。

（3）体系结构"构建了一个相对小的、易于理解的模型，该模型描述了系统如何构成以及其构件如何一起工作"［Bas03］。

体系结构设计模型和包含在其中的体系结构模式都是可以传递的，也就是说，体系结构的类型、风格和模式可以被应用于其他系统设计，并且表示了一组抽象，使得软件工程师能以可预见的方式描述体系结构。

8.1.3　体系结构描述

体系结构这个词的意义是什么，每个人都会有一种理解。实际上，对于不同的人群，它的意义也不同。因为，不同的利益相关者会从不同的角度理解体系结构，这个角度是由不同的关注点驱动的。这就意味着体系结构描述实际上是一组体现系统不同视图的工作产品。

例如，办公大楼的建筑师必须和许多不同的利益相关者一起工作。办公楼业主（一个利益相关者）关心的主要问题是确保大楼美观，以及提供充足的办公空间和基础设施，以保证它的盈利能力。因此，建筑师必须使用建筑视图进行描述，以解决业主关心的问题。建筑师使用的是建筑物的三维图纸（为了说明外观美感）和一组二维平面图（为了解决利益相关者关心的办公空间和基础设施问题）。

但是，办公楼还有许多其他利益相关者，包括结构钢制造商，他们将提供建筑骨架所需的钢材。结构钢制造商需要有关支持大楼的结构钢的详细建筑信息，包括工字钢梁的尺寸、连接、材料和许多其他详细信息。这些问题通过不同的工作产品来处理，这些工作产品显示了建筑物的不同视图。建筑的结构钢骨架的一张特定图纸（另一个视点）集中于结构钢制造商关注的许多问题中的一个。

软件系统的体系结构描述也必须展示出类似于上述指出的办公大楼的特征。Tyree 和 Akerman［Tyr05］注意到了这一点，他们写道："开发人员想要对设计进行明确、果断的指导；客户想要对必然发生的环境变化进行清晰的理解，以及确保体系结构将满足他们的业务需要；而体系结构设计师想要对体系结构的关键方面进行清晰而深入的理解。"这里每一个"想要"的东西都反映了不同视点上的不同视角。

IEEE 计算机学会提出了 IEEE-Std-1471-2000，密集型软件系统体系结构描述的推荐实践做法（《Rrcommended Practice for Architectural Description of Sofware-Intensive System》），

［IEE00］，目标如下：①建立软件体系结构设计过程中使用的概念性框架和词汇表，②提供表示体系结构描述的详细准则，③鼓励良好的体系结构设计实践。

IEEE 标准将体系结构描述（architectural description,AD）定义为"记录体系结构的产品集合"。该描述本身使用多视图来表述，这里的每个视图是"从一组［利益相关者］关注点的角度观察的整个系统的一种表示"。视图根据在视点中定义的规则和约定来创建——"构造和使用试图约定的规格说明"［IEEE00］。有很多种不同的工作产品可用来开发软件体系结构的不同视图。

8.2 体系结构类型

尽管体系结构设计的基本原则适用于所有类型的体系结构，但对于需要构建的结构，体系结构类型经常规定特定的体系结构方法。在体系结构设计环境中，类型（genre）隐含了在整个软件领域中的一个特定类别。在每种类别中，会有很多的子类别。例如，在建筑物类型中，大致会有以下几种一般风格：房子、单元楼、公寓、办公楼、工厂厂房、仓库等。在每一种一般风格中，也会运用更多的具体风格。每种风格有一个结构，可以用一组可预测模式进行描述。

Grady Booch 在他的《Handbook of Software Architecture》（《软件体系结构手册》）[Boo08] 的改进版本中，提出了以下几种软件系统的体系结构类型：

- 人工智能——模拟或扩大人类认知、运动或其他有机体过程的系统。
- 商业和非盈利的——工商企业营运必要的系统。
- 通信——提供用于数据传输和数据管理、数据的用户连接或者数据展示的基础设施的系统。
- 内容创作——用来创建或管理文字或多媒体人造物品的系统。
- 设备——与物理世界交互的系统，可以为个人提供某种有意义的服务。
- 娱乐与运动——管理公众事件或者提供大众娱乐体验的系统。
- 金融——为转账和理财以及其他安全事务提供基础设施的系统。
- 游戏——为个人或群体提供娱乐体验的系统。
- 行政管理——支持地方、州、联邦、全球或者其他政治实体的管理和运作方式的系统。
- 工业——模拟或控制物理过程的系统。
- 法律——支持法律的系统。
- 医疗——诊断或治疗，或者有助于医学研究的系统。
- 军事——用于商议、通信、指挥、控制和信息（C41）的系统，也有用于进攻和防卫武器的系统。
- 操作系统——位于硬件之上提供基本软件服务的系统。
- 平台——位于操作系统之上提供高级服务的系统。
- 科学——用于科学研究和应用的系统。
- 工具——用来开发其他系统的系统。
- 运输——控制水上、地面、空中或者太空交通工具的系统。
- 实用程序——与其他软件交互作用的系统，可以提供某些有意义的服务。

从体系结构设计的立场看，每一种类型表述了一个特有问题。例如，考虑一个游戏系统的软件体系结构。游戏系统有时称作沉浸式交互应用（immersive interactive application），它需要密集型算法的计算方法、成熟的计算机图形图像技术、流媒体数据源、通过常规或非常规输入进行的实时的交互操作以及许多其他专业知识。

Alexandre Francois [Fra03] 提出了可应用于游戏环境的 immersipresence（表示沉浸式交互应用）的软件体系结构，描述方式如下：

immersipresence 的软件体系结构（software architecture for immersipresence，SAI）是一种新的软件体系结构模型，用于设计、分析和实现执行一般数据流的分布式、异步并行处理的应用系统。SAI 的目标是为算法的分布式实施和容易地将其集成到复杂系统提供通用框架……底层可扩展数据模型和混合（共享存储和信息传递）分布式异步并行处理模型允许自然和有效地处理一般数据流，并可以使用已有的库或本地代码。类型模块化使得分布式代码开发、测试和重用以及快速系统设计与集成、维护和演化更加便利。

8.3 体系结构设计决策

体系结构设计是一个充满创造性的过程，设计一个系统组成来满足功能性和非功能性系统需求。由于它是一个创造性的过程，所以工程中的活动很大程度上依赖于所要开发的系统类型、系统架构师的背景和经验以及系统的特殊需求。因此，把体系结构设计看做一系列将要做的决策要比把它视为一连串的活动更有效。

在体系结构设计过程中，系统架构师必须做出很多结构上的决定，这些决定将极大地影响系统本身及其开发过程。根据他们的知识和经验，他们必须回答以下一些关于系统的根本性问题：

1. 对于所要设计的系统，是否存在一个一般性的应用体系结构可以当作模板？
2. 系统将如何分配到多个核或处理器上？
3. 哪些体系结构模式和风格可能会用到？
4. 哪种方法是系统结构分析的基本方法？
5. 如何将系统中的结构组件分解为子组件？
6. 应该使用什么样的策略来控制系统中组件的操作？
7. 什么样的体系结构组织方式对于交付非功能性的系统需求是最好的？
8. 如何评估体系结构设计？
9. 如何对系统体系结构文档化？

尽管每个软件系统都是独特的，但是同一个应用领域内的系统通常具有相似的体系结构，这种体系结构能反映基本的领域概念。例如，应用产品线是围绕一个核心体系结构建立的一些应用，核心体系结构会有一些变量，可以调整这些变量来满足专门用户的需求。在设计系统体系结构时，我们必须找出本系统和更广泛的一些应用类之间的共同之处，然后确定从这些应用体系结构中能够复用多少。

对于嵌入式系统和为个人计算机设计的系统，通常只有一个处理器，无需设计分布式体系结构。然而，绝大多数大型系统现在都是分布式系统，系统软件是分布在很多不同计算机上的。对分布式体系结构的选择是一个关系到系统性能和可靠性的关键决断。这本身就是一个重要话题。

软件系统的体系结构要基于特定的体系结构模式或风格。体系结构模式是系统组成的描述（Garlan，Shaw 1993），比如客户机-服务器组成结构和分层体系结构。体系结构模式抓住了体系结构的本质，这种本质的东西已经在不同的软件系统中得到运用。当要对系统体系结构做出决策的时候，我们应当了解通用模式，它们都适合在哪里使用，以及它们各自的优点和缺陷。8.4 节将讨论一些经常用到的模式。

Garlan 和 Shaw 关于体系结构风格的概念（风格和模式是同一个意思）涉及前面根本性问题

列表中的 4～6 号问题。我们必须选择最合适的结构，比如客户机－服务器结构或者是分层结构，这能让我们完成系统需求。为了分解结构性系统单元，我们得制定将组件分解为相应的一些子组件的策略。所能使用的方法允许我们去实现不同类型的体系结构。最后，在控制建模过程中，做出关于如何控制组件的执行决策。对系统的不同部分之间的控制关系，要开发一个通用模型。

由于非功能性需求和软件体系结构的密切关系，我们为系统所选择的特殊的体系结构风格和结构应当依赖于非功能性系统需求。

1.性能。如果性能是关键性需求，那么体系结构的设计就要定位在少数几个组件上的一些关键操作上，把这些组件都部署到同一台计算机而不是分配到网络中。这可能意味着系统要使用较大粒度的组件而不是小粒度的组件，以此来减少组件之间的通信次数。我们可能还会考虑运行时系统组织方式，允许系统在不同的处理器上被复制和执行。

2.信息安全性（security）。如果信息安全性是一个关键性的需求，那么体系结构的设计就要采用分层结构，把重要资源放在内层，并且在每层中采用更加严格的信息安全有效性验证。

3.安全性（safety）。如果安全是一个关键性的需求，那么系统体系结构的设计就要将与安全相关的操作集中在一个或少数几个组件中。这样做会降低成本和减少安全有效性验证方面的问题，而且有可能为之提供相应的保护系统，这种保护系统能够安全地关闭系统以防失败。

4.可用性。如果可用性是一个关键性需求，那么系统体系结构设计就要采用冗余组件，以便能在无需系统停止运行的情况下更新和替换组件。

5.可维护性。如果可维护性是一个关键性需求，那么系统体系结构设计就要使用小粒度的自包含组件，以便于更换。数据的生产者和数据的消费者应该分开，尽量避免它们之间的数据共享。

显然这些体系结构之间有潜在的冲突。举例来说，性能的改进需要使用大粒度组件，而改善可维护性需要使用小粒度组件。如果这两个指标都是系统的关键性需求，就需要采取一个折中方案。有时可以通过针对不同部分而采用不同的体系结构模式或风格来实现。

对体系结构设计的评估是困难的，这是因为，对体系结构的真正的检验是要看当它正在使用的时候能在多大程度上满足功能性和非功能性需求。然而，在某些情况下，我们可以通过将自己的设计和参考体系结构或一般体系结构模式进行比较来评估。Bosch（2000）对于体系结构模式非功能性特征的描述也能用来帮助评估体系结构。

8.4　体系结构设计模式

作为一种表示、共享和复用软件系统知识的方法——模式的思想，现在得到了广泛的应用。

有关面向对象设计模式这本书籍（Gammaetal. 1995）的出版引发了这种思想，这本书促进了其他类型模式的开发，如机构设计模式（Coplien, Harrison　2004），可用性模式（Usability Group　1998），交互模式（Martin 和 Sommerville　2004），配置管理模式（Berczuk, Appleton　2002）等。体系结构模式在 20 世纪 90 年代以"体系结构风格"（Shaw, Garlan　1996）的名字提出来，共有 5 卷关于面向模式的系统体系结构的系列手册在 1996 ～ 2007 年间相继出版（Buschmann etal.　1996；Buschmann etal.　2007a；Buschmann etal.　2007b；Kircher, Jain　2004；Schmidt etal.　2000）。

在这一小节中首先介绍体系结构模式并简要地描述一种体系结构模式的选择，它是在不用类型系统中都适用的。

我们可以把体系结构模式看作是对好的实践所做的格式化的抽象描述，它们已经在不同的系统和环境中多次尝试和测试过。所以，体系结构模式应当描述一种系统构成，这种构成在以往的系统中是很成功的。体系结构模式还应该包括：什么时候这种模式适用，什么时候这种模式不适用，以及这种模式的优点和缺点等。

表 8-1 描述了众所周知的 MVC 模式，在许多基于 Web 的系统中，这种模型是交互管理的基础。这种格式化的模式描述包括模式的名字，一个简短的描述（伴有一个相关的图形模型），以及一个这种模式适用的系统类型的例子（可能也伴有一个图形模型）。我们还应该包括这种模式的应用时机和优缺点。在图 8-1 和图 8-2 中显示了与 MVC 模式相关的体系结构的图形模型，它们从不同的角度展现体系结构——图 8-1 是概念视图，而图 8-2 则给出了当该模式用于基于系统的交互管理时一个可能的运行时体系结构。

表 8-1　模型 - 视图 - 控制器（MVC）模式

名字	（模型 - 视图 - 控制器）
描述	将表示和交互从系统数据中分离出来。系统被设计成由 3 个彼此交互的逻辑组件组成：模型组件管理系统数据和在数据上的操作，视图组件定义和管理如何显示数据给用户，控制器组件管理用户的交互（例如，键按下，鼠标点击等），并传递这些交互给视图和模型。参见图 8-2
实例	图 8-3 说明了采用模式的基于 Web 的应用系统的体系结构
使用时机	在数据有多个显示和交互方式的时候使用。也可在对未来数据的交互和表示需求不明朗的时候使用
优点	允许数据独立地改变，不影响表示，反之亦然。支持对相同数据的多种不同方式的表达，对某种表示的变更会传递到所有其他的表示
缺点	可能需要额外的代码，当数据模型和交互很简单时代码的复杂度相对较高

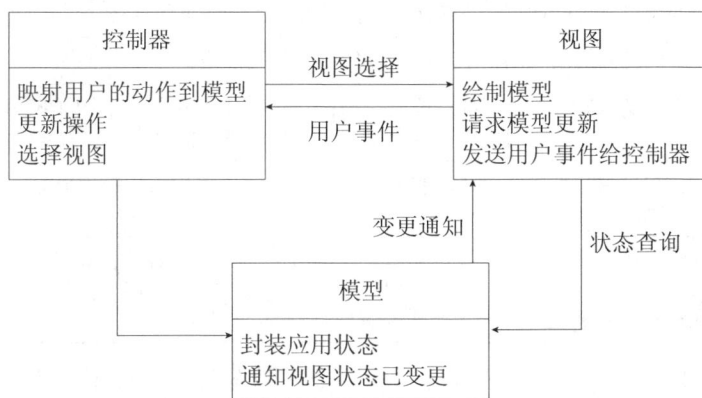

图 8-1　MVC 模式的组成

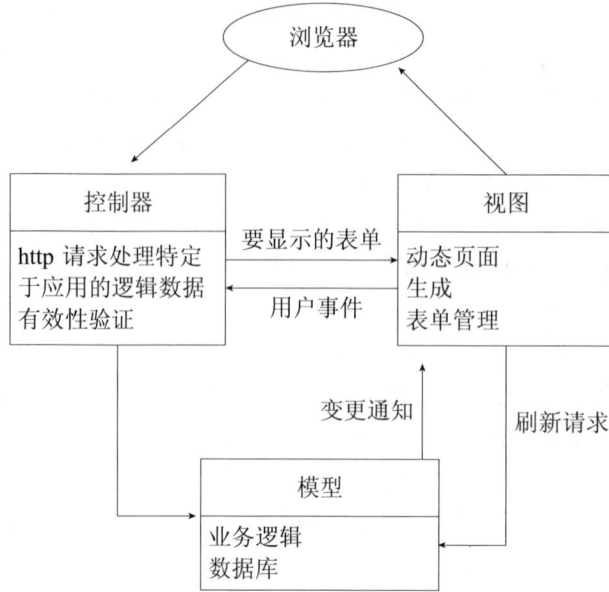

图 8-2　采用 MVC 模式的 Web 应用体系结构

在一节中介绍清楚软件开发所有的通用模式是不可能的，因此，这里仅仅给出了一些精心挑选的常用模式的例子，它们能很好地遵循体系结构设计原则。

8.4.1　分层体系结构

分离性和独立性的概念是体系结构设计的基础，因为分离性和独立性使得变更得到局部化。图 8-1 所示的 MVC 模式分离了系统的组成元素，允许它们独立地变更。例如增加一个新的视图或改变一个已有的视图，这些操作都可以在不改变模型底层数据的情况下完成。分层体系结构模式是实现分离性和独立性的另一个方式，表 8-2 显示了这种模式。这里，系统的功能被划分成几个独立的层次，每一层只依赖紧接的下一层所提供的服务和设施。

表 8-2　分层体系结构模式

名称	分层体系结构
描述	将系统组织成分层结构，每一层中包含一组相关的功能。每一层提供服务给紧邻的上一层，因此最底层是有可能被整个系统所使用的核心服务。参见图 8-5
实例	存在于不同的图书馆中的共享版权文档的系统分层模型，参见图 8-6
使用时机	在已有系统的基础上构建新的设施时使用；当开发团队由多个分散的小团队组成，且每个小团队负责一层的功能时使用；或者是当系统存在多层信息安全性需求时使用
优点	允许在接口保持不变的条件下更换整个一层。在每一层中可以提供冗余服务（例如身份验证）以增加系统的可靠性
缺点	在具体实践中，在各层之间提供一个干净的分离通常是困难的，高层可能不得不直接与低层进行直接交互而不是间接通过紧邻的下一层进行交互。性能可能是个问题，因为服务请求会在每一层中被处理，所以会需要多层解释

分层的方法支持系统的增量式开发。如一个层被开发完，该层提供的服务就可以被用户使用了。这个体系结构还是可改变的和可移植的。如果一层的接口被保留下来，这

个层就能被另外的一个对等层替换。当一层的接口改变或增加了新设施的时候，只有毗邻的层受影响。因为分层系统的抽象机依赖的是内层中的抽象机，因此，转换到其他机器上实现是比较容易的，此时只有内部与具体机器相关的层需要重新实现以适应不同的操作系统或数据库。

图 8-3 是一个分为 4 层的体系结构的例子。最底层包括了系统支持软件，比较典型的是数据库和操作系统支持。再上一层是应用程序层，包括与应用功能相关的组件、可以被其他应用组件利用的实用工具组件等。第三层与用户界面管理相关，并提供用户的身份验证和授权。最上层提供用户界面设施。当然，分层的数量是随意的。图 8-3 中的任何一层都可以分为两层或更多层。

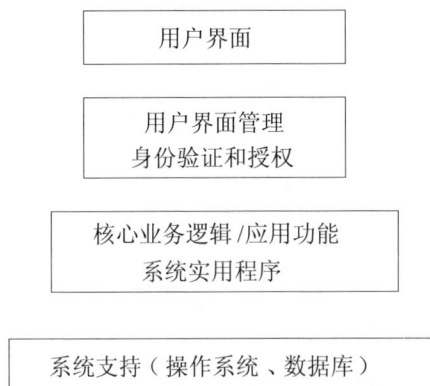

用户界面

用户界面管理
身份验证和授权

核心业务逻辑/应用功能
系统实用程序

系统支持（操作系统、数据库）

图 8-3　通用分层体系结构

图 8-4 是分层体系结构模式应用于一个叫做 LIBSYS 的图书馆系统的示例，能够控制对一组大学图书馆中版权资料的电子访问。这个系统有 5 层，最底层是各个图书馆中独立的数据库。

Web 浏览器界面

| LIBSYS 系统登录 | 表单和查询 管理器 | 打印 管理器 |

| 分布式 搜索 | 文档 恢复 | 版权 管理器 | 记账 |

图书馆索引

| 数据 库 1 | 数据 库 2 | 数据 库 3 | 数据 库 4 | …… | 数据 库 n |

图 8-4　LIBSYS 系统的体系结构

我们能在图 8-16 中看到分层体系结构的另外一个例子。这个例子显示了前面章节中讨论的心理健康护理系统（MHC-PMS）的组织。

8.4.2 容器体系结构

分层体系结构和MVC模式都是模式的例子，是系统的概念组成。下一个例子是容器（repository）模式见表8-3，描述的是一组交互组件如何共享数据。

表8-3　容器模式

名称	容器
描述	系统的所有数据在一个中央容器中管理，该中央容器可以被所有系统组件访问。组件间不是直接进行交互，它们只通过容器进行交互
实例	图8-5是IDE的一个实例，组件使用一个系统设计信息的容器。每个软件工具生成信息放入容器，然后被其他工具所使用
使用时机	当一个系统中所生成的大量信息需要持久保存时，可以使用该模式。也可以在数据驱动系统中使用该模式，每当在容器中收入数据时将触发一个动作或工具
优点	组件是独立的，它们无需知道其他组件的存在。一个组件的变更可以传播到所有的组件。所有的数据可以得到一致的管理（例如，在同一时间进行备份），因为它们是存放在同一个地方
缺点	容器是一个单个失败点，因而容器中的问题会影响整个系统，在组织所有通过容器进行的通信时会比较低效，将容器分布到多个计算机上会很困难

大多数使用大量数据的系统都是围绕共享数据库或容器来组织的。因此，这个模型适合于数据是由一个组件产生而由其他组件使用的情形。这种类型的系统例子包括指挥和控制系统、管理信息系统、CAD系统和软件的交互开发环境等。

图8-5说明了一个可能会用到容器的情形。该图显示了一个包含不同工具来支持模型驱动开发的IDE系统。在这个例子中，容器或许就是一个能跟踪软件变更并允许回滚到先前版本的版本控制环境。

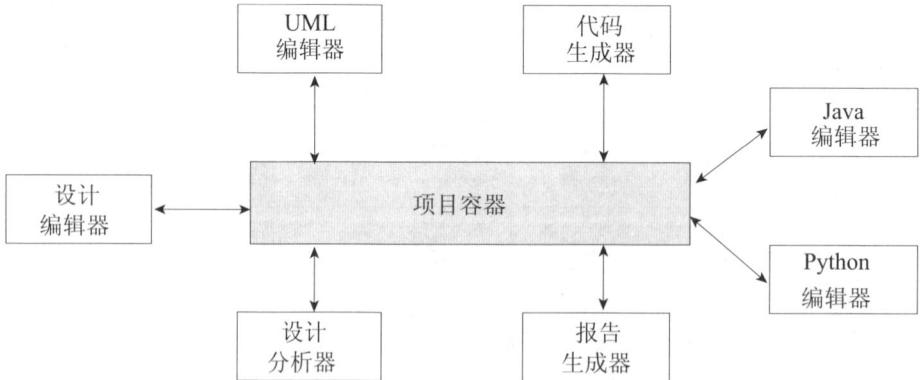

图8-5　IDE系统的容器体系结构

把所有适合使用容器的工具组织起来是共享大量数据的一种高效方式。这不需要显式地把数据从一个组件传送到另一个组件。然而，组件一定要围绕一个约定好了的容器数据模型运行。这不可避免地要在每个工具的特定需求之间做出妥协。若一个新组件的数据模型与该模型有冲突，那么要想将它集成到该系统中来可能很困难或是不可能的。实际上，将容器分布到多台机器上可能是困难的。在逻辑上，虽然将集中式容器分布到不同的机器上是可能的，但这样做会引起数据冗余和不一致性的问题。

如图 8–5 中所示，容器是被动的，对它的控制是组件的职责。另外一种方法源于人工智能，即使用所谓的"黑板"模型，当有特别的数据可用时，就会主动通报组件。当容器数据的结构组织得不是很好时该方法比较合适。到底激活哪个工具要视对数据的分析结果而定。该模型由 Nii（1986）给出，Bosch（2000）分析了该风格与系统质量属性之间的关系。

8.4.3　客户机–服务器体系结构

容器模式与系统的静态结构有关，但是不能展现出它的运行组织。下一个例子说明了一种常用的分布式系统的运行时组织。表 8–4 描述了客户机–服务器模式。

表 8–4　客户机–服务器模式

名称	客户机–服务器
描述	在客户机–服务器体系结构中，系统的功能是以服务的形态存在的，每一个服务来自于某个单独的服务器。客户机是那些使用服务和访问服务器的用户
实例	图 8–6 是一个电影和视频 /DVD 资料库，示例是以客户机–服务器形式存在的系统
使用时机	当需要从很多地点访问共享数据时使用。因为服务器可以复制，所以也可以在系统负载经常变化时使用
优点	该模型的主要优点是服务器可以分布到网络上。一般性的功能（例如打印服务）可以被所有的客户机使用，但并不需要被所有的服务所实现
缺点	每个服务是单个失败点，所以对阻止拒绝服务攻击或服务器失败缺乏免疫性。性能也可能是无法预知的，因为它既依赖于网络，也依赖于系统。当服务器属于不同的机构时，也存在管理方面的问题

一个采用客户机–服务器模式的系统是由一个服务集合和相关的服务器以及访问和使用这些服务的客户机组织起来的。这个模型的主要组成部分是：

（1）一组给其他组件提供服务的服务器。服务器的例子包括：打印服务器，提供打印服务；文件服务器，提供文档管理服务；编译服务器，负责对程序的编译服务。

（2）一组向服务器请求服务的客户机。一个客户机程序通常有多个实例，可以在不同的计算机上并发执行。

（3）一个连接客户机和服务器的网络。绝大多数客户机–服务器系统实现为分布式系统，通过互联网的协议连接在一起。

客户机–服务器体系结构经常被认为是分布式系统体系结构，但是运行在分散服务器上的独立服务的逻辑模型可以在单个计算机上实现。此外，更重要的好处是分离性和独立性。服务和服务器可以改变而不会影响系统其他部分。

客户机必须知道可用的服务器的名字及它们所提供的服务。反之，服务器没有必要知道客户机的身份以及到底有多少客户机在访问它们的服务。客户机通过远程过程调用来获取服务器提供的服务，远程过程调用使用一个请求–回答协议，比如在 WWW 上使用的 http 协议。本质上，客户机向服务器提出请求，然后等待，直到它收到回答为止。

建立在客户机–服务器模型上的一个系统例子如图 8–6 所示。这是一个提供电影和图片库的多用户的基于 Web 的系统。在这个系统中，有管理和放映不同类型媒体的多个服务器，视频信号需要快速、同步地传输，但分辨率相对较低。它们是以压缩的形式存储的，所以视频服务器需要对于各种不同的格式处理视频压缩和解压缩。静态图片必须保持高分辨率，所以将它们单独放在一个服务器上是比较妥当的。

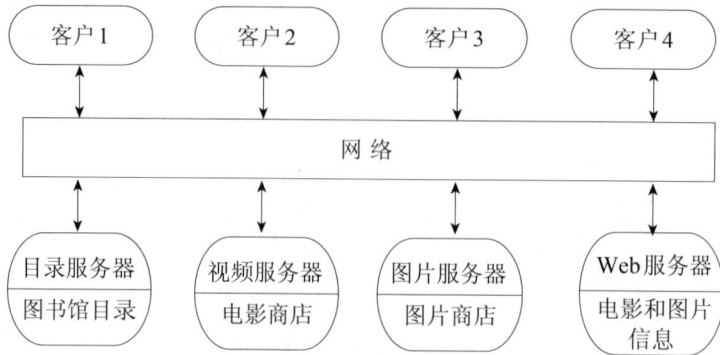

图8-6 电影资料库的客户机-服务器体系结构

要求目录能够支持各种查询，能与包含电影和视频片段的Web信息系统链接，并能与支持发售图片、电影和视频片段的电子商务系统保持链接。客户机程序只是对访问这些服务提供一个集成的用户界面（用Web浏览器构造）。

客户机-服务器模型的最大优势在于它是一个分布式体系结构。由许多分布式处理器构成的网络系统可提供更有效的使用。在这样的系统中，添加一台服务器并将它与系统其余部分集成在一起，或透明地更新服务器而不影响系统的其他部分是很容易的。

※ 本章小结

本章主要从以下几个方面对软件体系结构的设计进行了描述：

1.软件体系结构是有关软件系统如何组织的描述。

2.体系结构设计决策包括对应用类型的决策、系统分布的决策、所使用的体系结构风格的决策，以及对体系结构应该如何文档化和评估的决策。

3.体系结构可能会从许多不同的视角和视图被文档化。

4.体系结构模式是复用通用的（一般的）系统体系结构知识的一种方法。

※ 思考与练习

1.当描述一个系统时，解释为什么我们必须在应用需求完成之前设计系统体系结构。

2.假如一个不懂技术的管理者要求我们准备并且提交一份报告来证明为一个新项目雇佣一个系统架构师是有道理的。在我们的报告中用简要文字列出要点。当然，我们必须解释什么是系统体系结构。

3.解释为什么在设计可用性和信息安全性需求都是最为重要的非功能性需求的系统的体系结构时会发生设计冲突。

4.画图说明以下系统体系结构的概念视图和过程视图：

地铁乘客使用的自动售票系统。

电脑控制的视频会议系统，系统包括视频、音频以及同时显示给多个参与者的电脑数据。

机器人清理地板系统,这个系统想要清理相对干净的场所,比如走廊。清理者必须能够觉察到墙面和其他障碍物。

5.解释为什么在为一个大型系统设计体系结构的时候我们通常会使用多种体系结构模式。除去本章中讨论的关于模式的知识,在设计大型系统的时候还有其他有用的知识吗?

针对在线出售和发布音乐的系统(比如 iTunes)推荐一种体系结构,这种体系结构的基础是什么?

第9章　信息系统详细设计

※ 学习目标

本章的目标是介绍系统详细设计，系统详细设计要考虑各个方面和部件内部细节的方案，诸如系统的输入输出设计、用户界面设计、数据库设计、代码设计等方面的内容。本章将了解以下内容：

◆理解人与计算机之间有效的交流媒介——用户界面；

◆理解输入设计的原则、内容、格式、校验、模式等；

◆理解输出设计的内容等；

◆理解如何对各种数据进行管理——数据库设计，包括用户需求分析、概念结构设计、逻辑结构设计、物理设计四个阶段；

◆理解代码设计的作用、种类、类型、校验方法、设计原则等。

9.1　用户界面设计

概念：用户界面（UI）设计在人与计算机之间搭建了一个有效的交流媒介。遵循一系列的界面设计原则，定义界面对象和界面动作，然后创建构成用户界面原型基础的屏幕布局。

人员：软件工程师通过迭代过程来设计用户界面，这个过程采纳了被广泛接受的设计原则。

重要性：不管软件展示了什么样的计算能力、发布了什么样的内容及提供了什么样的功能，如果软件不方便使用，使用它常导致犯错，或者使用它不利于实现目标，你是不会喜欢这个软件的。由于界面影响用户对于软件的感觉，因此，它必须是令人满意的。

步骤：用户界面设计首先要识别用户、任务和环境需求。一旦用户任务被确定，则通过创建和分析用户场景来定义一组用户界面对象和动作。这是创建屏幕布局的基础。屏幕布局描述了图标的图形设计和位置，描述性屏幕文本的定义，窗口的规格说明和命名，以及主要的和次要的菜单项规格说明。使用工具来开发原型并最终实现设计模型，另外为了保证质量需要对结果进行评估。

工作产品：创建用户场景，构建产品屏幕布局，以迭代的方式开发和修改界面原型。

质量保证措施：原型的开发是通过用户测试驱动的，测试驱动的反馈将用于原型的下一次迭代修改。

我们生活在充满高科技产品的世界里。几乎所有这些产品，诸如消费电子产品、工业设备、社团系统、军事系统、个人电脑软件及 WebApp，都需要人参与交互。如果要使一个产品取得成功，它就必须展示出良好的可用性。可用性是指用户在使用高科技产品所提供的功能和特性时，对使用的容易程度和有效程度的定量测量。

不管界面是为数字音乐播放器设计，还是为战斗机的武器控制系统而设计，可用性都至关重要。如果对界面机制进行了良好的设计，用户可以流畅、顺利地进行交互，使工作变得不费吹灰之力。但如果界面设计得很糟糕，用户使用时断时续、不流畅，最终的结果是，用户会感到很沮丧，且工作效率很差。

在计算时代的前 30 年里，可用性并不是软件开发者主要关心的。Donald Norman［Nor88］在其关于设计的经典书籍中曾经主张（对待可用性的）态度改变的时机已经到来。

为了使技术适应人类，必须要研究人类，但我们现在倾向于只研究技术。其结果是，人们不得不顺从技术，而现在是扭转这个趋势的时候了，是让技术追应人类的时候了。

随着技术专家对人类交互的研究，出现了两个主要的问题。第一，定义一组黄金规则（9.1 节）。这些规则可以应用于所有人类交互的技术产品。第二，定义交互机制使软件设计人员建立起可以恰当实现黄金规则的系统。这些交互机制消除了与人类界面结合的一些极坏的问题，统一称之为图形用户界面（graphical user interface, GUI）。但即便是在"窗口的世界"，我们还是遇到过这样的用户界面：难学、难用、令人迷惑、不直观、不可原谅，在很多情况下，让人感到十分沮丧。然而，仍然有人在花费时间和精力去创建这样的界面，看起来，创建者并不是有意制造麻烦。

Theo Mandel 在其关于界面设计的著作［Man97］中提出了 3 条"黄金规则"：

（1）用户操纵控制；

（2）减少用户的记忆负担；

（3）保持界面一致。

这些黄金规则实际上构成了一系列用户界面设计原则的基础，这些原则可以指导软件设计的重要方面。

9.1.1　用户操纵控制

在重要的、新的信息系统的需求收集阶段，曾经征求一位关键用户对于窗口图形界面相关属性的意见。

该用户严肃地说："我真正喜欢的是一个能够理解我想法的系统，它在我需要去做以前就知道我想做什么，并使我可以非常容易地完成。这就是我想要的，我也仅此一点要求。"

我的第一反应是摇头和微笑，但是，我沉默了一会儿，认为该用户的想法绝对没有什么错。她想要一个对其要求能够做出反应并帮助她完成工作的系统。她希望去控制计算机，而不是计算机控制她。

设计者施加的大多数界面约束和限制都是为了简化交互模式。但是，这是为谁呢？

在很多情况下，设计者为了简化界面的实现可能会引入约束和限制，其结果可能是界面易于构建，但会妨碍使用。Mandel［Man97］定义了一组设计原则，允许用户操纵控制：

以不强迫用户进入不必要的或不希望的动作的方式来定义交互模式。交互模式就是界面的当前状态。例如，如果在字处理菜单中选择拼写检查，则软件将转移到拼写检查模式。如果用户希望在这种情形下进行一些文本编辑，则没有理由强迫用户停留在拼写检查模式，用户应该能够几乎不需做任何动作就进入和退出该模式。

提供灵活的交互。由于不同的用户有不同的交互偏好，因此应该提供选择机会。例如，软件可能允许用户通过键盘命令、鼠标移动、数字笔、多触摸屏或语音识别命令等方式进行交互，但是，每个动作并非要受控于每一种交互机制。例如，考虑使用键盘命令（或语音输入）来画一幅复杂形状的图形是有一定难度的。

允许用户交互被中断和撤销。即使当陷入到一系列动作之中时，用户也应该能够中断动作序列去做某些其他事情（而不会失去已经做过的工作）。用户也应该能够"撤销"任何动作。

当技能级别增长时可以使交互流线化并允许定制交互。用户经常发现他们重复地完成相同的交互序列，因此，值得设计一种"宏"机制，使得高级用户能够定制界面以方便交互。

使用户与内部技术细节隔离开来。用户界面应该能够将用户移入到应用的虚拟世界中，用户不应该知道操作系统、文件管理功能或其他神秘的计算技术，其实，界面不应该要求用户在机器内部层次上进行交互（例如，不应该要求用户在应用软件中输入操作系统命令）。

设计应允许用户与出现在屏幕上的对象直接交互。当用户能够操纵完成某任务所必需的对象，并且以一种该对象好像是真实物理存在的方式来操纵它时，用户就会有一种控制感。例如，某应用界面可允许用户"拉伸"某对象（增大其尺寸）即是直接操纵的一种实现。

9.1.2 减轻用户记忆负担

用户必须记住的东西越多，和系统交互时出错的可能性也就越大。因此，一个经过精心设计的用户界面不会加重用户的记忆负担。只要可能，系统应该"记住"有关的信息，并通过能够帮助回忆的交互场景来帮助用户。Mandel［Man97］定义了一组设计原则，使得界面能够减少用户的记忆负担：

减少对短期记忆的要求。当用户陷于复杂的任务时，短期记忆的要求将会很大。界面的设计应该尽量不要求记住过去的动作、输入和结果。可行的解决办法是通过提供可视的提示，使得用户能够识别过去的动作，而不是必须记住它们。

建立有意义的缺省。初始的缺省集合应该一般的用户有意义，但是，用户应该能够说明个人的偏好。然而，"reset"（重置）选项应该是可用的，使得可以重新定义初始缺省值。

定义直观的快捷方式。当使用助记符来完成系统功能时（如用Alt+P激活打印功能），助记符应该以容易记忆的方式联系到相关动作（例如，使用要激活任务的第一个字母）。

界面的视觉布局应该基于真实世界的象征。例如，一个账单支付系统应该使用支票簿和支票登记簿来指导用户的账单支付过程。这使得用户能够依赖于能很好理解的可视提示，而不是记住复杂难懂的交互序列。

以不断进展的方式揭示信息。界面应该以层次化方式进行组织，即关于某任务、对象或某行为的信息应该首先在高抽象层次上呈现。更多的细节应该在用户用鼠标点击表明兴趣后再展示。例如，很多字处理应用中都十分常见的一个功能是加下划线，该功能本身是"文本风格"菜单下多个功能中的一个。然而，每种加下划线的能力并未列出，用户必须选择加下划线，然后所有加下划线选项（例如，加单下划线，加双下划线，加虚下划线）才被展示出来。

9.1.3 保持界面一致

用户应该以一致的方式展示和获取信息，这意味着：①按照贯穿所有屏幕显示的设计规则来组织可视信息；②将输入机制约束到有限的集合，在整个应用系统中得到一致的使用；③从任务到任务的导航机制要一致地定义和实现。Mandel［Man97］定义了一组帮助保持界面一致性的设计原则：

允许用户将当前任务放入有意义的环境中。很多界面使用数十个屏幕图像来实现复杂的交互层次。提供指示器（如窗口标题、图标、一致的颜色编码）帮助用户知道当前工作环境是十分重要的。另外，用户应该能够确定它来自何处以及存在什么途径转换到新任务。

在应用系统家族内保持一致性。一组应用系统（或一套产品）都应实现相同的设计规则，以保持所有交互的一致性。

如果过去的交互模型已经建立起了用户期望，除非有不得已的理由，否则不要改变它。一个特殊的交互序列一旦已经变成事实上的标准（如使用Alt+S来存储文件），则用户在遇到的每个应用系统中均会如此期望。如果改变（如使用Alt+S来激活缩放比例）将导致混淆。

可用性。在一篇关于可用性方面的有深刻见解的论文中，Larry Constantine［Con95］提出了一个与可用性主题非常相关的问题："用户究竟想要什么？"他给出了下面的回答：

"用户真正想要的是好的工具。所有的软件系统，从操作系统和语言到数据录入和决策支撑应用软件，都是工具。最终用户希望从为其设计的工具中得到的与我们希望从所使用工具中得到的是一样的。他们想要易于学习并能够帮助他们工作的系统。同时，他们想要的系统应该能提高工作效率，不会欺骗他们或使其糊涂，不会使他们易于犯错误或难于完成工作。"

Constantine指出，系统的可用性并非取决于体系架构、交互技术的发展水平，或者内置的界面智能等方面；而是，当界面的架构适合于将要使用这些界面的用户需求时，才获得可用性。

正式的可用性定义往往令人有些迷惑。Donahue和他的同事［Don99］给出了如下的定义："可用性是一种衡量计算机系统好坏的度量……便于学习；帮助初学者记住他们已经学到的东西；降低犯错的可能；使得用户更加有效率；并且使得他们对系统感到满意。"

确定你所建系统是否可用的唯一办法就是进行可用性评估和测试。观察用户与系统的交互，同时回答下列问题［Con95］：

（1）在没有连续的帮助或用法说明的情况下，系统是否便于使用？

（2）交互规则是否能够帮助一个知识渊博的用户工作得更加有效率？

（3）随着用户的知识不断增多，交互机制是否能变得更灵活？

（4）系统是否已经过调试，使之适应其运行的物理环境和社会环境？

（5）用户是否意识到系统的状态？在工作期间内，用户是否能够知道它所处的位置？

（6）界面是否是按照一种合理并且一致的方式来构建？

（7）交互机制、图标和过程是否在整个界面中一致？

（8）交互是否能够提前发现错误并帮助用户修正它们？

（9）界面是否能够容错？

（10）交互是否简单？

如果上述每个问题的回答都是肯定的，那么我们可以认为这个系统是可用的。

可用性系统带来的诸多好处在于［Don99］：提高销售量和用户满意度、具有竞争优势、在媒体中获得良好的评价、获得良好的口碑、降低支持成本、提升最终用户生产力、降低培训费用、减少文档开销、减少来自不满意用户的投诉。

9.2　输入输出设计

详细设计是为系统的每项具体任务选择适当的技术手段和处理方法。总体设计负责构建系统整体骨架，详细设计则要考虑各个方面和部件内部细节的方案，诸如系统的输入输出设计、用户界面设计、数据库设计、程序处理过程设计、网络系统设计、安全性设计等方面的内容。

9.2.1　输出设计

输出设计的重要性是显而易见的。信息系统只有通过输出才能为用户服务。信息系统能否为用户提供准确、及时、适用的信息是评价信息系统优劣的标准之一。因此，必须十分重视输出设计。从系统开发的角度看，输出决定输入，即输入信息只有根据输出要求才能确定。

输出设计包括以下几方面的内容。

（1）确定输出内容

用户是输出信息的主要使用者。因此，进行输出内容的设计，首先要确定用户在使用信息方面的要求，包括使用目的、输出速度、频率、数量、安全性要求等。根据用户要求，设计输出信息的内容，包括信息形式（表格、图形、文字）输出项目及数据结构、数据类型、位数及取值范围，数据的生成途径，完整性及一致性的考虑，等等。

（2）选择输出设备与介质

常用的输出设备有显示终端、打印机、磁带机、磁盘机、绘图仪、缩微胶卷输出器、多媒体设备。输出介质有纸张、磁带、磁盘、缩微胶卷、光盘、多媒体介质等。这些设备和介质各有特点，应根据用户对输出信息的要求，结合现有设备和资金条件选择。

（3）确定输出格式

提供给人的信息都要进行格式设计。输出格式要满足使用者的要求和习惯，达到格式清晰、美观、易于阅读和理解的要求。

报表是最常用的一种输出形式。报表的格式因用途不同而有差异，但一般由三部分组成：表头、表体和表尾。表头部分主要是标题；表体部分是整个表格的实体，反映表格的内容；表尾是一些补充说明或脚注。

报表的输出，根据需要可采用不同的形式。对于单个用户一次性使用的表格，因为没有保留价值，可以在显示终端上输出。对于多个用户需要多次使用的表格，可打印输出。打印输出的报表，要考虑时间划分、装订等问题。需要长期保留的输出报表，可采用磁盘文件形式输出，以便存储。

报表的格式要与系统流行的表格尽量一致，尤其是各级统计部门统一制定的报表不得更改。如果要更改现行表格，必须由系统设计员、分析员共同讨论，拿出更改的充分理由，与管理人员协商，得到有关部门的批准。

9.2.2　输入设计

"输入的是垃圾，输出的必然是垃圾"。输入设计的目标是保证向系统输入正确的数据。在此前提下，应做到输入方法简单、迅速、经济、方便。为此，输入设计应遵循以下原则：

（1）最小量原则

这就是在保证满足处理要求的前提下使输入量最小。输入量越小，出错机会越少，花费时间越少，数据一致性越好。

（2）简单性原则

输入的准备、输入过程应尽量容易，以减少错误的发生。

（3）早检验原则

对输入数据的检验尽量接近原数据发生点，使错误能及时得到改正。

（4）少转换原则

输入数据尽量用处理所需形式记录，以免数据转换介质时发生错误。

输入设计的内容包括以下几方面。

（1）确定输入数据内容

输入数据的内容设计，包括确定输入数据项名称、数据内容、精度、数值范围。

（2）确定数据的输入方式

数据的输入方式与数据发生地点、发生时间、处理的紧急程度有关。如果发生地点远离计算机房，发生时间是随机的，又要求立即处理，则采用联机终端输入。对于数据发生后可以不立即处理的，可以采用脱机输入。

（3）确定输入数据的记录格式

这是输入设计的主要内容之一。记录格式是人机之间的衔接形式，因而十分重要，设计得好，容易控制工作流程，减少数据冗余，增加输入的准确性，并且容易进行数据校验。

（4）输入数据的正确性校验

这也是输入设计的一项重要内容。我们已经强调，输入设计的最重要问题是保证输入数据的正确性。对数据进行必要的校验，是保证输入正确的重要环节。

（5）确定输入设备

常用的输入设备有键盘、鼠标、读卡机、磁性墨水字符识别机、光电阅读器、条形码识别机、声音识别仪、图像扫描仪等。随着信息技术的发展，输入方式和设备也在不断更新。设备的选用应考虑以下一些因素：

①输入的数据量与频度；

②数据的来源、形式、收集环境；

③输入类型、格式的灵活程度；

④输入速度和准确性要求；

⑤输入数据的校验方法、纠正错误的难易程度；

⑥可用的设备与费用。

输入数据的记录格式既要便于操作人员录入，又要便于填表人员、现场工作人员填写。这种记录格式本质上分为两部分：预先印刷部分和插入数据的空格。让人填的表格，不仅要注明文字，而且在表格下方也要注明代码说明。一些比较简单的代码，也可在表中列出，这样既方便了填表人和读表人，使他们不用死记编码或反复翻阅代码表，又可提高填写的准确性，从而能够保证输入数据的准确性。表9-1是一个示例。

表9-1中，对一些不太复杂的代码，如申请项目类别、学位等，列出了代码及含义，填写很方便，而另外一些（如所在单位、技术职称）项目的代码则附在表后，供填表者查阅。表中"申请金额"一项不仅说明了单位，还确定了小数点位置及数字填写的方格，填表者必须规范填写。

为了保证输入的准确性，设计记录格式时还可以采用以下一些基本技术：

（1）块风格。把一部分框起来，引人注目，每个空格填入的数据仅为其所要求的数据。

（2）阴影。不用编码员完成的那部分格式使用阴影，并注上说明。

（3）选择框。填表者只要在相应被选项打钩即可。

表格的设计者已按调查要求，将调查内容详细分类列出，填表人只需在相应方格内打钩即可。仅当所列项目未包括填表者的选择内容时才写字。填写非常简便，很多情况下可以不写一个汉字（被调查人的情况可用名片代替）。向社会发放的调查表，这点尤其重要。填写麻烦，回收率必然低。

（4）颜色。不同部分用不同的颜色。

（5）设立数字域。数字栏应能容纳可能最大的数，标出小数点位置，见表9-1。

（6）划分。注明装订线。

（7）说明。关键部分加以说明。

主文件是系统的基础数据，使用频繁。各种金额、数量要求特别准确，一旦出错将引起业务工作的混乱。因此对这些数据要当重点进行校验。

数据出错有三种情况：

（1）数据内容错。这是由于原始单据有错或录入时发生错误。

（2）数据多余或不足。这是收集中的错误，如原始单据丢失或重复。

（3）数据的延误。由于输入数据迟缓导致处理推迟，不仅影响业务工作，还可能使输出结果变得无价值。

表 9-1　记录格式示例

申请项目	名称							
	类别	A重大　B重点　C专项合同　D地区						
	所用实验室	A国家重点　B部门开放						
	申请金额							
申请者	姓名			性别	1男　2女			
	技术职称代码			学位	A博士　B硕士　C学士			
	所在单位	名称				代码		
		通信地址		省　市　区		邮政编码		
		性质	A高等学校　B科研单位　C其他					
		隶属关系		名称			代码	

数据的校验有多种方法，可根据需要和条件选用。下面介绍 12 种方法。

（1）重复校验

这是将相同的内容重复执行多次，比较其结果。例如，由两个或更多操作员录入相同的数据文件，比较后找出不同之处予以纠正。

（2）视觉校验

一般在原始数据转换到介质以后执行。例如，从终端上键入数据，在屏幕上校验之后再送到计算机处理。视觉校验一般查错率可达到 75% ～ 85%。

（3）分批汇总校验

对重要数据，如传票上的金额，其数量可以进行分批汇总校验。将原始传票按类别、日期等分成若干批，先手工计算每批总值，输入计算机后，计算机再计算总值，二者对照进行校验。

（4）控制总数校验

分批汇总校验是对部分重要数据进行的，控制总数校验则是对所有数据项的值求和进行校验，其出错位置的确定比分批汇总校验精确。

（5）数据类型校验

这是指校验数据是数字型还是字符型，还可组合运用界限检查、逻辑检查等方法进行合理性校验。

（6）格式校验

格式校验也称错位校验。这是校验各数据项位数和位置是否合乎事先的定义。例如，若规定姓名最大位数是 30 位，那么第 31 位应为空格，否则认为数据错位。

（7）逻辑校验

逻辑校验检查数据项的值是否合乎逻辑。例如，月份应是 1 ～ 12 月，日期应是 1 ～ 31 日。逻辑校验检查数值是否合乎业务上的要求，也称合理性校验。

（8）界限校验

界限校验指检查某项数据是否在预先指定的范围之内。分范围校验、上限校验、下限校验三种。例如，某商品单价在 50 元以上，1000 元以下，在此范围之外属错误。

（9）记录计数校验

这是通过记录的个数来检查数据的记录有无遗漏和重复。

（10）平衡校验

这是校验相关数据项之间是否平衡。例如，检查会计的借方与贷方、报表的小计与总计是否相符。

（11）匹配校验

指核对业务文件的重要代码与主文件的代码。例如，销售业务文件中的顾客账号若在顾客主文件中找不到，这就是问题。

（12）代码自身校验

这是最常用的一种校验。

在差错校验系统中，差错的纠正比校验更困难。应根据不同的情况，进行不同的纠正。原始数据的错误，应由产生该数据的部门纠正。由程序查出的错误，由于已运行，纠错更复杂，应根据具体业务情况，或者剔出错误数据留待纠正，先处理正确数据，或者纠正错误后再一起处理。对于用于统计分析的数据，舍弃出错数据，只用正确数据处理即可。

数据输入可以采用三种模式：批量集中输入、联机分散输入和混合方式。

批量集中输入是指在固定场所集中完成数据采集和输入的模式。数据的输入通常不在数据发生地由数据拥有者来进行，而是由专业录入员来完成输入。数据集中输入的速度很快，为了不影响其他联机处理事务，存储后的数据可以安排在非高峰时间进行批量处理和加工，如商业保险单、人口普查表格等数据输入。批量集中输入模式录入效率高，需要的客户端数量少。但弊端是录入员不是数据的拥有者，因此在发现问题后不能及时辨别。此外，数据不能在产生的第一时间被采集进系统，造成数据的延迟。

联机分散输入是数据尽量在发生的源头由拥有者进行采集和输入的模式，输入时可以获得快速的反馈和纠正，数据的准确度高。联机输入的数据能及时更新数据库，系统总是能提供实时的最新数据。例如，房地产商与购房者签订房屋预售合同时，实时通过网上签约并下载打印合同文本，实现了房屋销售信息的实时更新，保护了消费者权益。弊端是为了完成分散输入，设备的花费更多；数据的录入人员背景不同，水平参差不齐，对数据录入程序的可用性、易用性要求较高；另外，由于数据是实时输入和处理的，因此对主机系统、数据库和网络的处理能力要求高。

实际项目中，考虑数据的时效、复杂度、数据量等因素合理选择输入模式，也可以采用混合模式。对时效性要求高的、输入不复杂的数据采用联机分散模式，对于复杂、大批量的数据采用集中输入。

自动识别技术是将信息数据自动识读、自动输入计算机的重要方法和手段，极大地提高了数据采集和输入的效率和准确性。

1.条码及阅读器

条码系统是由条码符号设计、制作及扫描阅读组成的自动识别系统。条码由宽度不同、反射率不同的条和空，按照一定的编码规则（码制）编制成图形来表示数字和符号信息，标识和存储事物的相关信息。条码由专用的条码打印机打印出来。

条码分一维条码和二维条码。一维条码的条和空都在一个方向上，如超市商品条码、图书条码等。由于一维条码受信息容量的限制，通常只能充当物品的标识符，而不能包含太多物品的描述信息。二维条码在水平和垂直方向可以都进行编码，使用若干个与二进制相对应的几何形体来表示文字数值信息，通过图像输入设备或光电扫描设备自动识读以实现信息自动处理。二维条码可容纳多达 1850 个大写字母或 2710 个数字或 1108 个字节，或 500 多个汉字，比普通条码信息容量约高几十倍。图片、声音、文字、签字、指纹等电子化数据都可以编码用二维条码来表示。手机二维码也是二维码的一种，手机二维码不但可以印刷在报纸、杂志、广告、图书、包装以及个人名片上，用户还可以通过手机扫描二维码，快速获取到二维条码中存储的信息，进行上网、发送短信、拨号、资料交换、自动文字输入等操作。

二维条码具有储存量大、保密性高、追踪性高、抗损性强、造价便宜等特性，特别适用于表单、安全保密数据、物品追踪、证照数据等的存储和传递，从而减少人工录入，避免人为错误，降低人力成本。

2. 磁卡及读卡器

磁卡是利用磁性载体记录一些信息，用来标识身份或其他用途的卡片，与各种读卡器配合作用。一个单独的磁条可以存储几道信息，总存储容量大约在 200 个数字字符，通常用于标识身份。

磁卡使用方便，成本低，用途广泛，但磁卡技术难以满足越来越多的对安全性要求较高的应用需求，有容易复制、容易受损等弊端。

3. IC 卡及读（写）卡器

IC 卡是指集成电路卡（integrated circuit card），它是在大小和普通信用卡相同的塑料卡片上嵌置一个或多个集成电路构成的。集成电路芯片可以是存储器或处理器。带有存储器的 IC 卡又称为记忆卡或存储卡，带有微处理器的 IC 卡又称为智能卡或智慧卡。记忆卡可以存储大量信息，智能卡则不仅具有记忆能力，而且还具有处理信息的功能。

IC 卡分接触式 IC 卡和非接触式 IC 卡。接触式卡通过 IC 卡读写设备的触点与 IC 卡的触点接触后进行数据的读写，非接触类卡与 IC 卡设备无电路接触，而是通过非接触式的读写技术进行读写（如光或无线技术），其内嵌芯片除了 CPU、逻辑单元、存储单元外，增加了射频收发电路。

IC 卡存储容量大，根据型号不同，从几百个字符到上百万个字符。在与读卡器进行数据交换时，可对数据进行加密、解密，以确保交换数据的准确可靠，安全保密性好，不容易被复制；具有防磁、防静电、防机械损坏和防化学破坏等能力；信息保存年限长，读写次数在数万次以上。常见的公交卡、水电燃气卡、社保卡等都是 IC 卡。

4. RFID 标签及读写器

RFID（radio frequency identification）电子标签是射频识别的通俗叫法，由标签、解读器和数据传输和处理系统组成。RFID 射频识别是一种非接触式的自动识别技术，它通过射频信号自动识别目标对象并获取相关数据。

RFID 的基本工作原理是：当标签进入磁场后，接收解读器发出的射频信号，凭借感应电流所获得的能量发送出存储在芯片中的产品信息，或者主动发送某一频率的信号；解读器读取信息并解码后，送至中央信息系统进行有关数据处理。采用 RFID 标签技术可以透过外部材料读取数据，还同时对多个物体进行识读。RFID 标签储存的信息量也非常大，最大存储容量有数兆字节之多，并且随着记忆载体技术的发展，未来携带的信息会越来越多。

RFID有三大类：无源RFID、有源RFID、半有源RFID。

无源RFID技术发展最早，也是发展最成熟、市场应用最广的产品。前述所介绍的非接触式IC卡，如公交卡、门禁卡、二代身份证等采用了无源技术，属于近距离自动识别。无源标签都是只读的。

有源RFID技术具有其远距离自动识别的特性，标签自带电源，按照预设的规则周期性地进行信号发射，当RFID标签进入读写器的作用区域，阅读器获取到标签发射出来的信息，即完成了对标签的识别过程。有源RFID技术在智能医院、智能停车场、智能交通及物联网等领域有重大应用，属于远距离自动识别。

半有源RFID电子标签集成了有源RFID电子标签和无源RFID电子标签的优势。在平常情况下标签处于休眠状态，不工作，不向外界发出RFID信号；只有在其进入低频激活器的激活信号范围时，标签被激活后才开始工作。低频激活器的激活距离是有限的，它只能在小距离、小范围精确激活，然后在一个大区域用远距离读写器识别读取信号。因此半有源RFID技术利用低频近距离精确定位，利用微波远距离识别和上传数据，来解决单纯的有源RFID和无源RFID没有办法实现的功能。

RFID标签具有防水、防磁、耐高温、使用寿命长、读取距离大、标签数据可加密、存储数据容量大、存储信息更改自如、可识别高速运动物体、可同时识别多个标签等优点，广泛应用在生产制造、交通运输、流通零售、物流与供应链、安全防伪、人员和动物跟踪以及监管等方面。

5.其他技术

光学标记阅读机（optical mark reader,OMR）是一种集光、机、电于一体的计算机外设录入设备。它是一种专用计算机输入设备，它能快速识别信息卡上的涂写标记，并传入计算机中处理，如标准化考试中的机读卡、人口普查表、彩票投注单、选票、订货单等。使用光标阅读机录入信息，比手工键盘录入速度提高数百倍，但使用OMR要求单据格式固定，不够灵活。

光学字符识别（optical character recognition,OCR）技术是指电子设备（如扫描仪或数码相机）检查纸上打印的字符，通过检测暗、亮的模式确定其形状，然后用字符识别方法将形状翻译成计算机文字的过程。例如，对纸质单据、报表和文件进行扫描，然后对图像文件进行分析处理，获取文字及表格数据，比OMR灵活，但识别率难以达到100%。

自动语音识别（automatic speech recognition,ASR）可以运用计算机系统对语音所承载的内容和声音特征进行自动识别，为实现数据采集和人机对话提供了新手段。

生物识别技术通过计算机与光学、声学、生物传感器和生物统计学原理等高科技手段密切结合，利用人体固有的生理特性（如指纹、脸相、虹膜等）和行为特征（如笔迹、声音、步态等）来进行个人身份的鉴定。

9.3　数据库设计

数据库设计是在选定的数据库管理系统基础上建立数据库的过程。

数据库设计包括用户需求分析、概念结构设计、逻辑结构设计和物理结构设计4个阶段。这 4 个阶段与管理信息系统开发的各个阶段相对应且融为一体。

9.3.1　用户需求分析

用户需求分析在系统分析的详细调查阶段完成，其主要目的是确定用户对数据库的使用要求，它的主要内容包括：

（1）分析用户对信息的需求。即用户希望从数据库中获得哪些有用的信息，从而可以导出数据库中应该存储哪些信息。

（2）分析对数据的使用要求。即要求对数据做哪些加工处理，有什么查询要求及查询响应时间要求，对数据库的安全、完整性及保密性等方面的要求。

（3）分析系统的约束条件。即分析当前系统的规模、结构、资源和地理分布等对数据的采集及使用等方面的限制条件。

9.3.2　数据库的概念结构设计

概念结构设计应在系统分析阶段进行。任务是根据用户需求来设计数据库的概念数据模型（简称概念模型）。概念结构是对现实世界的一种抽象，即对实际的人、物、事和概念进行人为处理，抽取人们关心的共同特性，忽略其本质的细节，形成概念模型，概念模型是从用户角度看到的数据库，概念模型反映了系统中数据的组成及数据之间的联系。概念模型不依赖于计算机系统和具体的DBMS（数据库管理系统），它可用E-R模型（实体－联系方法）表示。1976 年 P.P.S.Chen 提出了实体－联系方法（entity-Relationship,E-R 方法）,E-R 方法是一种借助于 E-R 图描述现实世界实体、属性、联系的语义模型。实体是指现实中的对象，用方框表示；属性指实体的特性，用椭圆框表示；联系是指实体之间的关系，用菱形框表示，联系也可以有属性。E-R图语义表达能力强，为概念性数据模型的绘制提供了有效的工具。E-R图可为用户提供直观形象的实体、属性及其相互之间的关系，也可为设计人员建立数据模型进而设计数据库提供基础模型，是用户与设计人员探讨数据库设计的桥梁。例如，某材料核算系统中，生产一个产品要用到多种零件，一个零件可用于多种产品的生产，生产每种零件要用到多种材料，一种材料可用于多种零件的生产，零件保存在仓库中，一个仓库可存放多种零件。对于以上内容，可用E-R模型表示，如图 9-1 所示。

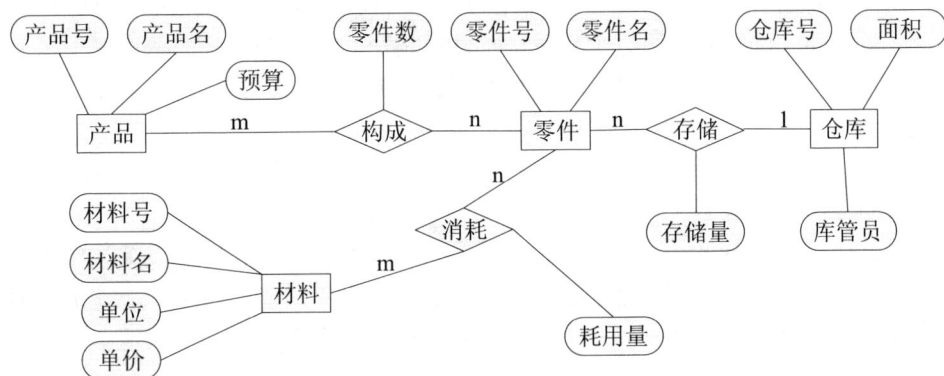

图 9-1　材料核算系统 E-R 图

概念结构设计的主要步骤是，首先根据系统分析的结果（数据流图、数据字典等）对现实世界的数据进行抽象，设计各个局部视图，即局部E-R图，然后将局部E-R图合并成全局图。

9.3.3 数据库的逻辑结构设计

逻辑结构设计的任务是将概念结构设计阶段完成的概念模型转换成能被特定的数据库管理系统支持的数据模型。这些模型在功能、性能、完整性和一致性约束及数据库可扩充性等方面均应满足用户提出的要求。

数据模型可以由实体关系模型转换而来。对于管理信息系统来说，关系型数据库的应用是最广泛的。由E-R模型转换为关系数据模型的规则如下。

① 每一实体集对应于一个关系模式，其实体名作为对应关系名，实体的属性作为对应关系的属性。

② 实体间的联系一般对应一个关系，联系名作为对应的关系名，不带有属性的联系可以去掉。

对于每一个 1：n 的联系，可将联系归并到联系中的多方，并在多方中将一方的关键字作为外部关键字。

对于每一个 m：n 的联系，要为这些联系分别建立一个"关系"，关系中要包含双方的关键字及联系自身的属性。

实体和联系中关键字对应的属性在关系模式中仍作为关键字。

【例9-1】 对于材料核算系统概念模型的转换。

根据这些规则，图9-1中的实体和联系就很容易转换成对应的关系数据模型：

① 产品（产品号，产品名，预算）

② 零件（零件号，零件名，仓库号，存储量）

③ 仓库（仓库号，仓库名，库管员，面积）

④ 产品构成（产品号，零件号，零件数）

⑤ 材料（材料号，材料名，单位，单价）

⑥ 消耗（零件号，材料号，耗用量）

对于得到的各个关系，还要依据关系规范化理论进行进一步的优化。衡量关系规范化程度的一系列标准称为"范式"，总共有6种，一般只要求满足"3范式"即可。

第一范式（first normal form,1st NF）：它就是指在同一个关系中消除重复字段，且各字段都是不可分的基本数据项。如果有则应该将重复项去掉。这个去掉重复项的过程称为规范化处理。

第二范式（decond normal form, 2nd NF）：若关系模型属于第一范式，且所有非主属性都完全依赖于关键字段。

第三范式（third normal gorm, 3rd NF）：若关系模型属于第二范式，且关系中所有非主属性都直接依赖关键字段。它是指关系中的所有数据元素不但要能够唯一地被主关键字所标识，而且它们之间还必须相互独立，不存在其他函数关系。即在一个满足第二范式的数据结构中，有可能存在某些数据元素依赖于其他非关键字数据元素的现象，必须加以消除。

对于第一范式和第二范式，会存在插入异常、删除异常和修改复杂的问题，不便于数据的修改和维护，所以应进一步分解优化到第三范式，第三范式已不存在插入异常和删除异常，数据冗余也很小，已基本能满足处理的需要，如无特殊要求，已不必再进一步分解优化了。

上面的6个关系，均已满足"3范式"的要求，如无特殊的要求，规范化工作即已完成。若考虑到不同的数据元素的使用频率等，也可对其进行进一步的分解。

9.3.4 数据库的物理结构设计

物理结构设计是为数据模型在设备上选定合适的存储结构和存取方法，以获得数据库的最佳存取效率。数据库物理结构依赖于给定的计算机系统，而且与具体选用的DBMS密切相关。

物理结构设计的主要内容包括：

（1）库文件的组织形式。如选用顺序文件组织形式、索引文件组织形式等。

（2）存储介质的分配。例如，将易变的、存取频繁的数据存放在高速存储器上；稳定的、存取频度小的数据存放在低速存储器上。

（3）访问方法设计。根据用户的访问要求，为文件设计适当的索引以便于访问。

（4）完整性和安全性考虑。设计相关联的数据在进行插入、修改、删除操作时的关联规则，以保证数据的完整性，设计进入数据库及对数据操作的限制条件，以最大限度地保证数据的安全性。在进行完整性和安全性考虑时，要充分利用所选用数据库管理系统所提供的安全保密手段，以降低程序编制的难度。

（5）数据资源分布考虑。如果系统是在网络环境之下，还要考虑整个数据资源在网络各个节点（包括服务器）上的分配问题。一般来说，同一子系统的数据尽量放在本子系统所使用的机器上，只有需要公用的数据和最后统计汇总类数据才放在服务器上，以避免网络系统通信紧张，导致系统运行效率降低。

9.4 代 码 设 计

在管理信息系统中，需要处理大量的数据，设计一套良好的代码体系，对于系统开发及提高系统的处理效率，都具有十分重要的意义。

9.4.1 代码及其作用

1. 代码的定义

代码（code）是人为确定的用以代表客观事物（实体）名称、属性或状态等的数字、字母等符号。管理信息系统的主要任务就是对管理活动中产生的大量数据进行加工整理，以满足各种管理职能和各个管理层次对信息的需求。现代管理活动中，产生的数据量大，需要的信息种类多，必须对数据进行分类整理后才能更有效地利用。在管理信息系统中，代码是人和机器的共同语言，是系统进行信息分类、校对、统计和检索的依据。

2.作用

代码的作用主要表现在以下几个方面。

（1）利用代码便于反映数据或信息间的逻辑关系，并使其具有唯一性。最简单、最常见的例子就是职工编号。在人事档案管理中我们不难发现，人的姓名不管在一个多么小的单位里都很难避免重名。为了避免二义性，唯一地标识每一个人，因此编制了职工代码。

（2）便于利用计算机进行识别和处理，提高计算机的工作效率。

（3）利用代码可以节省计算机的存储空间，提高运算速度。利用代码，通过合理地设计数据库中数据表的结构，可以减少数据的冗余，大大节省计算机的存储空间，提高计算机的运算速度。

（4）利用代码可以提高系统的可靠性。通过在代码中加入校验码，可以在输入数据时利用计算机进行检验，以保证输入的数据准确可靠，从而可以提高整个系统的可靠性。

9.4.2 代码设计的原则

代码设计是一项重要的工作，合理的编码结构是使管理信息系统具有生命力的重要因素。设计代码的基本原则是：

（1）唯一性。每一个代码都仅代表唯一的实体或属性；而一个实体或实体属性也只能唯一地由一个代码来表示。

（2）标准化与通用性。凡国家和主管部门对某些信息分类和代码有统一规定和要求的，则应采用标准形式的代码，以提高其通用化程度及方便代码的使用。

（3）可扩充性。要考虑今后的发展，为增加新代码留有余地。当某个代码在条件或代表的实体改变时，应容易进行变更。

（4）简单性。代码的长度会影响所占据的内存空间、处理速度以及输入时的出错概率，因此要尽量短小。简短的代码便于输入，便于记忆，可以减少读写的差错。

（5）具有规律性及适用性，便于编码和识别。代码设计应与编码对象的分类体系相适应，应具有逻辑性强、直观性好的特点，要尽量反映编码对象的特点，便于用户识别和记忆。

（6）规范化。代码的结构、类型、编码格式必须严格统一，以便于计算机处理。

9.4.3 代码的种类

代码的种类如图 9-2 所示。图中列出了最基本的代码。实际应用中，常常根据需要采用两种或两种以上基本代码的组合。下面介绍几种最常用的代码。

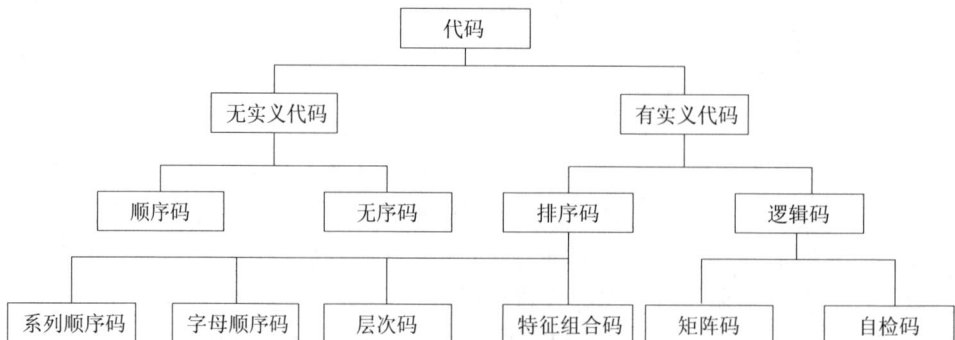

图 9-2　代码的种类

（1）顺序码

按图 9-2 的分类，顺序码是一种无实义代码。这种代码只作为分类对象的唯一标识，只代替对象名称，而不提供对象的任何其他信息。

顺序码是一种最简单、最常用的代码。这种代码是将顺序的自然数或字母赋予分类对象。例如，"人的性别代码"（按国家标准GB 2261—80）规定1为男性，2为女性。

顺序码的优点是代码简短，使用方便，易于管理，易添加，对分类对象无任何特殊规定。缺点是代码本身没有给出对象的任何其他信息。通常非系统化的分类对象常采用顺序码。

（2）矩阵码

矩阵码是一种逻辑码。所谓逻辑码，是按照一定的逻辑规则或者程序算法编写的代码。矩阵码就是建立在两维空间坐标x，y基础上的代码。代码的值是通过坐标x，y的数值构成的。

（3）自检码

自检码由原来的代码（本体部分）和一个附加码组成。附加码用来检查代码的录入和转录过程中是否有差错。附加码也叫检验码。它和代码本体部分有某种唯一的关系，它是通过一定的数学算法得到的。关于代码校验方法将在9.4.4节介绍。

（4）系列顺序码

系列顺序码是排序码的一种。排序码是把对象按预先选择的某种顺序排列，分别赋予代码。

系列顺序码是一种特殊的顺序码。它将顺序代码分为若干段并与分类对象的分段一一对应，给每段分类对象赋予一定的顺序代码。

例如，国家标准《国务院各部、委、局及其他机构名称代码》（GB 4657—84）采用的就是系列顺序码，用三位数字表示一个机构，第一位数字表示类别标识，第二和第三位数字表示该机构在此类别中的数字代码，如300～399为国务院各部，700～799表示全国性的人民团体。

这种代码的优点是能表示一定的信息属性，易于添加；缺点是空码较多时，不便于机器处理，不适用于复杂的分类体系。

（5）层次码

层次码是以分类对象的从属层次关系为排列顺序的一种代码。代码分为若干层，并与对象的分类层次对应。代码左端为高位层次代码，右端为低位层次代码。每个层次的代码可采用顺序码或系列顺序码。

例如，《国民经济行业分类和代码》（GB 4754—84）采用三层的层次码。第一、二、三层代码分别代表大类、中类、小类。

层次码有着广泛的应用。其优点是能明确标出对象的类别，有严格的隶属关系，代码结构简单，容量大，便于机器汇总。但是，当层次较多时，弹性较差。

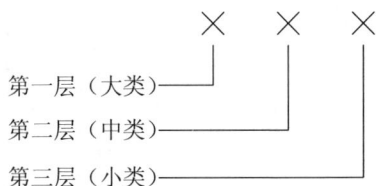

第一层（大类）—————

第二层（中类）—————

第三层（小类）—————

9.4.4 代码校验方法

代码是数据的重要组成部分，它的正确性将直接影响系统的质量。当人们抄写、录入时，发生错误的可能性很大，如抄写错（把 1234 写成 1235）、易位错（1234 记为 1243）、隔位易位错（1234 记为 1432）等。因此，为了验证输入代码的正确性，要在代码本体的基础上，再外加校验码，使它成为代码的一个组成部分。这就是前面介绍的自检码。

校验码是根据事先规定好的数学方法及代码本体计算出来的。当自检码输入计算机后，计算机按照同样的数学方法，根据代码本体进行计算，将结果与校验位比较，检验输入的代码是否正确。

校验码的生成过程如下：

（1）对代码本体的每一位加权求和

设代码本身为 $C_1C_2\cdots C_n$；权因子为 P_1，$P_2\cdots$，P_n；加权求和：$S=\sum C_jP_j$。其中权因子可取自然数 1，2，3，$\cdots$，几何级数 2，4，8，16，32，$\cdots$，质数 2，3，5，7，11，$\cdots$。

（2）以模除和得余数

$$R=S\bmod(M)$$

其中：R 表示余数；M 表示模数，可取 $M=10$，11，$\cdots$。

（3）模减去余数得校验位

比如身份证号的 17 位本体码是 34052419800101001，权因子是 7，9，10，5，8，4，2，1，6，3，7，9，10，5，8，4，2，模为 11，则

$S=$ 21 十 36 十 0+25 + 16 + 16 + 2 + 9 + 48 + 0 + 0 + 9+0 + 5 + 0 + 0 + 2=189

$R=$189 mod 11 =2

余数和校验码的对应关系为

余数：　　　0 1 2 3 4 5 6 7 8 9 10

校验码：　　1 0 X 9 8 7 6 5 4 3 2

余数 2 的校验位为 X，所以最后的身份证号码为 34052419800101001X。

当自检码 $C_1C_2\cdots C_n\ C_{n+1}$（其中为校验位）输入计算机后，对 $C_1C_2\cdots C_n$ 分别乘以原来的权因子，C_n+1 乘以 1，所得的和被模除，若余数为零，则该代码一般来说是正确的，否则输入有错。

在这种方法中，权和模可有多种取法，表 9-2 列出一些权和模的检错率，供参考。

表 9-2　不同权和模的检错率

模	权	检错率 /%			
		抄写错	易位错	隔位易位错	随机错
10	1，2，1，2，1，2	100	98	0	
10	1，3，1，3，1，3	100	89		
10	7，6，5，4，3，2	87	100		90
11	9，8，7，4，3，2	95	100	89	
11	1，3，7，1，3，7	100	89		
11	7，6，5，4，3，2	100	100	100	

※ 本章小结

系统设计是信息系统开发过程中第二个重要阶段。其任务是要在已经获准的系统分析报告的基础上，设计出新系统的解决方案，并为系统实施阶段的各项工作准备好必要的技术资料和有关文件。系统设计要依据系统性、灵活性、可靠性、经济性和管理可接受原则。

系统总体结构设计是将系统划分成若干个子系统和模块，确立模块间的调用关系和数据传递关系。代码设计是将系统处理的实体或属性设计成易于处理和识别的代码形式。

输入/输出设计是设计系统中输入/输出的内容及形式，在进行人机界面设计时，要从系统角度出发，按照统一、友好、漂亮、简洁、清晰的原则设计人机界面。

数据库设计是对系统中数据进行规划，确定数据库的结构，为确保管理信息系统的运行安全和完整，要进行安全完整方案设计。

※ 思考与练习

1. 系统详细设计的任务是什么？包括哪些内容？
2. 输出设计包括哪些内容？
3. 当前有哪些自动识别技术可供输入设计选用？它们各有什么特点？
4. 设计人机对话要注意哪些问题？
5. 数据库设计包括哪些内容？
6. 为什么要设计代码？代码设计要遵循什么原则？
7. 输入设计的原则是什么？

第 10 章 程序编码与测试

※ 学习目标

◆ 编码标准与过程

◆ 文档

◆ 编码过程

◆ 软件测试

10.1 编码标准与过程

在职业生涯中，你可能会从事很多不同的软件项目开发，使用各种工具和技术编写许多应用领域的代码。其中一些工作也可能会涉及评估已有的代码，因为你想替换或修改它，或在另一个应用中复用它。你也将会参与正式的或非正式的评审，来检查你和他人的代码。这些工作不同于你上课时所做的编程。课堂上，你的工作是独立完成的，因此，老师可以判断它的质量并给出改进的建议。但是，在更广泛的现实世界中，大多数软件是由团队开发的，而且需要进行各种工作以生成高质量的产品。即使在编写代码本身时，也会涉及很多人，并且需要大量的协作和协调。因此，要让他人不仅能够理解你编写的代码，而且能理解你为什么编写这些代码以及这些代码如何配合他们的工作，这一点是非常重要的。

由于这些原因，在开始编写代码之前，你必须了解你的组织机构的标准和编写过程。很多公司坚决要求他们的代码符合某种风格、格式和内容标准，这样代码和相关的文档对每一个读者就会非常清晰。例如，补充材料 10-1 描述了微软关于编程标准的方法。

补充材料10-1 微软的编程标准

Cusumano 和 Selby 研究了微软的软件开发（Cusumano, Selby 1995，1997）。他们指出，微软试图在保留黑客通常表现出的创造性和个性的同时，将软件工程实践的某些方面融入其软件开发周期。因此，微软必须找出"组织和协调单个成员所做的工作，同时又允许他们在开发阶段中拥有足够的保持创造性以及演化产品细节的灵活性"的方法。由于市场压力和变化的需要，微软的开发团队反复设计构件、构建构件并测试构件。例如，当团队成员对产品将做什么了解更多时，他们会修改特征的类型和细节。

但是，灵活性并不排除标准。几乎所有在一个物理地点工作的微软开发团队都使用共同的开发语言（通常是C和C++）、共同的编码风格以及标准的开发工具。这些标准有助于团队交流，讨论不同设计方案的利与弊以及问题的解决。微软还要求其团队收集一个小的测度集，包括什么时候发生失效，以及什么时候发现并修改潜在的故障等相关信息。这些测度指导什么时候继续开发、什么时候交付产品这样的相关决策。

10.1.1　对单个开发人员的标准

标准和过程能够帮助你组织自己的想法并避免犯错误。一些过程包括编写代码文档的方法，使得它更清晰且易于遵循。这样的文档使得你在离开和重返你的工作时，不会失去所做工作的线索。标准化的文档还有助于查找故障并做出改变，因为它阐明了哪部分程序执行哪些功能。

标准和过程还有助于将设计转化成代码。根据依照标准组织的代码，可以维护设计构件和代码构件之间的一致性。因此，设计中的变化就很容易在代码中实现。类似地，由硬件或接口说明的变化所导致的对代码的修改也是简单明了的，且出错的可能性也降到了最小。

10.1.2　对其他开发人员的标准

一旦编写完代码，其他人就可能通过各种方式使用它。例如，可能有一个单独的小组对代码进行测试，或者可能有另一组人要将你的软件和其他程序集成在一起构建、测试子系统乃至最终完整的系统。即使系统已经完成并且正在运行，也可能需要进行改变，可能是因为故障，或可能是因为客户希望改变系统执行功能的方式。你可能不是维护或测试小组的成员，因此组织、按格式编写代码以及编写代码文档，使他人易于理解它做什么以及如何工作，是很重要的。

例如，假定你的公司生产的每一段程序的开头都有一节来描述程序的功能以及与其他程序的接口。开头一节看起来可能像这样：

```
****************************************************
*
*COMPONENT TO FIND INTERSECTION OF TWO LINES
*
*COMPONENT NAME:FINDPT
*PROGRAMMER:E.ELLIS
*VERSION:1.0（2 FEBRUARY 2001）
*
*PROCEDURE INVOCATION
*  CALL FINDPT（A1,B1,C1,A2,B2,C2,XS,YS,FLAG）
*INPUT PARAMETERS:
*  INPUT LINES ARE OF THE FORM
*    A1*X+B1*Y+C1=0 AND
*    A2*X+B2*Y+C2=0
*  SO INPUT IS COEFFICIENTS A1,B1,C1 AND A2,B2,C2
*OUTPUT PARAMETERS:
*  IF LINES ARE PARALLEL, FLAG SET TO 1.
*  ELSE FLAG=0 AND POINT OF INTERSECTION IS（XS,YS）
****************************************************
```

这块注释告诉它的读者代码做什么，并给出方法的概述。对在寻找可复用构件的人来讲，这块注释所包含的信息足以帮助他们决定这段代码是否就是他们要找的代码。就跟踪失效来源的人而言，这块注释所具有的细节足以帮助他们决定是否这个构件可能是产生失效的"罪魁祸首"或"同谋"。

阅读这样一块注释的维护程序员将更容易发现需要进行改变的构件。一旦确定这样的构件，如果数据名称是清楚的而且接口是定义明确的，维护程序员就能确保所需的改变不会对代码的其他部分产生任何无法预料的影响。

现有的自动化工具能够对代码进行分析，以确定该构件调用了哪些过程以及哪些过程调用了该构件。也就是说，工具生成的文档将调用它的构件和它调用的构件联系起来。使用这样的信息，对系统的修改就相对直观。在本章的最后，我们将分析标准和过程的一个例子，以了解是如何使用它们来指导编程工作的。

10.1.3 设计和实现的匹配

最关键的标准就是需要在程序设计构件和程序代码构件之间建立直接的对应关系。如果设计的模块化没有反映在代码中，整个设计过程就没有什么价值了。诸如低耦合、高内聚、定义明确的接口这样的设计特性，也应该是程序的特性。这样，就很容易从设计到代码对算法、函数、接口和数据结构进行跟踪，从代码到设计也是如此。

请记住，系统的总体目标可能在整个软件生命周期中始终保持一致。但是随着时间的推移，当客户确定增强和修改系统的时候，它的特性也可能会随之改变。例如，假定你是设计用于汽车的计算机辅助显示系统的团队成员之一。你们构造的系统可能永远是汽车的一个部件，但是菜单和输入设备可能会改变，也可能会增加新的特征。这些改变首先要在高层设计中进行，然后通过低层设计追踪到必须修改的代码。因此，设计和代码之间的一致性是根本性的。在后面的章节中，我们将看到，如果没有通过这些标准建立起来的链接，就无法进行测试、维护和配置管理。

10.2 文 档

很多公司或组织机构的标准和过程主要是附加了一组程序的描述。程序文档（program documentation）是向读者解释程序做什么以及如何做的书面描述，内部文档（internal documentation）是直接书写在代码中的描述性素材，所有其他的文档都是外部文档（external documentation）。

10.2.1 内部文档

内部文档包含的信息是面向阅读程序源代码的那些人的。因此，它提供概要信息以识别程序，描述数据结构、算法和控制流。通常情况下，这种信息以一组注释的形式放在每个构件的开始部分，称为头注释块（header comment block）。

1.头注释块

就像一个好的新闻报道要包括"谁""什么""哪里""何时""如何"和"为什么"一样，你必须在每个构件的头注释块中包含下列信息：

（1）构件名字是什么；

（2）谁编写了这个构件；

（3）构件应该装配在整个系统设计中的哪个地方；

（4）构件是在何时编写和修改的；

（5）为什么要有这个构件；

（6）构件是如何使用数据结构、算法和控制的。

我们可以对其中的每一条信息进行更为深入的分析。

首先，构件的名称必须在文档中显著表示。接着是头注释块标识编写者及其电话号码或电子邮件地址。这样，维护和测试小组就可以联系到编写者，以提出问题或取得意见。

在系统的生命周期中，或者是为了改正错误，或者是因为需求变化和增加，都经常要更新和修改构件。对变化的跟踪非常重要，所以程序文档应当记录一个日志，记下所做的变化以及谁做的改变。

因为构件是更大的系统的一部分，头注释块中应该指明如何将它装配到构件层次中。有时候用图表示这一信息，其他时候只要进行简单的描述就可以了。头注释块中还应该解释如何调用该构件。

需要更详细的信息来解释构件是如何完成它的目标的。头注释块应该列出：

（1）名称、类型、每个主要数据结构和变量的意图；

（2）逻辑流、算法和错误处理的简短描述；

（3）预期的输入和可能的输出；

（4）帮助测试的工具，以及如何使用它们；

（5）预期的扩充或改正。

组织标准通常要指定头注释块的顺序和内容。下面的例子说明了一个典型的头注释块可能包含的内容：

```
PROGRAM SCAN:Program to scan a line of text for a given
character
PROGRAMMER:Beatrice Clarman（718）345-6789/bc@power.com
CALLING SEQUENCE: CALL SCAN（LENGITH,CHAR,NTEXT）
    where LENGTH is the length of the line to be scanned;
    CHAR is the character sought.Line of text is passed
    As array NTEXT
VERSION 1: written 3 November 2000 by B. Clarman
REVISION 1.1: 5 December 2001 by B.Clarman to improve searching
    algorithm.
PURPOSE: General-purpose scanning module to be used for each
    new line of text, no matter the length. One of several text
    utilities designed to add a character to a line of text,
    read a character, change a character, or delete a character.
DATA STRUCTURES: Variable LENGTH – integer
    Varialbe CHAR – character
```

Array NTEXT – character array of length LENGTH

ALGORITHM:Reads array NTEXT one character at a time; if

CHAR is found, position in NTEXT returned in variable

LENGTH; else variable LENGTH set to 0.

2. 其他程序注释

头注释块用作对程序的介绍，很像解释一本书的引言。读者通读程序时，附加的注释能够对他们有所启发，帮助他们理解你在头注释块中描述的意图是如何在代码中实现的。如果代码的组织反映了结构良好的设计，语句的格式清晰，标记、变量名和数据的名称都具有描述性而且易于区分，那么所需的附加注释就会比较少。也就是说，遵循简单的关于代码格式和结构的指导原则可以使得代码成为其自身的信息源。

即使在结构清晰、书写良好的代码中，注释也占有重要的地位。虽然代码的清晰性和结构使得需要其他注释的量降到最小，但是无论何时，当可以把有益信息加入构件时，附加的注释都是有用的。除了对程序正在做什么为程序提供逐行的解释外，注释还可以将代码分解成表示主要活动的段。接着，每个活动还可以分解成更小的步骤，每一步只有几行代码。程序设计的伪代码可用于此目的，并可以嵌入到代码中。同样，当代码被修改时，程序员应该更新注释以反映代码的变化。这样，注释就建立起了随着时间进行修改的记录。

注释能够反映实际代码的行为是很重要的。另外，要确保注释增加的是新信息，而不是陈述从你使用的良好的标记和变量名就可得到的显而易见的信息。例如，这样写没有用：

// Increment i3

i3 = i3+1;

通过这样写就可以实质性地增加更多的信息：

//Set counter to read next case

i3=i3+1;

理想情况下，变量名应该能够解释活动：

case_counter = case_counter+1;

通常，你是从设计转向伪代码来开始编码的，而伪代码又能为你的最终代码提供一个框架以及一个注释的基础。一定要在编写代码的同时书写注释，而不是在之后，这样你才能同时体现设计及你的意图。对难以注释的代码要加以小心，这种困难性通常意味着在完成编码之前应该对设计进行简化。

3. 有意义的变量名和语句标记

选择能够反映变量和语句的用途及含义的名字。这样写：

Weekwage =（hrrate * hours）+（1.5）*（hrrate）*（hours −40. ）;

比这样写对读者更有意义：

z=（a*b）+（.5）*（a）*（b−40. ）;

事实上，weekwage 可能根本不需要注释，你也不太可能引入故障。

类似地，字母式的语句标记应该告诉读者程序的标记部分是干什么的。如果标记必须是数字式的，那么确保它们按照升序排列，而且根据相关的目的组织在一起。

4. 安排格式以增强理解

注释的格式能够帮助读者理解代码的目标以及代码是如何实现目标的。声明的缩进和间隔能够反映基本的控制结构。注意像这样的未缩进代码：

```
if（ xcoord < ycoord ）
result=-1;
elseif（ xcoord == ycoord ）
result = 0;
else result = 1;
elseif（ slope1 > slope2 ）
result = 2;
elseif（ slope1 < slope2 ）
result = 3;
result = 4;
```

可以通过使用缩进及重新排列来使其更加清晰：

```
if（ xcoord < ycoord ） result=-1;
elseif（ xcoord == ycoord ）
  if （ slope1 > slope2 ） result = 0;
  else result = 1;
    elseif（ slope1 > slope2 ） result = 2;
elseif（ slope1 < slope2 ） result = 3;
else       result = 4;
```

除了使用格式来显示控制结构以外，Weinberg 还推荐了安排语句的格式，使得注释处于页面的一边而语句处于另一边（Weinberg　1971）。这样，在测试程序时可以盖住注释，从而不会被可能不正确的文档误导。例如，可以只看页面的左边部分来阅读下面的代码（Lee，Tepfenhart　1997），而不用看右边的注释。

```
void free_store_empty（ ）
{
   static int i=0;
   if（ i++ == 0 ）        //guard against cerr
                        //allocating memory
      cerr << " Out of memory\n" ;  //tell user
   abort（ ）;            //give up
}
```

5. 文档化数据

就程序的读者而言，最难以理解的事情之一就是数据的组织和使用方式。在解释代码的动作时，尤其是当系统处理很多具有不同类型和目的，以及不同标记和参数的文件时，数据地图是非常有用的。这个数据地图应该对应于外部文档中的数据字典，这样读者就可以从需求到设计直至编码跟踪数据操纵。

面向对象的设计最小化或消除了其中的一些问题，但是，有时这种信息隐藏让读者难以理解数据的值是如何变化的。因此，内部文档应该包含对数据结构及其使用的相关描述。

10.2.2 外部文档

尽管内部文档是简要的，并且是在适合程序员的层次上书写的，但那些可能永远不看实际代码的人希望阅读外部文档。例如，设计人员在考虑修改或者改进时，可能会评审外部文档。另外，外部文档让你有机会从更广的范围内解释一些事情，而不只是在你的程序注释的范围内可能是合理的。如果你认为头注释块是程序的概述或者概要，那么外部文档就是全面的报告。它用系统的视角，而不是某个构件的视角回答同样的问题——"谁""什么""哪里""何时""如何"和"为什么"。

由于软件系统是根据相互关联的构件来构造的，外部文档通常包括系统构件的概述，或者若干组构件（如用户界面构件、数据库、管理构件、低速计算构件）的概述。图及其伴随的叙述性描述说明构件中数据是如何被共享的，以及如何被一个或多个构件使用。一般来讲，概述描述了如何从一个构件向另一个构件传递信息。对象类和它们的继承层次在这里解释，这些是定义特定类型或数据类别的原因。

外部构件文档是整个系统文档的一部分。在编写构件时，构件结构和流程的很多基本原理已经在设计文档中详细地加以描述。从某种意义上来讲，设计是外部文档的骨架，而叙述性描述讨论代码构件的细节，它是外部文档的血肉。

1.描述问题

在代码文档的第一节，应该解释这个构件解决的是什么问题。这一节描述可供选择的解决方案，以及为什么选择特定方案。问题描述不是重复需求文档，相反，它是对背景的概要讨论，解释什么时候调用构件以及为什么需要它。

2.描述算法

一旦搞清楚构件存在的原因，就应该强调算法的选择。应该解释构件使用的每一个算法，包括公式、边界或特殊条件，甚至它的出处或对它的参考书或论文的引用。

如果算法处理的是特例，就一定要讨论每一种特例并解释它是怎样处理的。如果由于认为不会碰到某些特例而不做处理，就要解释基本原理并描述代码中任何相关的错误处理。例如，某个算法可能包括一个公式，其中一个变量除以另外一个变量，文档应该强调其中分母可能为 0 的情况，指出什么时候可能发生这种情况以及代码如何处理它。

3.描述数据

在外部文档中，用户或程序员应该能够在构件的层次查看数据流。数据流图应该伴随有相关的数据字典引用。就面向对象的构件而言，对象和类的概述中应该解释对象的总体交互。

10.3 编 程 过 程

10.3.1 极限编程

在前面我们学了敏捷方法及其编程原理，称为极限编程。在极限编程中，有客户和程序员这两种类型的参与者。客户代表最终系统的用户，他们执行下列活动。

（1）定义程序员将要实现的特征，使用故事描述系统工作的方式。

（2）详细地描述当软件准备就绪时他们将要运行的测试，以验证是否正确实现了所描述的故事。

（3）为故事及其测试分配优先权。

程序员编写代码依次实现故事，这些工作是依据客户指定的优先权进行的。为了帮助客户，程序员必须估算完全实现一个故事将花费多长时间，这样客户就可以规划验收测试。每过两星期进行一次计划，这样，客户和程序员之间就会建立起信任。Martin 指出，极限编程不只是客户和程序员之间的对话，在他们进行结对编程时，程序员之间也有对话，他们并排坐于工作站旁并且协作开发一个程序（Martin　2000）。

10.3.2　结对编程

结对编程的概念是敏捷方法技术的一个极端，因此，我们在这一章对其进行更深入的分析。在结对编程中，一对程序员（下称程序员对）使用一个键盘、一个显示器、一个鼠标。程序员对中的每一个人都承担一个非常特定的角色。一个人是"飞行员"或"驾驶员"，他控制计算机并且实际编写代码。另一个人是"领航员"，评审"飞行员"的代码并提供反馈。这两个小组成员定期交换角色。

结对编程据称具有很多优点，包括提高生产率和质量。但是，其证据并不充分，并且通常是模棱两可的。例如，Parrish 等研究了使用结对编程对生产率产生的影响（Parrish et al.　2004），研究中的程序员具有平均 10 年的工作经验。该研究按照程序员对同一天开发同一模块的程度来测量程序员间的协作。Parrish 和他的同事发现，"高度一致（high-concurrency）的程序员组合，尽管他们是经验丰富的、经过方法学训练的程序员，但其生产率相当低。"再者，该研究发现，相对于早期模块，程序员在后期模块上的生产率不会更高。但是，软件工程研究所（software engineering institute）的（评估个人软件过程的）报告指出，使用传统方法的程序员经过更多的编程工作，其在生产率和质量方面的表现会变好。他们得出的结论是：程序员在一起工作并不能自然而然地提高生产率。Parrish 和他的同事提出，有一些关于结对编程的基于角色的协议能够帮助弥补结对编程中的自然生产力的损失。

其他研究（诸如 Cockburn, Williams　2000、Nosek　1998）以及 Williams et al.　2000）指出，相比较于传统的个人编程，结对编程有助于更快地产生代码并具有较低的故障密度。但是，Padberg 和 Müller 发现，结对编程的成本效益比取决于这些优点实际有多大（Padberg, Möller　2003）。尤其是，他们强调结对编程只有在强大的市场压力下才能获益。在这种情况下，为了下一次发布，项目经理鼓励程序员快速地实现下一组特征。Drobka、Noftz 和 Raghu 给出了两种相互矛盾的结果（Drobka, Noftz, Raghu　2004）：在一项研究中，极限编程团队比使用传统方法的编程团队生产率提高 51%，而在另一项研究中，后者的生产率反而比前者高 64%。这些研究中，许多是小型的、非实际的项目，其他的可能受到霍索恩效应（Hawthorne effect）的影响，其行为改进不是因为更好的过程，而是因为将注意力集中在参与者身上。

结对编程的其他好处似乎是显而易见的。在一个新手编写代码的时候，让一个年长的、有经验的程序员给其提供建议可能是一个有效的经验学习过程。在开发的时候，让另一双眼睛评审代码有助于早期发现错误。但是，Skowronski指出，结对编程会抑制问题求解的基本步骤（Skowronski 2004）。他声称，程序员对之间必需的交互会扰乱对问题的关注。"敏捷方法可能将善于问题求解的人员置于次要的位置，把中心舞台让于说得很好但是缺乏必要的分析技能的编程团队成员，让他们进行困难的设计和编码任务"（Skowronski 2004）。再者，正如Polyà（Polyà 1957）和Perkins（Perkins 2001）指出的那样，好的问题求解人员需要时间独处，以仔细思考、制定他们的计划并且分析他们的可选方案。结对编程并没有将这样的安静时间考虑进去。

10.4 软 件 测 试

10.4.1 软件测试的定义

国家标准GB/T11457—2006《软件工程术语》定义了"软件测试（testing）"，是指"由人工或自动方法来执行或评价系统或系统部件的过程，以验证它是否满足规定的需求；或识别出期望的结果和实际结果之间有无差别。"与之相关，所谓排错、调试（debugging），是指"查找、分析和纠正错误的过程"。

1. 软件缺陷

所谓"软件缺陷"（bug）是指计算机系统或者程序中存在的任何一种破坏正常运行能力的问题、错误，或者隐藏的功能缺陷、瑕疵，其结果会导致软件产品在某种程度上不能满足用户的需要。

（1）从产品内部看，软件缺陷是软件产品开发或维护过程中所存在的错误、毛病等各种问题。

（2）从产品外部看，软件缺陷是系统所需要实现的某种功能的失效或违背。

软件缺陷不仅表现在功能失效方面，还包括：

（1）运行出错，包括运行中断、系统崩溃、界面混乱；

（2）计算错误，导致结果不正确；

（3）功能、特性没有实现或部分实现；

（4）在某种特定条件下没能给出正确或准确的结果；

（5）计算的结果没有满足所需要的精度；

（6）用户界面不美观，如文字显示不对齐、字体大小不一致等；

（7）需求规格说明书的问题，如漏掉某个需求、表达不清楚或前后矛盾等；

（8）设计不合理，存在缺陷，例如，计算机游戏只能用键盘玩而不能用鼠标玩；

（9）实际结果和预期结果不一致；

（10）用户不能接受的其他问题，如存取时间过长、操作不方便等。

由于软件系统自身越来越复杂，不管是需求分析还是程序设计等都面临越来越大的挑战，这决定了在软件开发过程中出现软件缺陷是不可避免的。此外，虽然原因有很多，但研究表明，软件需求说明书是软件缺陷出现最多的地方，如图10-1所示。

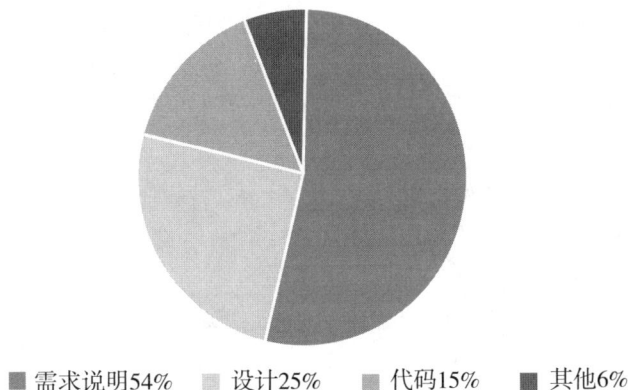

■ 需求说明54%　　■ 设计25%　　■ 代码15%　　■ 其他6%

图 10-1　软件缺陷比例

美国商务部国家标准和技术研究所（NIST）进行的一项研究表明，软件中存在的缺陷所造成的损失是巨大的。即使在软件企业内部，软件缺陷同样会给企业带来很大的成本。根据统计数据，多数软件企业的这种劣质成本甚至占开发总成本的40%～50%。有鉴于此，必须足够地重视软件缺陷所引起的代价，强调软件测试尽早介入项目，尽快修复所发现的缺陷。

2.软件测试的定义

在早期的软件开发过程中，软件工程的概念和思想还没有形成，也没有明确的分工，软件开发等于编程，开发过程随意和无序，测试和调试混淆在一起，没有独立的测试，所有的工作基本都是由程序员完成，一面写程序，一面调试程序。这时，测试活动往往发生在代码完成之后，测试被认为是一种产品检验的手段，成为软件生存周期中最后一项活动而进行。在这一时期，对测试的投入还很少，也缺乏有效的测试方法，所以，软件产品交付到客户那里，仍然存在很多问题，软件产品的质量无法保证。

1972 年，软件测试领域的先驱 Bill Hetzel 博士为软件测试下了一个定义："软件测试就是为程序能够按预期设想运行而建立足够的信心。"1983 年，他又将软件测试的定义修改为："软件测试就是一系列活动，这些活动是为了评估一个程序或软件系统的特性或能力，并确定其是否达到了预期结果。"

在上述定义中，至少可以看到以下几点：

（1）测试是试图验证软件是"工作的"，也就是验证软件功能执行的正确性。测试的目的是验证软件是否符合事先定义的要求。

（2）测试活动以人们的"设想"或"预期的结果"为依据。这里的"设想"或"预期的结果"是指需求定义、软件设计的结果。

Bill Hetzel 的观点受到了业界一些权威的质疑和挑战。例如，Glenford J.Myers 认为，测试不应该着眼于验证软件是工作的，相反，应该用逆向思维去发现尽可能多的错误。他认为，从心理学的角度看，如果将"验证软件是工作的"作为测试的目的，非常不利于测试人员发现软件的错误。因此，1979 年 Myers 给出了软件测试的不同定义："测试是为了发现错误而执行一个程序或者系统的过程。"从这个定义可以看出，假定软件总是有错误的，测试就是为了发现缺陷，而不是证明程序无错误。发现了问题说明程序有错，但如果没有发现问题，并不能说明问题就不存在，而是至今尚未发现软件中所潜在的问题。

从Myers的定义延伸出去，一个成功的测试必须是发现了软件的问题，否则测试就没有价值。Myers提出的"测试的目的是证伪"这一概念，和Bill hetzl的规点"测试是试图验证软件是正确的"，为软件测试的发展指出了不同的努力方向。

3.验证和确认

软件测试是通常所讲的更为广泛的主题——验证与确认（verification and validation, V&V）的一部分。其中，验证（verification）是指确保软件正确地实现某一特定功能的一系列活动，而确认（validation）是广义上的软件测试，指的是确保开发的软件可追溯到客户需求的另外一系列活动和过程。概括起来，软件测试又可定义为"由'验证'和'有效性确认'活动所构成的整体"。

（1）"验证"是检验软件是否已正确地实现了软件需求说明书所定义的系统功能和特性。验证过程提供证据表明软件相关产品与所有生命周期活动的要求（如正确性、完整性、一致性、准确性等）相一致，相当于以软件需求说明书为标准进行软件测试的活动。

（2）"有效性确认"是确认所开发的软件是否满足用户真正需求的活动。一切从客户出发，理解客户的需求，对软件需求定义、设计的怀疑，发现需求定义和产品设计中的问题。这主要通过各种软件评审活动来实现，包括让客户参加评审、测试活动。

因为没有办法证明软件是正确的，软件测试本身总是具有一定的风险性，所以被认为是对软件系统中潜在的各种风险进行评估的活动。从风险的观点看，软件测试就是对风险的不断评估，引导软件开发的工作，进而将最终发布的软件所存在的风险降到最低。基于风险的软件测试可以被看作是一个动态的监控过程，对软件开发全过程进行检测，随时发现问题、报告问题，并重新评估新的风险，设置新的监控基准，不断地持续下去，包括回归测试。这时，软件测试完全可以看作是软件质量控制的过程。

实际上，具体是由哪些类型的测试构成了确认，对此观点存在较大的分歧。一些人认为所有的测试都是验证，而确认是在对需求进行评审和认可时进行的，也许更晚一些，当系统投入运行时由用户进行的。另外一些人将单元测试和集成测试看成验证，而将高阶测试（确认测试和验收测试）看作确认。

验证与确认包含广泛的SQA（软件质量保证）活动，如正式技术评审、质量和配置审核、性能监控、仿真、可行性研究、文档评审、数据库评审、算法分析、开发测试、易用性测试、合格性测试、验收测试和安装测试。虽然测试在验证与确认中起到了非常重要的作用，但是很多其他的活动也是必不可少的。

测试确实为软件质量的评估（更实际地说是错误的发现）提供了最后的堡垒。但测试不应当被看作是安全网。正如人们所说的那样："你不能测试质量。如果开始测试之前质量不佳，那么当你完成测试时质量仍然不佳。"在软件工程的整个过程中，质量已经被包含在软件之中。方法和工具的正确运用、有效的正式技术评审、坚持意识到整个开发团队都有着同样的目标——降低使用软件的风险。在3级测试中，测式人员和开发人员一起协同工作来降低风险。

一旦测试人员与开发人员身处同一个"团队"中，组织就可以向真正的4级测试前进。4级测试是将测试定义为一种提高质量的智力训练。提高质量的方式有多种，创建能够使软件出错的测试用例只是其中之一。有了这样的思想准备，测试工程师就可以成为项目的技术领队了（这在很多其他工程学科中很普遍）。他们对度量和提高软件质量担负着主要责任，并且应该用他们的专业才能帮助开发人员。Beizer 把这比喻为一个拼写检查器。人们常常认为拼写检查器的目的是找出拼错的单词，但事实上，它最终的目的是提高我们的拼写能力。每次用拼写检查器找到一个拼错的单词，我们都获得了一次机会来学习如何正确地拼写该单词。拼写检查器是拼写质量方面的"专家"。同样，4 级测试意味着测试的目的在于提高开发者生产高质量软件的能力，测试人员应该训练团队的开发人员。

10.4.2　测试的基本流程与原则

软件测试的基本流程包括：

（1）设计一组测试用例。每个测试用例由输入数据和预期输出结果两部分组成。

（2）各个测试用例的输入数据实际运行被测程序。

（3）检查实际输出结果与预期的输出结果是否一致。若不一致则认为程序有错。

通常程序输入数据的可能值的个数很多，再加上程序内部结构的复杂性，要彻底地测试一个程序是不可能的。我们只能执行有限个测试用例，并求尽可能多地发现一些错误。能尽可能多地发现错误的测试用例被称为是"高产的"。

软件测试的一些基本原则如下：

（1）在开始测试时，不应默认程序中没有错误。这是由测试的定义决定的。测试前应明确程序中含有错误，测试的目的就是要找出其中尽可能多的错误。但测试一般不可能找出程序中的所有错误。测试只能证明程序中存在错误，但不能证明程序中不存在错误。

（2）测试不应由编写程序的个人或小组来承担。由其他人（非程序本身的编制者）来进行测试，会获得更好的效果。由于测试的目的是查错，因此，大多数程序员不能有效地测试他们自己的程序，这一方面是由于心理上的因素，另一方面也是由于对所编制程序的理解有习惯性。作为这一基本原则的推论，最好由程序作者之外的其他人，或更一般地，由软件系统设计编程部门以外的另一个独立部门来进行测试，但查出错误之后的排错，仍应由程序的原编写者自己进行。

（3）测试文件必须说明预期的输出结果。一个测试用例不仅仅是一个输入数据，只有把输入数据和预期的输出结果结合起来，才能形成一个完整的测试用例。

（4）要对合理的和不合理的输入数据都进行测试。忽略后一种情形会降低程序的可靠性。对不合理的输入数据程序应拒绝执行。

（5）除检查程序功能是否完备外，还应检查程序功能是否有多余。换句话说，我们还应当检查该程序是否产生了我们所不希望的副作用。

（6）应该完整地保留所有的测试文件（包括测试数据集、预期的结果、程序执行的记录等），直至该软件产品废弃不用为止。因为在对该软件产品进行维护时，十分需要这种测试文件，以便修改后再测试。

（7）一个模块或多个模块中有错误的概率与已发现错误的个数成正比。

10.4.3 测试策略

所谓传统软件，其体系结构不是面向对象的，也不包括Web应用。有许多策略可用于测试软件。其中一个极端是，软件团队等到系统完全建成后对整个系统执行测试，以期望发现错误。虽然这种方法很有吸引力，但效果不好，可能得到的是有许多缺陷的软件，致使所有的干系人感到失望。另一个极端是，无论系统任何一部分何时建成，软件工程师每天都在进行测试。尽管这种方法对很多人都缺少吸引力，但确实很有效。遗憾的是，许多软件开发者对使用后一种方法感到犹豫。多数软件团队选择介于这两者之间的测试策略。这种策略以渐进的观点对待测试，以个别程序单元的测试为起点，逐步转移到方便于单元集成的测试，最后以实施整个系统的测试而告终。

1. 单元测试（《软件测试技术与实践》4.3.1）

单元测试侧重于软件设计的最小单元（软件构件或模块）的内部处理逻辑和数据结构，利用构件级设计描述作为指南，测试重要的控制路径以发现模块内的错误。测试的相对复杂度和这类测试发现的错误受到单元测试约束范围的限制，测试可以对多个构件并行执行。

图10-2概要描述了单元测试。测试模块的接口是为了保证被测程序单元的信息能够正常地流入和流出；检查局部数据结构以确保临时存储的数据在算法的整个执行过程中能维持其完整性；执行控制结构中的所有独立路径（基本路径）以确保模块中的所有语句至少执行一次；测试边界条件确保模块在到达边界值的极限或受限处理的情形下仍能正确执行。最后，要对所有的错误处理路径进行测试。

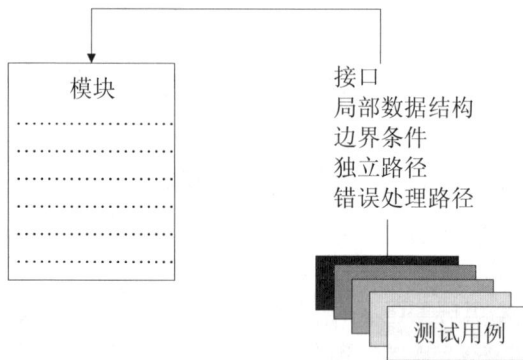

图 10-2　单元测试

对穿越模块接口的数据流的测试要在任何其他测试开始之前进行，因为数据若不能正确地输入输出，其他测试都是没有意义的。另外，应当测试局部数据结构，可能的话，在单元测试期间确定对全局数据的局部影响。

在单元测试期间，选择测试的执行路径是最基本的任务。设计测试用例是为了发现因错误计算、不正确的比较或不适当的控制流而引起的错误。

边界测试是最重要的单元测试任务之一，软件通常在边界处出错。也就是说，错误行为往往出现在处理 n 维数组的第 n 个元素，或者 i 次循环的第 i 次调用，或者遇到允许出现的最大、最小数值时，使用刚好小于、等于或大于最大值和最小值的数据结构、控制流和数值作为测试用例就很有可能发现错误。

好的设计要求能够预置出错条件并设置异常处理路径，以便当错误确实出现时重新确定路径或彻底中断处理，即所谓的防错技术。当评估异常处理时，应能测试下述的潜在错误：①错误描述难以理解；②记录的错误与真正遇到的错误不一致；③在异常处理之前，错误条件就引起了操作系统的干预；④异常条件处理不正确；⑤错误描述没有提供足够的信息，对确定错误产生原因没有帮助。

设计高内聚的构件可以简化单元测试。当构件只强调一个功能时，测试用例数就会降低，且比较容易预见错误和发现错误。

2. 集成测试（《软件测试技术与实践》4.3.2）

如果每个模块都能单独工作得很好，那么为什么要怀疑将它们放在一起时的工作情况呢？当然，这个问题涉及"将它们放在一起"的接口相连。数据可能在穿过接口时丢失；一个模块可能对另一个模块产生负面影响；子功能联合在一起并不能达到预期的功能；单个模块中可以接受的不精确性在连接起来之后可能会扩大到无法接受的程度、全局数据结构可能产生问题。遗憾的是，问题还远不止这些。

集成测试是构造软件体系结构的系统化技术，同时也是进行一些旨在发现与接口相关的错误的测试。其目标是利用已通过单元测试的构件建立设计中描述的程序结构。

常常存在一种非增量集成的倾向，即利用"一步到位"的方式来构造程序。所有的构件都事先连接在一起，全部程序作为一个整体进行测试，其结果往往是一片混乱，会出现一大堆错误。由于在整个程序的广阔区域中分离出错的原因非常复杂，因此，改正错误比较困难，一旦改正了这些错误，可能又会出现新的错误。这个过程似乎会以无限循环的方式继续下去。

增量集成与"一步到位"的集成方法相反。程序以小增量的方式逐步进行构造和测试，这样错误易于分离和纠正，更易于对接口进行彻底测试，而且可以运用系统化的测试方法。

自顶向下集成。这是一种构造软件体系结构的增量测试方法。模块的集成顺序为从主控模块（主程序）开始，沿着控制层次逐步向下，以深度优先或广度优先的方式将从属于（和间接从属于）主控模块的模块集成到结构中去。

参见图 10-3，深度优先集成是首先集成位于程序结构中主控路径上的所有构件。主控路径的选择有一点武断，也可以根据特定应用系统的特征进行选择。例如，选择最左边的路径，首先集成构件 M_1、M_2 和 M_5。其次，集成 M_8、M_6（若 M_2 的正常运行是必需的），然后集成中间和右边控制路径上的构件。广度优先集成首先沿着水平方向，将属于同一层的构件集成起来。如图 10-3 中，首先将构件 M_2、M_3 和 M_4 集成起来，其次是下一个控制层 M_5、M_6，依此类推。

集成过程可以通过下列 5 个步骤完成：

（1）主控模块用作测试驱动模块，用直接从属于主控模块的所有模块代替桩模块；

（2）依靠所选择的集成方法（即深度优先或广度优先），每次用实际模块替换一个从属桩模块；

（3）集成每个模块后都进行测试；

（4）在完成每个测试集之后，用实际模块替换另一个桩模块；

（5）可以执行回归测试，以确保没有引入新的错误。

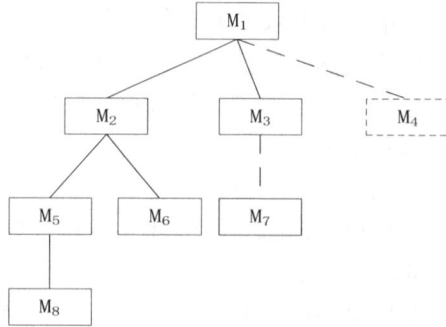

图 10-3　自顶向下集成

回到第 2 步继续执行此过程,直到完成整个程序结构的构造。

自顶向下集成策略是在测试过程的早期验证主要控制点或决策点。在能够很好分解的程序结构中,决策发生在层次结构的较高层,因此首先要遇到。如果主控问题确实存在,尽早地发现是有必要的。若选择了深度优先集成方法,可以实现和展示软件的某个完整功能。较早的功能展示可以增强开发者、投资者及用户的信心。

自顶向下的集成策略相对来说似乎并不复杂,而实际上可能出现逻辑上的问题。最普遍的问题出现在处理较低层次时会要求对较高层次进行充分测试。在自顶向下测试开始时,桩模块代替低层次的模块,因此,没有重要的数据在程序结构中向上传递。测试者只有三种选择:①许多测试延迟到用实际模块替换桩模块之后;②模拟实际模块,开发实现有限功能的桩模块;③利用自底向上的方式集成软件。

第一种方法使我们对特定测试与特定模块集成之间的相关性方法失去某些控制。这不仅会为确定错误产生原因带来一定的困难,而且会违背自顶向下方法高度受限的本质特征。第二种方法虽然可行,但随着桩模块越来越复杂,可能会产生很大的额外开销。

自底向上集成测试。顾名思义,就是从原子模块(程序结构的最底层构件)开始进行构造和测试。由于构件是自底向上集成的,在处理时所需要的从属于给定层次的模块总是存在的,因此,没有必要使用桩模块。实现步骤如下:

(1)连接低层构件以构成完成特定子功能的簇(有时称之为 build);

(2)编写驱动模块(测试的控制程序)以协调测试用例的输入和输出;

(3)测试簇;

(4)去掉驱动程序,沿着程序结构向上逐步连接簇。

遵循这种模式的集成如图 10-4 所示。连接相应的构件形成簇 1、簇 2 和簇 3,利用驱动模块(图中的虚线框)对每个簇进行测试。簇 1 和簇 2 中的构件从属于模块 M_a,去掉驱动模块 D_1 和 D_2,将这两个簇直接与 M_a 相连。与之相类似,在簇 3 与 M_b 连接之前去掉驱动模块 D_3。最后将 M_a 和 M_a 与构件 M_c 连接在一起,依次类推。

随着集成向上进行,对单独的测试驱动模块的需求减少。事实上,若程序结构的最上两层是自顶向下集成的,驱动模块的数量可以大大减少,而且簇的集成得到明显简化。

有关自顶向下和自底向上测试策略的优缺点有许多讨论。一般来讲,一种策略的优点可能就是另一种策略的缺点。自顶向下方法的主要缺点是需要桩以及桩所带来的测试难题,这一问题通常可以通过较早地测试主要控制功能这一优点来弥补。自底向上测试方法的主要缺点在于：直到加人最后一个模块，程序才作为一个实体存在。这个缺点则因测试用例设计比较容易和无需桩模块而得到补偿。

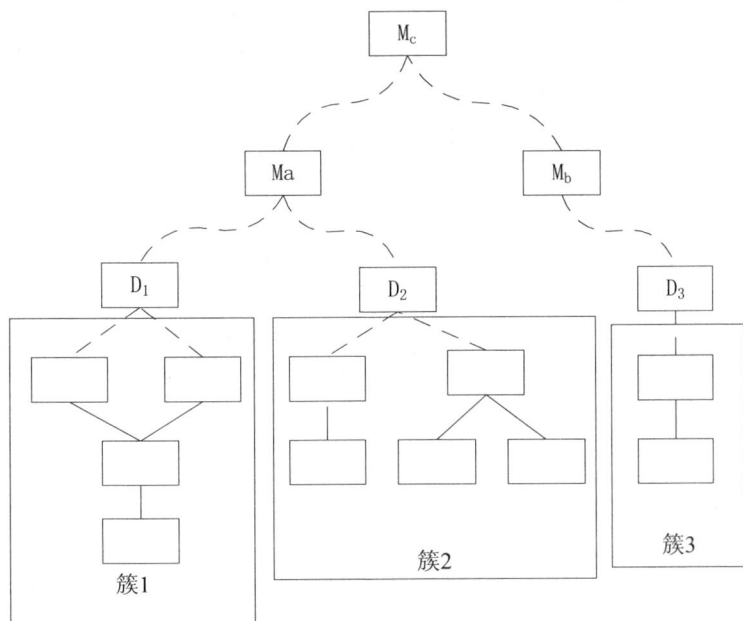

图 10-4　自底向上集成

10.4.4　测试方法

1. 白盒测试

所谓白盒方法，就是能够看清楚（透明）事物的内部，通过剖析事物的内部结构和运行机制来处理和解决问题。如果没有办法或不去了解事物的内部结构和运行机制，而把整个事物看成是一个整体——黑盒子，通过分析事物的输入、输出以及周边条件来分析和处理问题，这种方法就是黑盒方法。

在软件测试中，根据是针对软件系统的内部结构，还是针对软件系统的外部表现行为来采取不同的测试方法，分别称为白盒测试方法和黑盒测试方法。

白盒测试，也称结构测试或逻辑驱动测试，是已知产品的内部工作过程，清楚最终生成软件产品的计算机程序结构及其语句，按照程序的内部结构来测试程序，测试程序内部的变量状态、逻辑结构、运行路径等，检验程序中的每条通路是否都能按预定要求正确工作，检查程序内部动作或运行是否符合设计规格要求，所有内部成分是否按规定正常进行。

白盒测试是基于覆盖的测试，即尽可能覆盖程序的结构特性和逻辑路径，其具体方法有逻辑覆盖、循环覆盖、基本路径覆盖等。逻辑覆盖又可进一步分为语句覆盖、判定覆盖、条件覆盖、判定／条件覆盖、条件组合覆盖等。

白盒测试主要用于单元测试，其基本原则有：

（1）保证每个模块中所有独立路径至少被使用一次。

（2）完成所有逻辑值分别为真值（true）和假值（false）的条件下的测试。

（3）在上、下边界及可操作范围内运行所有循环，完成循环覆盖测试。

（4）检查内部数据结构以确保其有效性，完成边界条件的测试。

白盒测试法试图穷举路径测试，但这几乎是不可能的，因为贯穿一定规模系统的程序的独立路径数可能是一个天文数字。企图遍历所有的路径很难做到，即使每条路径都测试了，覆盖率达到100%，程序仍可能出错，原因如下：

（1）穷举路径测试不能查出程序违反了设计规范，即程序在实现一个不是用户需要的功能。

（2）穷举路径测试不可能查出程序中因遗漏路径而出的错误。

（3）穷举路径测试可能发现不了一些与数据相关的异常错误。

1）语句覆盖

语句覆盖的基本思想是设计若干测试用例，运行被测程序，使程序中的每个可执行语句至少被执行一次。

例如：示例源程序如下：

Dim a, b As Integer

Dim c As Double

If（a>0 AND b>0）Then

    c=c/a

End If

If（a>1 OR c>1）Then

 c=c+1

End If

c=b+c

该程序流程图如图 10-5（a）所示，并可以简化为流程图 10-5（b）。其中：

条件 M=（a>0 and b>0）

条件 N=（a>1 or c>1）

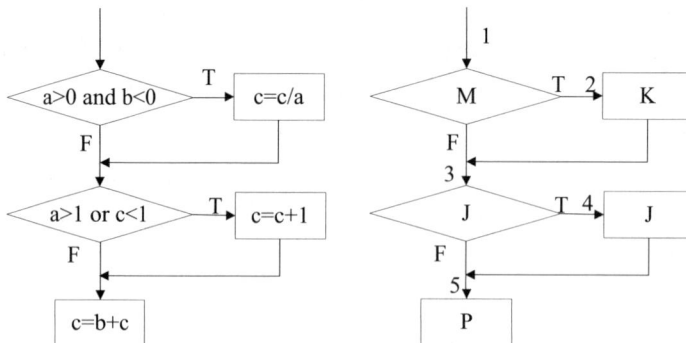

（a）流程图 A   （b）流程图 B

图 10-5 例题流程图

由流程图 B 可以知道，该程序模块有 4 条不同的路径：

P1:（1-2-4）   即 M=T 且 N=T

P2:（1-2-5）   即 M=T 且 N=F

P3:（1–3–4）　　　　　即 M=F 且 N=T

P4:（1–3–4）　　　　　即 M=F 且 N=F

P1 包含了所有可执行语句，按照语句覆盖的测试用例设计原则，可以使用 P1 作为测试用例。令 a=2，b=1，c=6，会得到输出 { a=2，b=1，c=5}，此时满足条件 M{ a>0 and b>0} 和条件 N{ a>1 or c>1}，这样，测试用例的输入 { a=2，b=1，c=6} 覆盖路径 P1。

在使用语句覆盖设计测试用例时，能够使所有的执行语句都被测试，但是不能准确地判断运算中的逻辑关系错误。在这个例子里面，如果 M 的条件是 a>0 or b>0，而不是 and 关系，这时的测试用例仍然可以覆盖所有可执行语句，但不能发现其中的逻辑错误。即

If（a>0 or b>0 ）Then　　　"错误! 但测试结果相同"

2）判定覆盖

判定覆盖法的基本思想是：设计若干用例，运行被测程序，使得程序中每个判断的取真分支和取假分支至少经历一次，即判断真、假值均被满足。一个判定往往代表着程序的一个分支，所以判定覆盖也被称为分支覆盖。按照判定覆盖的基本思路，可以这样针对上面提到的测试的用例进行设计，P1 和 P4 作为测试用例，如表 10-1 所示。

表 10-1　判定覆盖的测试用例

测试用例	取值条件	判定条件	通过路径
输入：{ a=2, b=1, c=6} 输出：{ a=2, b=1, c=5}	a>0, b>0, a>1, c>1	M=T N=T	P1（1-2-4）
输入：{ a=-2, b=1, c=-6} 输出：{ a=-2, b=1, c=-5}	A<=0, b>0, a<=1, c<=1	M=F N=F	P4（1-3-5）

（1）设计输入，使测试可以覆盖路径 P1，即 M{ a>0，b>0} 和条件 N{ a>1 or c>1} 都成立。

（2）设计输入，使测试可以覆盖路径 P4，即 M{ a>0，b>0} 和条件 N{ a>1 or c>1} 都不成立。

判定覆盖设计测试用例时会忽略条件中取"或（or）"的情况，例如，在上面的例子中，如果条件 N 中是 c<1 而不是 c>1，同样能得到相同的测试结果。

即：

If（a > 1 or c<1）Then　　　"错误! 但测试结果相同"

3）条件覆盖

条件覆盖的基本思想是：设计若干测试用例，执行被测程序以后，要使每个判断中每个条件的可能取值至少满足一次。对于第一个判定条件 M，可以分割如下：

（1）条件 a>0：取真（True）时为 T1，取假（False）时为 F1；

（2）条件 b>0：取真（True）时为 T2，取假（False）时为 F2。

对于第二个判定条件 N：

（1）条件 a>1：取真（True）时为 T3，取假（False）时为 F3；

（2）条件 c>1：取真（True）时为 T4，取假（False）时为 F4。

根据条件覆盖的基本思想，要分别获得 8 个条件取值，组合成测试用例，如表 10-2 所示。

表 10-2　条件覆盖的测试用例

测试用例	取值条件	具体取值	通过路径
输入：{ a=2, b=-1, c=-2} 输出：{ a=2, b=-1, c=-5}	T1, F2, T3, F4	a>0, b<=0, a>1, c<=1	P3（1-3-4）
输入：{ a=-1, b=2, c=3} 输出：{ a=-1, b=2, c=6}	F1, T2, F3, T4	a<=0, b>0, a<=1, c>1	P3（1-3-4）

保证每个条件的取真、取假都被至少运行一次的测试用例设计可能还有好几种，而这两个用例条件取值不同，却覆盖了相同的路径。可以看到，在这种测试用例设计方法中，测试用例没有满足前面提到的判定覆盖的要求，即判定条件 M 和 N 的真、假没有至少被执行一次，而是 M 总是取假、N 总是取真，这样，测试可能会遗漏程序逻辑错误。所以说，所有条件覆盖都满足了，也不能保证所有判定（分支）覆盖被测试，为此需要引入判定条件覆盖，使测试更充分。

4）判定 - 条件覆盖

判定 - 条件覆盖实际上是将判定覆盖和条件覆盖结合起来的一种设计方法，即：设计足够的测试用例，使得判断条件中的所有条件可能取值至少执行一次，同时，所有判断的可能结果至少执行一次。按照这种思想，在前面的例子中应该至少保证判定条件 M 和 N 取真和取假各一次，同时要保证 8 个条件取值（T1, F1, T2, F2,…, F4）也至少被执行一次，如表 10-3 所示。

表 10-3　判定 - 条件覆盖的测试用例

测试用例	取值条件	具体取值	判定条件	通过路径
输入：{ a=2, b=1, c=6} 输出：{ a=2, b=1, c=5}	T1, T2, T3, T4	a>0, b<=0, a>1, c>1	M=T N=T	P1（1-2-4）
输入：{ a=-1, b=-2, c=-3} 输出：{ a=-1, b=2, c=-5}	F1, F2, F3, F4	a<=0, b<=00, a<=1, c<=1	M=F N=F	P4（1-3-5）

这样设计测试用例，依然可能会忽视代码中出现的错误。如表 10-3 的第 2 个测试用例和表 10-1 的第 2 个测试用例取值有差异（一个是 b>0，另一个 b<=0），但通过的路径是一样的，都是 P4，而另外两条路径（P2、P3）没有被覆盖。这时，如果条件 N 中的 C<1 被错误写成 c>1，还是发现不了。为了使程序得到足够的测试，不仅每个条件被测试，而且每个条件的组合也应该被覆盖。

5）条件组合覆盖

条件组合覆盖的基本思想是：设计足够的测试用例，使得判断中每个条件的所有可能至少出现一次，并且每个判断本身的判定结果也至少出现一次。它与条件覆盖的差别是：它不是简单地要求每个条件都出现"真"与"假"两种结果，而是要求让这些结果的所有可能组合都至少出现一次。

按照条件组合覆盖的基本思想，对于前面的例子，设计组合条件如表 10-4 所示。

针对 8 种组合条件，再来设计能覆盖所有这些组合的测试用例，如表 10-5 所示。从中可以看出，事实上，条件组合覆盖是将覆盖条件组合成满足条件的判定条件，同时保证判定条件的所有取值至少执行一次。

表 10-4　条件覆盖的测试用例

编号	覆盖条件取值	判定 – 条件取值	判定 – 条件组合
1	T1, T2	M=T	a>0, b>0, M 取真
2	T1, F2	M=F	a>0, b<=0, M 取假
3	F1, T2	M=F	a<=0, b>0, M 取假
4	F1, F2	M=F	a<=0, b<=0, M 取假
5	T3, T4	N=T	a>1, c>1, N 取真
6	T3, F4	N=T	a>1, c<=1, N 取真
7	F3, T4	N=T	a<=1, c>1, N 取真
8	F3, F4	N=F	a<=1, c<=1, N 取假

表 10-5　条件组合覆盖的测试用例

测试用例	覆盖条件	覆盖路径	覆盖组合
输入：{ a=2, b=1, c=6} 输出：{ a=2, b=1, c=5}	T1, T2, T3, T4	P1（1-2-4）	1, 5
输入：{ a=-1, b=-1, c=-2} 输出：{ a=2, b=-1, c=-2}	T1, F2, T3, F4	P3（1-3-4）	2, 6
输入：{ a=-1, b=2, c=3} 输出：{ a=-1, b=2, c=6}	F1, T2, F3, T4	P3（1-3-4）	3, 7
输入：{ a=-1, b=-2, c=-3} 输出：{ a=-1, b=-2, c=-5}	F1, F2, F3, F4	P4（1-3-5）	4, 8

　　条件组合覆盖设计方法也有缺陷，从上面的测试用例中可以看到，所有的条件覆盖组合不能保证所有的路径被执行，即 P2（1-2-5）没有被执行。所以，更理想的测试用例，不仅能覆盖各个条件和各个判定，而且还能覆盖基本路径。

　　6）路径覆盖

　　顾名思义，路径覆盖就是设计测试用例来覆盖程序中的所有可能的执行路径。调整表 10-5 中第 2 个测试用例，即设计出测试用例覆盖路径 P2（1-2-5），而不是 P3（1-3-4），这样就可以完全覆盖路径 P1、P2、P3 和 P4，如表 10-6 所示。

表 10-6　路径覆盖的测试用例

测试用例	覆盖条件	覆盖路径	覆盖组合
输入：{ a=2, b=1, c=6} 输出：{ a=2, b=1, c=5}	T1, T2, T3, T4	P1（1-2-4）	1, 5
输入：{ a=-1, b=-1, c=-3} 输出：{ a=1, b=-1, c=-2}	T1, T2, F3, F4	P3（1-2-4）	1, 8
输入：{ a=-1, b=2, c=3} 输出：{ a=-1, b=2, c=6}	F1, T2, F3, T4	P3（1-3-4）	3, 7
输入：{ a=-1, b=-2, c=-3} 输出：{ a=-1, b=-2, c=-5}	F1, F2, F3, F4	P4（1-3-5）	4, 8

　　但是，路径覆盖法没有涵盖所有的条件组合（如组合 2、6）。

　　可见，采用其中任何一种方法都不能完全覆盖所有的测试用例。因此，在实际的测试用例设计过程中，可以根据需要和不同的测试用例设计特征，将不同的设计方法组合起来，交叉使用，以达到最高的覆盖率。

　　采用条件组合和路径覆盖两种方法的结合来重新设计测试用例，如表 10-7 所示，也就是在表 10-5 或表 10-6 的基础上增加一个用例，通过这 5 个测试用例就能覆盖各种情况，包括条件、判定－条件、条件组合、路径等，使程序得到完全的测试。

路径覆盖中还有一个基本路径测试法，它是在程序控制流图的基础上，通过分析控制构造的环路复杂性，导出基本可执行路径集合，从而设计测试用例的方法。设计出的测试用例要保证被测试程序的每个可执行语句至少被执行一次。

表 10-7　路径覆盖的测试用例

测试用例	覆盖条件	覆盖路径	覆盖组合
输入：{ a=2, b=1, c=6} 输出：{ a=2, b=1, c=5}	T1，T2，T3，T4	P1（1-2-4）	1，5
输入：{ a=-1, b=-1, c=-3} 输出：{ a=1, b=-1, c=-2}	T1，T2，F3，F4	P3（1-2-4）	1，8
输入：{ a=2, b=-1, c=-2} 输出：{ a=2, b=-1, c=-2}	T1，F2，T3，F4	P3（1-3-4）	2，6
输入：{ a=-1, b=2, c=3} 输出：{ a=-1, b=2, c=6}	F1，T2，F3，T4	P3（1-3-4）	3，7
输入：{ a=-1, b=-2, c=-3} 输出：{ a=-1, b=-2, c=-5}	F1，F2，F3，F4	P4（1-3-5）	4，8

2. 黑盒测试

黑盒测试方法，也称功能测试或数据驱动测试方法。测试时，在不考虑程序内部结构和内部特性的情况下由测试人员进行测试，以检查系统功能是否按照"需求规格说明书"的规定正常使用、是否有不正确或遗漏了的功能、功能操作逻辑是否合理、是否能接收输入数据并输出正确结果、人机界面是否美观有否出错；检查相应的文档是否采用了正确的模板、是否满足规范要求；检查系统初始化问题，安装过程是否出现问题，安装步骤是否清晰、方便等。黑盒测试方法着眼于程序外部的用户界面，关注软件的输入和输出，关注用户的需求，从用户的角度来验证软件的功能。

使用黑盒测试方法时，穷举测试也是不可能的，即不可能完成所有的输入条件及其组合的测试。黑盒测试法的覆盖率有时比较难以测定或达到一定水平时就难以提高，这是其局限性。所以，在实际测试工作中，还要结合白盒测试方法，进行条件、逻辑和路径等方面的测试。

1）等价类划分法

数据测试就是借助数据的输入、输出来判断功能能否正常运行。在进行数据输入测试时，如果需要证明数据输入不会引起功能上的错误，或者其输出结果在各种输入条件下都是正确的，就需要将可输入数据域内的值完全尝试一遍（即穷举法），但这实际上是不现实的。因此，通常只能选取少量有代表性的输入数据，以期用较小的测试代价暴露出较多的软件缺陷。

为了解决这个问题，设想是否可以用一组有限的数据去代表近似无限的数据，这就是"等价类划分"方法的基本思想。等价类划分法就是解决如何选择适当的数据子集来代表整个数据集的问题，通过降低测试的数目去实现"合理的"覆盖，以发现更多的软件缺陷。等价类划分法基于对输入或输出情况的评估，然后划分成两个或更多子集来进行测试，即将所有可能的有效或无效的输入数据划分成若干个等价类，从每个等价类中选择一定的代表值进行测试。等价类划分法是黑盒测试用例设计中一种重要的、常用的设计方法，将漫无边际的随机测试变为具有针对性的测试，极大地提高了测试效率。

等价类是指某个输入域的一个特定的子集合，在该子集合中各个输入数据对于揭露程序中的错误都是等效的。也就是说，如果用这个等价类中的代表值作为测试用例未发现程序错误，那么该类中其他数据（测试用例）也不会发现程序的错误。这样，对于表征该类的某个特定的数据输入将能代表整个子集合的输入，即测试某等价类的代表值就等效于对这一类其他值的测试。举个例子，设计这样的测试用例，来实现一个对所有的实数进行开方运算的程序的测试，这时候需要将所有的实数（输入域）进行划分，可以分成正实数、负实数和零。考虑使用+1.4444 来代表正实数，用−2.345 来代表负实数，输入的等价类就可以使用+1.4444、−2.345 和 0 来表示。

在确定输入数据的等价类时，常要分析输出数据的等价类，以便根据输出数据的等价类导出对应的输入数据等价类。这样，在等价类划分过程中，一般要经过两个过程，即分类和抽象。

（1）分类，将输入域按照具有相同特性或者类似功能进行分类。

（2）抽象，在各个子类中抽象出相同特性并用实例来表征这个特性。

等价类划分法优点是基于相对较少的测试用例，就能够进行完整覆盖，在很大程度上减少了重复性；缺点是缺乏特殊用例的考虑，同时，需要有深入的系统知识，才能选择有效的数据。

在进行等价类划分的过程中，不但要考虑有效等价类划分，同时需要考虑无效的等价类划分。

（1）有效等价类是指输入完全满足程序输入的规格说明、有意义的输入数据所构成的集合，利用有效等价类可以检验程序是否满足规格说明所规定的功能和性能。

（2）无效等价类即不满足程序输入要求或者无效的输入数据构成的集合。使用无效等价类，可以测试程序 / 系统的容错性——对异常输入情况的处理。

在程序设计中，不但要保证所有有效的数据输入能产生正确的输出，同时，需要保障在输入错误或者空输入的时候能有异常保护，这样才能保证软件的可靠性。

在使用等价类划分法时，设计一个测试用例，使其尽可能多地覆盖尚未被覆盖的有效等价类，重复这个过程，直至所有的有效等价类都被覆盖，即分割有效等价类直到最小。对无效等价类，进行同样的过程，设计若干个测试用例，覆盖无效等价类中的各个子类。

2）边界值分析法

实践证明，程序往往在输入 / 输出的边界值情况下发生错误，检查边界情况的测试用例是比较高效的，可以查出更多的错误。这就要求测试人员对输入条件进行分析并找出其中的边界值条件，通过对这些边界值的测试来发现更多的错误。

边界值分析法对于多变量函数的测试很有效，尤其对于像 C/C++ 数据，类型要求不是很严格的语言更能发挥作用。缺点是对布尔值或逻辑变量无效，也不能很好地测试不同 的输入组合。边界值分析法常被看作是等价类划分法的一种补充，两者结合起来使用更有效。

边界值分析法取决于变量的范围和范围的类型，确认所有输入的边界条件或临界值，然后选择这些边界条件、临界值及其附近的值来进行相关功能的测试。边界值分析法的处理技巧主要有：

（1）如果输入条件规定了值的范围，则取刚刚达到这个范围的边界值。

（2）如果输入条件规定了值的个数，则用最大个数、最小个数、比最大个数1个、比最小个数少1个的数等作为测试数据。

（3）根据规格说明的每一个输出条件，分别使用以上两个规则。

（4）如果程序的规格说明给出的输入域或输出域是有序集合（如有序表、顺序文件等），则应选取集合的第一个和最后一个元素作为测试数据。

在边界值分析法中，最重要的工作是确定边界值域。一般情况下，先确定输入和输出的边界，然后根据边界条件进行等价类的划分。以一个排序程序的边界值分析为例。其边界条件有：

（1）排序序列为空；

（2）排序序列仅有一个数据；

（3）排序序列为最长序列；

（4）排序序列已经按要求排好序；

（5）排序序列的顺序与要求的顺序恰好相反；

（6）排序序列中的所有数据全部相等。

上述例子在数组边界检查时经常遇到。通常情况下，软件测试所包含的边界检验有几种类型：数字、字符、位置、质量、大小、速度、方位、尺寸、空间等，而相应的边界值假定为最大/最小、首位/末尾、上/下、最快/最慢、最高/最低、最短/最长、空/满等情况，这需要对用户的输入以及被测应用软件本身的特性进行详细的分析，才能够识别出特定的边界值条件。另外，还需要选取正好等于、刚刚大于和刚刚小于边界值的数据作为测试数据。

3）判定表方法

等价类划分法和边界值分析法都没有考虑输入情况的组合，这样就可能忽视了多个输入组合起来的出错情况。检验各种输入条件的组合并不容易，因为即使将所有的输入条件划分成等价类，它们之间的组合情况也还是相当多。因此，需要考虑采用一种适合于多种条件的组合，相应地产生多个动作（结果）的方法来进行测试用例的设计，这就需要组合分析。

组合分析是一种基于每对参数组合的测试技术，主要考虑参数之间的影响，大多数错误都源之简单的参数组合。组合分析的优点是低成本实现、低成本维护、易于自动化、易于用较少的测试案例发现更多的错误和用户可以自定义限制；缺点是经常需要专家的领域知识、不能测试所有可能的组合和不能测试复杂的交互。

对于多因素，有时可以直接对输入条件进行组合设计，不需要进行因果分析，即直接采用判定表方法。一个判定表由"条件"和"活动"两部分组成，也就是列出一个测试活动执行所需的条件组合，所有可能的条件组合定义了一系列的选择，而测试活动需要考虑每一个选择。例如，打印机是否能打印出正确的内容受多个因素影响，包括驱动程序、纸张、墨粉等。判定表方法就是对多个条件的组合进行分析，从而设计测试用例来覆盖各种组合。判定表从输入条件的完全组合来满足测试的覆盖率要求，具有很严格的逻辑性，所以基于判定表的测试用例设计方法是最严格的，测试用例具有很高的完整性。

在了解如何制定判定表之前，先要了解 5 个概念：条件桩、动作桩、条件项、动作项和规则。

（1）条件桩：列出问题的所有条件，如上述 3 个条件，即驱动程序、纸张、墨粉。

（2）动作桩：列出可能针对问题所采取的操作，如打印正确内容、打印错误内容、不打印等。

（3）条件项：针对所列条件的具体赋值，即每个条件可以取真值和假值。

（4）动作项：列出在条件项（各种取值）组合情况下应该采取的动作。

（5）规则：任何一个条件组合的特定取值及其相应要执行的操作。在判定表中贯穿条件项和动作项的一列就是一条规则。

判定表制定一般经过下面 4 个步骤：

（1）列出所有的条件桩和动作桩；

（2）填入条件项；

（3）填入动作项，制定初始判定表；

（4）简化、合并相似规则或者相同动作。

仍以上述"打印机打印文件"为例子来说明如何制定判定表。首先列出所有的条件桩和动作桩，为了简化问题，不考虑中途断电、卡纸等因素的影响，那么条件桩为：

（1）驱动程序是否正确？

（2）是否有纸张？

（3）是否有墨粉？

动作桩有两种：打印内容和不同的错误提示。假定：优先警告缺纸，然后警告没有墨粉，最后警告驱动程序不对。然后输入条件项，即上述每个条件的值分别取"是（Y）"和"否（N）"，可以简化表示为 1 和 0。根据条件项的组合，容易确定其活动，如表 10-8 所示。

表 10-8　初始化的判定表

	序号	1	2	3	4	5	6	7	8
条件	驱动程序是否正确	1	0	1	1	0	0	1	0
	是否有纸张	1	1	0	1	0	1	0	0
	是否有墨粉	1	1	1	0	1	0	0	0
动作	打印内容	1	0	0	0	0	0	0	0
	提示驱动程序不对	0	1	0	0	0	0	0	0
	提示没有纸张	0	0	1	0	1	0	1	1
	提示没有墨粉	0	0	0	1	0	1	0	0

如果结果一样，某些因素取"1"或"0"没有影响，即以"-"表示，可以合并这两项，最终优化判定表如表 10-9 所示。根据表 10-9，就可以设计测试用例，每一列代表一条测试用例。

表 10-9　初始化的判定表

	序号	1	2	4/6	3/7/8
条件	驱动程序是否正确	1	0	—	—
	是否有纸张	1	1	1	0
	是否有墨粉	1	1	0	—
动作	打印内容	1	0	0	0
	提示驱动程序不对	0	1	0	0
	提示没有纸张	0	0	0	1
	提示没有墨粉	0	0	1	0

4）因果图法

因果图是一种由自然语言写成的规范转换而来的形式化图形语言，它借助图形，着重分析输入条件的各种组合，每种组合条件就是"因"，它必然有一个输出的结果，这就是"果"。它实际上是一种使用简化记号表示的数字逻辑图，不仅能发现输入、输出中的错误，还能指出程序规范中的不完全性和二义性。因果图法利用图解分析输入的各种组合情况，有时还要依赖所生成的判定表。

由因果图法生成测试用例一般要经过以下 4 个步骤。

（1）分析软件规格说明书中的输入/输出条件并分析出等价类，将每个输入与输出赋予一个标识符；分析规格说明中的语义，通过这些语义来找出相对应的输入与输入之间，输入与输出之间的关系。

（2）将对应的输入/输出之间的关系关联起来，并将其中不可能的组合情况标注成约束或者限制条件，形成因果图。

（3）由因果图转化成判定表。

（4）将判定表的每一列拿出来作为依据，设计测试用例。

5）错误推测法

有经验的测试人员往往可以根据自己的工作经验和直觉推测出程序可能存在的错误，从而有针对性地进行测试，这就是错误推测法，或叫探索性测试方法。错误推测法是测试者根据经验、知识和直觉来推测发现程序中可能存在的各种错误，从而有针对性地进行测试。

错误推测法的一些示例如下。

示例一：上个版本发现的缺陷对当前版本测试有所启发，进行类似的探索新测试，可以发现一些严重的缺陷。

示例二：等价类划分法和边界值分析法通过选择有代表性的测试数据来暴露程序错误，但不同类型、不同特点的程序还存在其他一些特殊的、容易出错的情况。例如一些特殊字符（如*、%、/、\、#、@、$、^、.、等）被输入到系统后产生例外情况。有时，将多个边界值组合起来进行测试，可能使程序出错。

示例三：客户端在正常连接时一般没问题，可以试试断掉连接后再重新连接，看看是否出现系统崩溃的情况，而且可以不断调整失去连接的时间，或者尝试不同的连接次数等，以发现一些例外。

示例四：就程序中容易出现的问题，如空指针、内存没有及时释放、session失效或

JavaScript字符转义等，设想各种情况，能否引起问题的发生，从而设计出一些特别的测试用例来发现缺陷。

错误推测法能充分发挥人的直觉和经验，在一个测试小组中集思广益，方便实用，特别是在软件测试基础较差的情况下，很好地组织测试小组进行错误猜测，是一种有效的测试方法。但错误推测法不是一个系统的测试方法，只能用作辅助手段，即先用上述方法设计测试用例，在没有别的办法可用的情况下，再采用错误推测法，补充一些例子来进行一些额外的测试。优点是测试者能够快速且容易地切入，并能够体会到程序的易用与否；缺点是难以知道测试的覆盖率，可能丢失大量未知的区域，并且这种测试行为带有主观性，且难以复制。

※ 本章小结

本章主要介绍信息系统开发生命周期的最后阶段——程序实现和测试。介绍了编码标准与过程、开发文档的编写规范，最后介绍了软件测试的相关内容。

※ 思考与练习

1. 什么是软件测试？软件测试的目的和作用是什么？
2. 简述软件测试的目的和原则。
3. 软件缺陷产生的原因？
4. 在软件工程或软件测试中，哪些软件问题被称为软件缺陷？
5. 软件的缺陷等级应如何划分？
6. 针对缺陷应该采取怎样的管理措施？
7. 在测试实施之前，如何才能确定好的测试策略和测试方法？
8. 什么是软件测试以及软件测试的意义？
9. 什么是软件测试？什么是测试用例？测试用例必须包括哪几部分？
10. 简述静态测试和动态测试的区别。
11. 分析软件测试的复杂性。
12. 简述你对测试工作的认识过程以及在以后的工作中的一些建议。
13. 为什么需要软件测试用例？
14. 简述软件测试和软件质量保证的区别与联系。
15. 软件的质量与哪些因素有关？
16. 请辨析软件的质量是"设计出来的"还是"测试出来的"观点。
17. 简述软件测试与软件开发的关系。